THE POLITICS OF POWER

晚清官場情色遊戲

AND LUST IN THE LATE QING

張永久
著

晚清官場情色遊戲

007 內容提要

第一章 官與妓

012 落魄的蘇州才子
016 名妓是名門之後
023 暴得大名則不祥
028 花船上的雛妓
034 守舊的出洋大使與新派夫人
039 或明或暗的較量
045 官與妓千絲萬縷的關係

第二章 只愛娥眉不愛官

055 名震京城的清流黨
059 「戰敗消遙走洞房」
068 政治官司的縫隙間總是夾雜柔情女子
075 吳可讀死諫案引出的一個人物
083 本來鐘鼎若浮雲，未必釵裙皆禍水
091 風流名士的寂寞晚年
095 名士之後，還是名士

第三章　隱藏在桃色案件幕後的大人物
106　兩江總督遇刺
109　莫須有的桃色緋聞越傳越離譜
118　官油子張之萬的錦囊妙計
124　案中有案連環套
130　曾國藩並非刺馬案第一主角
136　主審官黯然告別官場
第四章　宦海風波與石榴裙
146　朝中大老的得意門生
151　懼內是官人的好傳統
162　江南才子苦戀孽海花
173　沈北山四處碰壁之後的壯舉
180　官場遍地布陷阱
第五章　桃花運、官運與命運
190　滬上一場綺麗春夢
198　三角戀愛與暗通款曲
205　御史在江南
212　凡事皆有因果
216　一頂倒楣的烏紗帽
第六章　轟動朝野的性賄賂
226　新政粉墨登場
229　最難消受美人恩
232　倚翠偎紅
237　老慶記公司
245　從情場到官場
251　屠官之官
259　落紅滿路無人惜

第七章 風月場中官官相護

270 賓主原來是嫖友
275 張鳴岐其人其事
280 真實與虛構
285 湖廣總督與丫姑爺
289 風月場亦是生死場

第八章 家事與國事

300 選秀進宮的官家小姐
304 咸豐帝撒手歸西
309 一場宮庭政變
315 皇宮家室無小事
323 皇帝的性病
331 不幸生在帝王家
336 胭脂井的憂傷
343 不做情人做忠臣
349 喪鐘為大清王朝而鳴
357 主要參考書目

內容提要

翻開一部歷史，在氣勢恢宏的劇情背後，還隱藏著一些秘密的路徑，如果仔細探究，每條路徑的終極目標無不是指向官場。官場象徵著權力，它像巨大的磁場，吸引了無數鮮活的生命在其中廝殺角逐。這個權力場中除了男人外，還有依附在男人周圍的形形色色的女人，她們有的被迫陷落，有的主動投靠，像森林的樹與藤，牽扯糾葛，與官員之間形成了種種錯綜複雜的關係，蔚為奇觀。

這本書試圖從圍繞權力圈的男女關係入手，剖析清末民初官場生活的一種生存狀態，無論是官與妓，還是官員與妻妾，或者是官人利用女性達成的政治聯姻，一個個生動翔實的生活場景說明，在莊嚴肅穆的官場後面，那些女人們隱蔽的身影常常也是書寫歷史的重要動因。歷史研究往往只關注重大社會變革和大事件，很少將私生活的領域納入史學視野，如何將歷史的宏大敘事與個人記憶的細枝微節完美結合，是擺在我們面前的一個課題。因為這不僅涉及到如何給讀者還原一個真實的歷史，還涉及到如何將歷史敘述得生動有趣。

本章主要人物：洪鈞／賽金花／潘祖蔭／陸潤庠

第一章

官與妓

日偽時期有個漢奸叫梁鴻志，祖籍福建長樂人，是清代巨儒梁章鉅的孫子。日本投降後，梁鴻志在蘇州被捕，旋即送至上海提籃橋監獄執行槍決，押上刑場時，一位西班牙記者採訪他，有幾句簡短有趣的對話——

記者：槍斃？

梁鴻志：槍斃！

記者：reason?

梁鴻志：treason!

西班牙記者英文很差，只能說簡單的單詞，「reason」的意思是「原因」，「treason」的意思是「叛國罪」。梁鴻志不愧為巨儒之後，即使生死之際，應對外國記者也能淡定自如，不辱家風。讓梁鴻志聞名的不止是他的顯赫身世，也不是那幾句簡短有趣的對話，而是臨死前說出的一句名言：「全世界有兩件東西最髒，但男人都喜歡搞，一件是政治，一件是女人的屄。」

搞政治，最合適的地方是官場；搞女人的屄，最美妙的去處是妓館。官與妓，一個是社會上層，一個是社會底層，表面看相隔萬里，實際上暗通款曲，像森林中樹與藤，緊密糾纏一起，難捨難分。唐宋時期有種專門侍候官員的官妓，她們的拿手好戲就是官場應酬，官場中各種錯綜複雜的交際場面，對她們來說是輕車熟路。在官場，人與人的關係險惡叵測，官妓的存在成了最好的潤滑劑，增進情誼，調和是非，緩解矛盾，一部官僚機構大機器要正常運轉，某種程度上還得依仗難登大雅之堂的官妓；那些風情萬種的美人成了黏合劑，將官與妓牢牢地黏合在一起。

值得一提的是，中國古代的妓女流風逸韻，純然是音樂的象徵、繆斯的化身，同我們今天所見「公雞對母雞」的肉體金錢交易大相徑庭，不可同日而語。既然嫖妓是雅事，才子與官宦等各色人等，是男人無不都想雅一把，於是名妓成了搶手貨。有句話叫「揚州出美女」，一句鄉俗俚語背後包含了太豐富的內容：「揚州美女」又叫「揚州瘦馬」，指經過了專門訓練和調教的妓女，既要琴棋書畫樣樣精通；又要善解人意，擅長逢迎，成為勾魂的尤物；還要懂得各種駕馭男人的功夫。官人們「煙花三月下揚州」，不是去看瘦西湖的風景，而去相揚州瘦馬，為自己精心挑一房姨太太。

培訓妓女一直是個熱門，培訓的場館不止揚州有，江南脂粉之地處處遍佈。在中國人熟知的才子佳人故事裏，佳人多為妓，才子多為官，尤其是通過科舉考試而獲取官職的風流才子，對那些慧心麗質、極富雅趣的名妓情有獨鍾，才子佳人一見傾心，死活糾纏在一起，演繹出一幕幕淒婉悱惻的悲喜劇。透過曲折浪漫的劇情以及劇中人物隱約的身影，能看清楚舞臺背後的一些東西，為我們解讀官與妓提供了一條新途徑。

落魄的蘇州才子

清朝時，有個叫汪琬的江南才子在翰林院同人聊天，各自誇耀家鄉的土特產。粵有象牙犀角，陝有狐裘毛皮，魯有絹絲海錯，鄂有優質木材，輪到汪琬了，他一抖身上的長袍馬褂，正經地說：「蘇州土特產極少，只有兩樣而已。」眾人問哪兩樣？汪琬不緊不慢地回答：「一是梨園子弟，一是狀元。」

江南出梨園子弟不多說了，單看名聲遐邇的蘇州崑曲，即可略知一斑。這裏只說姑蘇文盛出狀元：自唐至清的近一千三百年間，蘇州共出文武狀元五十名。清代全國狀元一百一十四名，其中蘇州就占了二十六名，既有文震孟、翁同龢這樣的良相諍臣，也有史學家畢沅、外交家洪鈞等，祖孫狀元、兄弟登甲、叔侄及弟等現象屢見不鮮，讓人歎為觀止。

偌大一個國家，三年才出一個獨佔鰲頭的狀元，自然是才子堆中頂尖級的人物。天子門生，才子領袖，少不了與「風流」為伴。清代段光清《鏡湖自撰年譜》中記載了這樣一件趣事：道光年間，一群參加府試的舉子天天往停泊在河中央的花船上跑，仗著肚子裏的才學，做些不給錢吃嫩豆腐的荒唐事，花船上的妓女為之很是頭痛。她們使出手段，迷倒了一個縣官，鼓動他把衙門桌案搬到船上現場辦公，一幫手提狼牙大棒的差役站在船頭，狐假虎威。哪裡知道考生不吃這一套，依然往紅燭幽幽的船艙裏鑽。縣官乘轎上船來干涉，考生們索性把他辦公的籤筒、筆架全都扔到河裏，嚇得縣官趕緊逃跑。

才子與風流，向來捆綁在一起，不風流的才子是書呆子。不過，才子愛風流需要資本，比如說同治年間尚未中狀元的才子洪鈞，就只能斜靠在山東蓬萊一家簡陋客棧的破床上，放下手中翻了無數遍的那本線裝書，長一聲短一聲地唏噓不已。

洪鈞，字文卿，原籍安徽歙縣人，宋朝名臣洪皓的後裔。細考起來，與太平天國首領洪秀全還是同一個祖先。到了洪鈞的父親一代，遷居蘇州，以賣酒為業。父親去世很早，洪鈞和母親相依為命，粗茶淡飯度日。咸豐初年洪楊亂起，太平軍從廣西打到江蘇南京，富庶之鄉變成了焦土戰場，當地老百姓紛紛逃難，洪鈞一家也夾雜在難民隊伍中輾轉流離，一路顛簸來到了山東濟南。

生活是安頓下來了，可是隨身攜帶的銀子也花得差不多了，眼看著江南的一戶殷實人家，就要在戰亂中淪為破落戶，作為一家之主的洪鈞，愁腸百結，急得像熱鍋上的螞蟻，卻想不出一個像樣的辦法。

洪鈞讀書很有天賦，院試、鄉試兩級考試順利通過，年紀輕輕就成了秀才。「秀才是宰相之根苗」，順著科舉這條路子走下去，憑他的才華實力，要不了幾年就有希望金殿唱臚，光宗耀祖，榮華富貴自然會滾滾而來。無奈金陵被太平軍所攻佔，昔日的江南淪陷了，朝廷光顧著打仗，科舉考試放到了一邊，咸豐十一年辛酉正科，同治元年壬戌恩科的鄉試，都不曾舉行，這等於堵死了才子們進入仕途的路子，洪鈞的狀元夢成了一個遙遠不可及的泡影。

濟南客棧裏還住著一位姓朱的同鄉，也是從江南逃難至此，是個捐班的縣丞，官場中的事兒見得多，老於世故。見洪鈞整日愁眉不展，幫他出了個主意：山東登萊青道的道台大人潘霨也是蘇州人，素來倚重同鄉之誼，你去找他，在他門下做個游幕。朱縣丞是熱心人，找門路託人寫了封引薦信，要洪鈞趕緊到蓬萊去找潘道台。

道台是清代官場中最複雜的一個官職，文職外官正四品，為省派在地方管理某項政（事）務或一個連片地區工作的專員，如上海道，糧道，鹽道等等。登萊青道管轄登州蓬萊煙臺一帶，隨著對外口岸開放，這裏一下子變成商賈雲集的寶地，登萊青道道台成了官場中人羨慕的一個肥差。捐納出身的潘霨，裝了一肚子雜學，處理人際關係圓通老道，在登萊青道的任上，他的幕府中養了不少吃閒飯的門客，幫助當參謀出主意，為他的官場生涯細緻謀劃，後來果然在官場上走得順暢，出任過江西、貴州等地巡撫。

道台潘霨看了引薦信，二話沒說，吩咐聽差準備了一個紅包，內裝二十兩銀子和一份聘書，聘任的職位是「東海關文案委員」。洪鈞興致盎然，匆匆趕回濟南，向家人報告好消息。「文案委員」不便於帶家眷，只好讓老母親和妻兒暫時仍留在濟南，俟江南戰事稍一平息，再找機會返回魂牽夢縈的蘇州老家。

臨分別前，洪鈞陪家人去了趟興國禪寺，寺廟座落在濟南郊外的千佛山，始建於唐朝。雖說山上風景秀美，洪鈞卻無心欣賞，燒幾柱香，拜了拜菩薩，算作了卻心願。下山的路上，沿途不斷有香客在議論，說寺廟裏有個道行高深的高僧算命特別靈驗，駕不住老母親、妻子勸說，洪鈞去算了一命，穿灰布長袍的長鬚高僧看著他說了四個字：「官帶桃花」。洪鈞沒有想到，長鬚高僧隨口吐出的這四個字，竟是他此後一生命運的絕妙概括。

名妓是名門之後

「煙台」這一地名稱謂起源於明朝。古代邊境有敵人入侵時，即點烽火報警，芝罘灣畔北山頂上完好的保存著狼煙墩台，就是見證。沒有戰事的年代，烽火臺自然失去了報警功能，孤獨地臥伏在山頂上，像一幅沉浸在煙霧中的水墨畫。風景如此優美宜人的地方，也為身在煙臺的文人雅士提供了一個遊樂的好去處。

蘇州秀才洪鈞，很快混入這群文人雅士的行列，登高賞景，吟詩唱和，樂得個逍遙自在。這一群行走在通往仕途道路上的年輕才俊，一個個志存高遠，躊躇滿志，儼然以官場後備力量的形象自居，說話的腔調，行事的模式，也是摹仿官場要員的榜樣。官員清遊，他們也清遊；官員逛妓館，他們也逛妓館，「且把浮名，換了淺斟低唱」，這種時候，才子本色自然流露，個性得到了充分張揚，更加接近人的真實性情。

在洪鈞一生的官宦生涯中，逛妓館始終是他的保留節目。昔日的妓家，是上游社會的雅遊之地，士大夫們沒有不追逐的道理。按照林語堂的說法，中國妻子讓丈夫嚐到了務實的生活，而妓女則讓他們嘗到了羅曼蒂克的戀愛滋味，這種戀愛撲朔迷離，讓人流連忘返。林語堂還分析說：古代妓女是中國社會中難能一見的自由女性，她們能操縱高級官吏，能在某種程度上掌握政治實權，關於官吏的任命，有時往往取決於她們的妝閨之中。

在官場上混，心中想著妓館；在妓館裏泡，又提醒自己內省和收斂，不因貪圖玩樂誤了錦繡前程。既要功名，也要快活，才是士子才人們心目中的完美人生。這種雙重人格，成了許多晚清官場士子才子的真實寫照，洪鈞則是其中一個典型的代表人物。

洪鈞逛妓館還有一個特點，因為心繫官場，註定了他不可能像花台弟子柳永那樣放浪形骸，無拘無束，他身上似乎也缺少逢場作戲的瀟灑倜儻，逛妓館不愛那種蜻蜓點水的新式做派，而是咬定青山不放鬆，像如今的新民謠中所調侃的：「玩情人玩成老公」，將一闋江湖小曲演變成了地老天荒的悲喜劇。

洪鈞在煙臺結識的這位名妓叫李靄如。初次在路上邂逅相遇，李靄如像唐人傳奇中的女俠，和她的隨身丫環各自騎在一匹馬上，青絹包頭，一件玄緞繡花的夾襖，腰間絲條上懸一柄魚皮鞘的長劍，劍端與空懸著的銅馬蹬碰聲作響，英氣逼人。洪鈞愛慕之心油然而生，及至後來慕名到望海閣狎妓，見到的李小姐的書房又是另一番景象：水墨丹青，筆墨箋紙，應有盡有。壁上懸一張琴，纖纖細手取下來一撥，高山流水，氣象萬千。

有一種名妓是名門之後，這種貴族血統的女子，從小在雅致的環境中長大，具有較高的文化素質和處世涵養，通常情況下，她們不可能去當妓女，除非遇到不可抗拒的重大變故，命運跌宕起伏，轉瞬間墜入深淵。一打聽李靄如的身世，果然是如此。李靄如的先祖是李衛，字又玠，江南徐州人，精明強幹，恃才傲物，很為雍正皇帝賞識，和鄂爾泰、田文鏡一起被雍正並稱為官場「三大模範」。

名妓是名門之後，還有一種情況，名妓本來不是名門之後，或者說一查家譜，隔七八代人勉強能同某個大人物牽扯點關係，也在豔幟上大肆招搖，標榜為名門之後。好在來捧場的多是高官雅士，遇到這種情況也不會當面戳穿，名門之後只不過是塊招牌，名妓素養如何，是否談吐優雅，是否精通琴棋書畫，還得看其自身表現。至於李靄如究竟是不是直隸總督李衛的後代，洪鈞沒有去多做考察，他欣賞的是眼前活生生的這個人。

一幕動人的愛情故事就這樣開始了。在一個情思纏綿的夜晚，溫一壺酒，剝幾隻醉蟹，洪鈞坐在對面，聽李靄如講起了她的身世：咸豐六七年間，捻軍張樂行由皖北向西南兩路竄擾，靄如全家被裹脅著在河南、安徽兩地之間逃難，幸而得以脫險，但已是九死一生了。經歷了這場磨難，她那常是一本書、一杯酒在手的父親病倒了，一清家底，只剩下一塊二兩多重的碎銀子，父親要治病，家人要生活，都需要錢，萬般無奈之際，李靄如走上了這條路。不過，她心裏頭有自己的底線，一不賣身，二不做妾。也就是說，李靄如選擇的是做藝妓。

「為養親而辱身，可敬之至。」洪鈞奉承說。李靄如莞爾一笑，回答的是：「我前半生受盡委屈羞辱，後半輩子要揚眉吐氣一番。」靠什麼揚眉吐氣？她沒說，心裏卻在想，靠的就是這個男人，指望他，依賴他，還要幫助他，像藤條一樣死死纏住他，期望他前途無量。

古代才子佳人故事中的才子，多是些功名不高、未入仕途的年輕文人，在政治方面，他們尚未登上官場，經濟方面，明顯不如鉅賈豪紳，但是又優於農民和手工業者，從整個社會歷史來考察，可列入中間階層，換個說法叫做「準強勢階層」。因為他們雖然位列中游，而實際上蘊藏著巨大的上升潛力，是官僚階層的後備軍。而故事中的「佳人」，則無一不是美貌女子，溫柔體貼，顧盼生情，從司馬相如與卓文君的傳奇開始，才子佳人故事中的女性主角就踏上了一條漫無盡頭的旅程：她們存在的意義，就是努力幫助才子實現功名願望。

富家女子卓文君為了愛情，與司馬相如一起私奔，為使司馬相如不受貧寒之苦，卓文君又返回臨邛，開了家酒鋪賣酒，司馬相如在店鋪裏當夥計打雜，卓父礙於情面只好接濟二人，使得司馬相如一躍而進入富人階層。文君夜奔相如的故事流傳民間，成為後世戲文取之不盡的素材，並且出現了許多翻版。滎陽生愛上美麗的妓女李娃，結果受鴇母之騙，金盡囊空，回家又遭父親毒打，逐出家門，行乞街頭，李娃不顧一切將他收留，傾其所有資助他安心讀書，最終獲得了功名。

洪鈞與李靄如的故事，也脫不了這類才子佳人的套路。臺灣擅長考據的歷史小說作家高陽，對蘇州狀元洪鈞成名前在煙臺的這段豔史進行過認真研究，並寫下了歷史小說《狀元娘子》，一段旖旎風流的愛情故事經過高陽妙筆渲染，淒婉悱惻，撼人心魄。

即使兩人沉浸在溫柔之鄉，李靄如也不忘提醒她相中的這個才子：「業精於勤荒於嬉。」她一念憐才，讓洪鈞關在房屋裏苦讀，自己也拒不接客，每天一早就來陪伴他，到黃昏方始離去。不僅情為之所繫，而且傾盡家產，要資助洪鈞實現科舉中狀元的夢想。經此一番激勵，洪鈞果然也爭氣，真的收拾起閒情，死心塌地去用功。

同治三年（一八六四），江南金陵傳來消息，曾國荃所率部將，挖掘地道，用炸藥轟坍了二十餘丈長的一段城牆，官軍們一擁而進，搜殺了三晝夜，肅清全城，並活捉了太平天國第一流人物李秀成。同時傳來的還有另外一個好消息：本科江南鄉試，決定在十一月間補新。聽到這個消息的士子們無不歡欣鼓舞，可是洪鈞高興不起來，他在為一筆赴江寧鄉試的盤纏發愁。有一天，洪鈞回家，發覺馬褂口袋中有張二百兩銀子的銀票，仔細回想事情的細枝末節，知道銀票為紅顏知己所饋贈，洪鈞想推卻，李靄如反問：「我是不是過於高攀了？」一句話嗆得洪鈞再也說不出話來，最難消受美人恩，洪鈞只好先接受了。

李靄如說過的一句話始終縈繞在洪鈞心頭：「一不賣身，二不做妾」。要娶李靄如，名份是個必須考慮的問題，林語堂說：「妓女的歸宿，總無非是嫁作小星，或則做人外室情婦。」眼前的這位名妓心高氣傲，不願意「嫁作小星」，那麼擺在洪鈞面前的只有一條路：休掉原配夫人王氏，再明媒正娶，用花轎將李靄如抬入洪家，而這個辦法，不僅洪家所有人不會同意，洪鈞自己良心上也通不過。

原配夫人王氏是個出了名的賢妻，貌遜於才，才遜於德，她終生厮守老祖宗「三從四德」的古訓，相夫教子，伺候公婆，一門心事全部為洪家著想。洪鈞去煙臺赴任時，她甚至吐露出了要為丈夫納妾的心願，原因有兩個，一是納妾可為洪家多生養幾個後代；二是丈夫一人在外，起居總得有個人照顧，納妾是最好的辦法。這麼賢慧的妻子要休掉，他於心何忍？

正當洪鈞一籌莫展之際，母親洪老太太替他想了個好辦法：兼祧。祧者，承嗣也。兼祧，俗稱「一子頂二門」，就是說一人兼承兩家的後代。這個詞大有學問，充分體現了古人在婚姻家庭關係上的創造力。一家兄弟數人，如果後代中只有一個獨子，那麼兩房合一房，三房合一房，這個人兼祧叔伯之後。清律附例中規定：「如可繼之人，亦係獨子，而情屬同父母親，兩相情願者，取具闔族甘結，亦准其承繼兩房宗祧。」兼祧的目的是為了承繼家族香火，客觀上也使一夫多妻制更加合法化。

這樣的例子舊時不屬少見。同治皇帝死時沒有兒子，由道光皇帝第七子醇賢親王的第二子載恬繼統，這便是光緒皇帝；光緒皇帝死時又沒有兒子，便由光緒五弟載灃的長子溥儀繼統，這便是大清王朝的末代皇帝宣統。也就是說，溥儀是同治皇帝的承繼子，也是光緒皇帝的兼祧子。

皇室是這樣，民間人家更是十分流行。這種做法既承繼了家族香火，在兼祧之子也很划算，不說別的，明媒正娶的妻子就可以娶兩三房。對於次妻，如若撿了個大便宜，進門就居正室之位，而非小妾。舊時女子最為看重的「名份」二字，就這樣輕而易舉地解決了。

洪鈞在洪家是老三，洪家人丁不旺，幾兄弟中只有他得一子，而他的大伯又無後，想出兼祧的好主意後，家族中最有威望的幾個長輩一合議，遂將此事定了下來，讓洪鈞兼祧伯父之後，將來再有了兒子就算伯父那一支的孫子。洪鈞能為沒有兒子的大伯娶一房兒媳婦，大伯自然高興；而在李靄如那一方面，總是花轎抬入洪家的，見了洪鈞的原配夫人也是妯娌相稱，占住了身份。這樣一來可真是皆大歡喜了。

洪鈞滿心歡喜，趕緊乘船前往煙臺，向李靄如報告喜訊。及至後來洪鈞赴京殿試，被皇帝點中了狀元，大魁天下的消息傳來，轟動了整個煙臺，登萊青道新任道台劉達善、福山知縣吳恩榮，都鳴鑼開道，專程到李家賀喜，認識不認識的人也全都湧到望海閣，祝賀她成為「狀元娘子」。這位出自名門之後的名妓感到苦日子快熬出頭了，「我前半生受盡委屈羞辱，後半輩子要揚眉吐氣一番」，先前有意無意說的話眼看快變成現實。

誰知在這個時候，事情又發生了變故。

暴得大名則不祥

與洪鈞一起參加殿試的還有個蘇州同鄉叫吳大澂，字清卿，也是才華橫溢，博古通今，尤嗜金石書法，做官也做得聰明。這一科殿試，前十名中蘇州就占了三個，分別是狀元洪鈞、第五名吳寶恕、第八名吳大澂。「恭喜，恭喜，文卿，你可真是揚眉吐氣了。」吳大澂抱拳向洪鈞祝賀。

前來祝賀的人一波又一波，車水馬龍，煞是熱鬧。等賀喜的人漸漸散了，吳大澂把他拉到一個僻靜處，神情黯然：你這個狀元真是當「壞了」。洪鈞不解其意，吳大澂急得一跺腳：「壞就壞在你是皇上親筆點的天子門生！」聽了這句話，洪鈞如同當胸挨了一拳，他會過意來，明白吳大澂說的是李靄如的事。

洪鈞和吳大澂是無話不說的好友，他要娶李靄如的想法，吳大澂也是一清二楚。夜深了，天邊疏星幾點，會館裏的牆壁上，紅燭的微光幽幽閃爍，吳大澂還在幫洪鈞細緻分析：「這是皇上親閱進呈的前十本，你是皇上的第一個門生，如果鬧出事來，你說皇上心裏會怎麼想？」會怎麼想？洪鈞不敢深想。吳大澂繼續分析：皇上的門生如果行為有失檢點，皇上就會覺得丟面子，那樣一來，不僅你一個人脫不了干係，進呈試卷的大臣也會受牽連，不知有多少人會遭到嚴譴，弄得不好，還可能興大獄！

聽吳大澂這麼一講，洪鈞心裏警醒起來，暴得大名則不祥，莫非他和李靄如的婚事要吹？洪鈞正在繞室彷徨，會館外有人拖長了聲音在喊：「洪老爺有信！」來送信的中年人是潘家的一個聽差，洪鈞趕緊迎上前去，對老師潘祖蔭派來的人，他絲毫不敢怠慢。

潘祖蔭，字伯寅，也是江南蘇州人，咸豐二年探花，授編修，遷侍讀，入值南書房，教習皇子講起居注官。時與翁同龢同為清流派領袖，世人稱作「潘翁」。在中國歷史上，清流派由來已久，這個政治派系的主要特徵是經常議論政策得失，揭露政府和官場中的一些弊病，面對戰亂與亡國之憂，清流派的對策是寧為玉碎，不為瓦全。清流派結成同盟的成員大多為官場知識份子，他們太過清高，太看重道義上的清名。

潘祖蔭作為道光咸豐年間清流派一度的掌門人，除了議論朝政唱唱高調之外，許多的精力和時間都花在金石古玩上。三代鐘鼎，秦磚漢瓦，魏晉碑帖以及宋版圖書，成了他發瘋搜羅的對象，瀟灑地玩一把學問，在動盪的社會思潮中找點太平盛世的感覺。同治十一年（一八七二），潘祖蔭出了第一本專著《攀古樓款識》，感歎「今好此者益多，價益踴，故古器益不可得見。」有這樣的掌門人帶頭，這股雅玩之風愈演愈烈，經咸豐、同治兩朝而不衰。

進入光緒年間，潘祖蔭和翁同龢得了侍郎，接著飛快提升，過兩三年就上一個新臺階，不過也就七、八年光陰，拜了尚書又兼了軍機，由他們帶動起來的金石古玩熱，引起了士大夫們交往方式以及生活方式的改變，「都門為人物薈萃之地，官僚筵宴，無日無之。然酒肆如林，塵囂殊甚，故士大夫中性耽風雅者，往往假精廬古剎，流連觴詠，暢歎終朝。」①這股士風的廣泛效應是：高官兼名士成為官場追求的一種境界，以金石學為敲門磚，成為士子搏名士頭銜的一種途徑。

潘祖蔭玩賞金石古董之餘，並沒有忘了肩上的道義和責任，風聞山東煙臺有人以「狀元娘子」自居，而且此事與他的學生——新科狀元洪鈞關係重大，臉上不免有些慍色，同時也隱含一絲擔心，趕緊派聽差送信叫洪鈞來談話。

同洪鈞談話的是潘祖蔭的父親潘曾綬。潘家是蘇州顯赫的旺族，一族出了九個進士，實屬不易。最為人道的是癸丑科考中狀元的潘世恩，此翁得意之事，是道光二十四年內閣四大學士，除他之外，穆彰阿、寶興、卓秉恬均是他的門生；夾在中間的是潘曾綬，再往下數是考中探花的潘祖蔭。

有個狀元父親，又有個探花兒子，潘曾綬上叨餘蔭，下受供養，是最讓人豔慕的福氣人。聽說蘇州新科狀元鬧出了這樣的醜事，而且洪鈞還是他兒子的學生，這個蘇州人心裏比他兒子潘祖蔭還急，沒等洪鈞坐穩，劈頭就是一陣數落：你那位相好，在煙臺荒唐得不成體統了！自稱是狀元娘子，所至之處，路人側目，打著洪狀元的旗號，開賀收禮，酬神演戲，這樣子招搖法，真正是海外奇談！洪鈞待要耐心解釋，說來說去，還是要娶妓為妻，潘老先生不僅不能釋懷，反而更加惱怒，一賭氣，將水煙袋往桌上重重一放，將一直在門外等著的吳大澂叫進來，說道：這個事我沒法子管了，文卿執迷不悟，非搞出大亂子來不可！

為了保住清流派的名聲，也為了保住蘇州狀元的名聲，幾位江南籍的同鄉大老龐鍾璐、殷兆鏞、潘家父子以及小字輩的吳大澂，聚在潘家園子裏商討主意。他們聽了吳大澂的詳細介紹，對洪鈞與名妓李靄如的感情，能理解也能同情。如果洪鈞只是個進士，他們必定會幫忙成全這樁風流韻事，問題出在現在洪鈞是新科蘇州狀元，又是清流派的重要門生，娶妓為妻之事萬萬不可以！如果有人藉機向朝廷參上一本，不僅狀元之鄉蘇州的名聲毀於一旦，清流派的強健勢頭也將因此遭受重創。宦途險惡，不得不處處提防，別看今天頂戴花翎，頤指氣使，明天就可能鋃鐺入獄，變成大牢中的囚犯。在場的這幾位官場大老，見慣了太多的風浪，當然知道那位狀元小老鄉娶妓為妻的後果。

商議的結果，是堅決不許。把洪鈞叫來展開攻心戰，洪鈞在幾位同鄉大老面前談青樓豔跡，實在難於啟齒，總算開了口，說出的話完全不是那麼回事。事情在那裏明擺著，如果不負靄如，必定得罪所有朋友，還會牽連清流派的聲望，鬧得眾人指責，裏外都不是人。思來想去，只好用極低的聲音說了一句：我真的不知道該怎麼辦了？

他不知道怎麼辦了，這就好辦。讓洪鈞稍事迴避，不見李靄如，另外準備一千兩銀票，派人送到李家，作為補償。幾位大老都是在官場中歷練出來的，自然懂得要將這件事辦得巧妙，派八面玲瓏的青年才俊吳大澂出馬，找到李靄如的一個遠房親戚李芳，讓李芳出面做李靄如的工作。這個才子佳人故事的最後結局是一場悲劇，名妓李靄如撕碎了那一千兩銀票，顫巍巍走進臥室，用一根白綾綢在床頭上吊了。

官與妓發生衝突的時候，妓必須讓路，這也是晚清官場中的一條鐵的規律。

①朱彭壽：《安樂康平室隨筆》。

花船上的雛妓

去掉了「狀元娘子」這塊心病，清流派不再有煩惱了，蘇州狀元也保全了名聲，自此以後，洪鈞在宦途上官運亨通，一帆風順。晚清官場中，鄉誼是除了親戚、裙帶關係之外最為親近的一種關係，「親不親，故鄉人」，鄉誼滲透在官場中的每個層面，是官場中人相互提攜、互為奧援的重要紐帶。

晚清北京名飯館中有「八大居」，是政壇官宦的雲集之地，其中最為顯赫的是潘祖蔭出資創辦的廣和居，清人崇彝在《道咸以來朝野雜記》中寫道：「廣和居在北半截胡同路東，歷史最悠久，蓋自道光中即有此館，專為宣武門南士大夫設也。其肴品以炒腰花、江豆腐、潘氏清蒸魚、四川辣魚粉皮、清蒸干貝等，最為膾炙人口。胡其地雖隘窄，屋宇甚低，而食客趨之若鶩焉。」

按照清朝滿漢分居北京城內外的制度，宣武城南是流寓京官和士子聚居的地方，這裏有大批京宅和會館，廣和居為他們提供了就近聚餐的便利。這些食客中有不少是晚清時的政壇顯要，翁同龢、張之洞等人都是這裏的常客，創辦人潘祖蔭是清流派的領袖，尚好清談，喜歡搜集金石古玩，一幫愛好雅玩的同黨也免不了經常在此聚會，因此這裏軒窗雅潔，頗具文雅之風。實際上，這家京城士大夫們的公共食堂已經不是一般吃飯的地方，成了官場士大夫們針砭時政、討論問題、攀緣官誼的政治俱樂部。

洪鈞出道前家境一般，父親是賣酒為生的商人，而且早早過世，四兄弟中也只有他能夠躋身官場，政治上沒有什麼背景，要在官場升遷靠的就是這種鄉誼。好在蘇州狀元的頭銜幫助了他，為了「蘇州狀元」這幾個字，翁同龢、潘祖蔭這些出身江南的官場大老也會暗中援助。同治九年（一八七〇），洪鈞出任湖北學政，後又參與編修咸豐朝《實錄》，賜花翎四品銜，嗣後曾任順天府鄉試同考官，歷典陝西、山東鄉試，後遷翰林侍講、侍讀，提督江西學政，歷任右春坊、侍讀學士、侍講學士。官場一路走下來，到了光緒九年（一八八三），遷詹事、內閣學士、兼禮部侍郎。

這期間洪鈞的人生中遇到了兩件事，同他後來的命運有很大關係。

第一件事是為兒子娶親。家族血脈不旺，一直是洪鈞的心頭之痛，到了他頭上，又只生了個獨子。洪鈞的原配夫人王氏是南京人，比洪鈞大兩歲，平日主理家庭事務，燒香念佛，一流的賢慧，無奈身子骨單薄，體弱多病，生了一胎之後再也不能生育，為續家族香火，洪鈞特意跑到揚州挑了匹「瘦馬」做姨太太，可是這位姨太太的肚子不爭氣，幾年下來也沒為洪家添丁加口。因此，洪家上下老少更是把獨子洪洛看得特別珍貴，好在洪洛也還成器，《清史稿》上記載他為「縣學生，以蔭考授通判，改工部郎中。」

洪洛新娶的妻子叫陸玉珍，是父親洪鈞親自為他挑選的。這位陸小姐出自蘇州一個亦儒亦醫的世家，祖父陸懋修醫術高明，在上海一帶很有名氣，曾專心研討《黃帝素問》等醫學典籍，著述不輟。父親陸潤庠（字鳳石），自幼聰明好學，十歲讀完了儒家《九經》，對家傳醫術頗精通，憑藉儒學根柢考中鄉試成為舉人，同治十三年（一八七四），陸潤庠在殿試一舉奪魁，成為清朝第一百零一名狀元。新科狀元無疑是官場新貴，結緣洪家這門親事，隱含有寄希望於得到提攜的意味；而在於洪鈞，官場雖說有不少鄉誼，但真正的親戚、褲帶關係卻絕無僅有，也亟需通過聯姻得到政治上的奧援。兩家門當戶對，一拍即合。兒女親家雙方都是狀元出身，使得這場婚事更為人注目，江南的達官顯貴、名流紳士紛紛上門祝賀，往來穿梭如過江之鯉。這場婚事是洪家鼎盛時期的一個見證，此後不久洪家由盛轉衰，先是洪鈞患病去世，接著兒子洪洛不幸身亡，故鄉那座一度熱鬧非凡的豪宅桂蔭堂日漸破敗，門庭冷落車馬稀，家道迅速中落。當然，這是後話。

第二件事是洪鈞的母親洪老太太去世。按照清律，清朝官員遇到父母去世的情況，必須告假回家奔喪丁憂，時間為三年，碰到抽不開身的特殊情況，至少也得丁憂一年。洪鈞做官之餘喜好研讀有關歐美地理、歷史方面的雜書，對西北蒙古史興趣尤濃，撰寫了一部《元史譯文正補》的初稿，正好利用丁憂的長假來修改補充。

三年的時間是漫長的，除了著書之外，洪鈞的社交圈是蘇州的一幫名流雅士，有吳承儒、姚念慈、沈問之、潘老四等等，聚會時經常玩一種紙牌，名叫「打黃河陣圖」，這種牌輸贏很大，好在來的都是社會上的頭面人物，出手闊綽大方。玩累了，便到蘇州河去尋樂子，倉橋浜一帶停泊著許多花船，雙開門，四面玻璃窗，周圍帶欄杆，華燈映照下，「坐艙姑娘」懷抱琵琶彈唱一曲，琴聲、歌聲、笑聲夾雜一起在河面上蕩漾，別是一番風韻。

就在這三年的丁憂守制期間，洪鈞認識了花船上的雛妓彩雲（後改名賽金花），關於賽金花，這裏多說幾句，這個一生無處不傳奇的女子，一直是文人墨客筆下的熱門人物，早在清末，就有曠世才子曾樸依據賽金花的故事，寫成了小說名篇《孽海花》；民國初年，又有劉半農、商鴻逵約同賽金花會晤暢談十餘次，撰寫了《賽金花本事》；到了現當代，賽金花更是成了搶手貨，夏衍、張弦、阿成等知名作家都曾經拿她寫書說事，更多出自不知名作家之手的賽金花野史各種版本在坊間流傳，讓人目不暇接、眼花繚亂。賽金花之風也颳到了演藝界，早年的藍蘋（江青）為爭演賽金花，不惜與人大打出手；翁虹、陳紅、盧燕、張曼玉、白靈以及章子怡等，據說都有可能成為鉅資大片《賽金花》中的女主角。

寫《孽海花》的曾樸為江蘇常熟舉人，出生貴族，其父在翁同龢手下做過官，到了曾樸這一代，他的家族和整個清王朝一樣滑向沒落。這是個性情放蕩不羈的人，據說在科舉考場上曾經故意潑倒墨水以抵制，「故意」二字有誇張之嫌，科舉是通往官場的坦途，千軍萬馬擁擠在這條路上，曾樸生在官宦世家，不會不懂得這個道理，沒有拿雞蛋去碰石頭的理由。更大可能是試題不合心意，做起來有難度，佯裝出的一種狂放姿態。不過曾樸與官場格格不入是可以肯定的，同時由於他個人感情生活曲折的原因，他對女性充滿同情，認為妓女是一枝嬌豔的惡之花，由他筆下創作出的《孽海花》大氣磅礴，文采斐然，被魯迅推舉為晚清三部優秀譴責小說之一。劉半農、商鴻逵的《賽金花本事》，則是在約賽金花本人多次會晤以後動筆寫作的，完全根據了她的談話，刪其屑繁，理順頭緒，偶有所感便注上幾句，這本書原始資料多，紀實性強，可信程度高。

賽金花本姓趙，乳名彩雲，原籍安徽徽州，因太平天國事起全家逃難而至姑蘇，住在蘇州周家巷。她從小聰明伶俐，七八歲時，家裏來了客人，總是她先打招呼，裝煙倒茶，陪客人說話，親友們無不喜歡這個乖巧的女孩兒。小彩雲家原來有個使女，叫阿金，後因家境不好辭退了，但她和小彩雲的關係很好，經常約了在一起玩耍。阿金後來幫工的那個東家姓金，是蘇州城很出風頭的「拉纖客」①，小彩雲當時十三四歲，出落得俊俏非凡，舊時女子到了這個歲數已經初現成熟了，擦脂抹粉是免不了的，一枝梨花帶露開，嶄露頭角的小彩雲被金家人相中，有意引誘她到花船上去玩。說的是玩，實際上是讓她「出條子」。

彩雲小小年紀，心裏也清楚，不過每次去「玩」，都會有收入，她是「清倌」②，接客一次給四塊銀元，上花船玩了幾回，憑空得了幾十塊銀元，她心裏也樂意。這事後來被她家裏知道了，祖母很難過，母親倒比較開通，說：家裏的境況這幾年確實困難，她出去賺幾個錢，多少能補貼一下。有開明的母親撐腰，她也沒什麼顧慮了。有一天，彩雲伺候一個叫吳三的大胖子，那人脾氣大，嫌她不夠熱情，胡鬧了一場，摔毀了許多器物，彩雲被嚇壞了，從此不敢再上花船當清倌。

洪鈞就是在這個時候出場的。在蘇州丁憂守制，閒暇之餘遊樂獵豔，他一眼就看中了周家巷的這個嬌美女子。洪鈞身上文人雅士遺風濃重，名士美人相得益彰，一直是他心目中的理想境界，這也成了他熱衷於妓家興致始終不減的一個原因。娶名妓李靄如而不得，是藏在心頭的一塊心病，當了幾年官，根基牢固了，再次涉足妓界，眼前的彩雲勾起了他的回憶，不免有舊地重遊的感慨。幾天不見彩雲，洪鈞有些疑惑，派人一打聽，才知道了吳三胖子胡鬧的事，派人拿著請帖，再到周家巷去請這位姑娘，幾番遊說，彩雲終於答應出山，只是那個叫趙彩雲的姑娘沒有再上花船，而是天天來到蘇州城北張家巷洪家宅第，傳唱久遠的一段姻緣就此拉開帷幕。

①蘇州方言，意即拉皮條。

②清倌：賣藝不賣身的一種妓女。

守舊的出洋大使與新派夫人

洪鈞五十歲那年，娶了十五歲的雛妓趙彩雲，這在江南士子中被傳為美談。雖說其中有一波三折，彩雲家不願意自己的女兒做小，提了一些條件，洪家都一一滿足了。婚禮莊重且氣派，坐的是綠呢大轎，前面紅狀元紗燈籠開路，吹號角放鞭炮，明媒正娶的偏房也煞是風光。

光緒十三年（一八八七），洪鈞丁憂三年服滿，回到京城官場。這年正是小皇帝載湉親政，在帝師翁同龢等人輔佐下初顯勃勃英氣，推行新政，重用洋務派，與洋人打交道的機會日漸多了起來。清政府要派一位充任出使俄國、德國、奧地利、荷蘭四國的外交大臣，洪鈞對歷史地理素有研究，在朝廷看來是個合適的人選，一道聖旨傳下，洪鈞被任命成了中國古代狀元中唯一的外交官。

出洋要帶夫人，洪家正太太王氏體弱多病，恐怕經不住海上顛簸，況且又是舊式女子，沒見過什麼世面，更不要說適應國外那些握手接吻的禮節了，於是主動讓權，將朝廷的皓命補服交給了新太太趙彩雲——此時已被洪鈞改名為夢鸞，讓她以大使夫人名份隨同洪鈞出洋。

多年以後賽金花回憶說：「由北京到天津坐的長龍船，這種船創於曾國藩，船身長，船夫多，划起來極快。一路上接欽差大臣的人很多，真忙個不了。由天津到上海，改乘輪船。在上海還鬧了個笑話，下了船，見洪先生上轎，我也跟著上轎，這時候驀然響了三聲大炮，不知道是作什麼，把我嚇得臉也發了白，身上打起抖來，女僕們趕快攙著我才上了轎，原來這是放一種表示敬禮的炮，我哪裡經歷過？」①

《孽海花》中有個細節值得玩味：他們出國搭乘的是德國公司的輪船，本來二等艙挺不錯，價錢也便宜一半，上海道台特地過來打招呼，讓洪先生的跟班務必要買一等艙，不能讓外國人恥笑。跟班混了多年，也成了官場油子，船票果然買了一等艙的，卻將一班隨員坐的三等艙向上報成了二等艙，多出的錢補了這個缺，人也舒服了，錢也沒多出，洪鈞連聲誇獎這個跟班會辦事。晚清官場上，這類利用巧妙手段侈靡排場的例子比比皆是。

洪鈞骨子裏是個守舊的文人官僚，經常掛在嘴邊上的一句話是：「外國禮節野蠻，不可仿習。」這也不奇怪，晚清官場對外國人絕大多數採取排斥態度，像張蔭桓、許景澄那樣真正懂洋務的官員鳳毛麟角。李鴻章訪英期間，應邀看一場足球賽，身穿朝服坐在看臺上，手撚胸前的朝珠欣賞，可是看來看去，不得要領，便問旁邊陪他觀戰的英國勳爵子爵們：「那些漢子，把一隻球踢來踢去，是什麼意思？」英國人告訴他：「他們在比賽，那些人不是漢子，是紳士。」李鴻章還是疑惑不解：「既是紳士，為什麼不雇傭人去踢？」主人面面相覷，無言以對。像李鴻章這種被人認作洋務派的大臣即是如此，其他官員就可想而知了。

因循守舊是晚清官場的一個重要特徵。剛開始修建鐵路時，中國官員迷信風水，修鐵路要穿越祖先的墓地，被認為是大不祥，後來總算修了條一兩公里的鐵路，純粹只能用以觀賞，即使這麼短的鐵路，當火車拉響汽笛時還是嚇了慈禧太后一大跳，馬上下令拆除了。剛開始試圖引進電報電話時也是這樣，某省的水師提督奏明聖上，當地人對這一新事物極端仇視，以至於連電線桿都架不起來。十九世紀下半葉，是中國歷史發展的關鍵時期，大批量的新酒已經為中國人準備好，但是他們習慣了拿舊酒壺來裝，中國人天性中的因循守舊觀念，制約了一個民族的發展，失去了一次騰飛的機會。

作為晚清官僚機構中的一員，洪鈞也和他的同僚們一樣頑固，任何時候都不忘堅持中國特色的底線，儘管他嫖妓，並且娶妓為姨太太，但那完全是學習魏晉唐宋士大夫的雅玩遺風，用美女和詩詞歌賦陶冶性情，和新思想新觀念是兩碼事。洪鈞迷戀元史，研習西北及蒙古歷史地理，而且又是出洋大使，卻死活不肯學外語，連一句洋文都不會說，要參考外國書藉，都是靠一位比利時人金先生當翻譯。在生活細節上洪鈞也是一味守舊，一點洋物也不肯用，日常穿戴的是中國式青布長衫、福子履、布襪子。有一次，多走了些路，腳磨破了，賽金花勸他換穿洋襪子，苦苦勸了半天，洪鈞才說，你做的襪子我才穿。賽金花不會針線活，叫洋丫環做了幾雙襪子，假說是她做的，洪鈞這才穿上了。

用這種榆木腦袋的人辦外交，結果可想而知。縱觀晚清官場，像洪鈞這樣的榆木腦袋遍地皆是，真正拿出來同其他官員比較，熱衷於嫖妓的洪先生還算是開通點的一個人物，這不能不說是晚清官場的一個悲哀。相對而言，與中國比鄰的一些東亞小國家則靈活得多，日本國在歐洲也有外交官，他們的外交使臣隨鄉入俗，無論走在大街上還是在外交場所，都是油頭粉面，一身西服革履，富有民族象徵韻味的那套和服，只是在自家後花園休閒時才偶爾拿出來穿戴一下。

清政府的懦弱無能以及外交官員的愚頑不化，也讓周圍的幾個鄰國瞧不起，有一年，高麗派了外交代表到俄國，洪鈞事先卻毫不知情。歷史上高麗原是中國的屬邦，如今竟越過而不顧，洪鈞不能不氣惱。給國內發了許多封電報，要求朝廷出面干預，清政府回電只是高談激憤的詞藻，末尾加幾句安撫之類的話，並沒有什麼具體可行的辦法，說白了也是一籌莫展。洪鈞是個固執的官僚，發誓一定要為大清王朝爭回名份，太多的憤懣之情易傷身體，此後不久，洪鈞果然得了重病，事情仍然沒有得到任何解決。

同守舊的丈夫比起來，如夫人賽金花則要靈活得多。一個優秀的妓女，必須具備兩樣不可或缺的資本：美貌與聰明。有些女人天生就是做妓女的料子，換句話說，妓女性格多半是天生，即使模仿也學不像，她們的性格有些類似於古代丫環，既有卑微逢迎、不思進取的一面，也有見風使舵、八面玲瓏的一面，而後一種性格使她們能夠廣結人緣，在一般人眼裏，這種「會來事」的女子往往就是天生的尤物。

到德國剛剛兩個星期，為了幫洪鈞打開德國上流社會的社交圈，賽金花在自家別墅裏舉行了一次私人宴會，應邀出席的客人有鐵血宰相俾斯麥和夫人，瓦德西將軍和夫人，以及一大批政壇軍界要員。宴會上，賽金花身穿朝廷皓服，梳了清廷貴婦的髮式，戴上鳳形簪釵，讓四個穿著中國服飾的洋丫頭提著宮燈引路。德國客人在驚歎之餘，深深讚賞這位公使夫人的獨具匠心，稱她為「東方瑪麗亞」，這一場中西合璧的宴會辦得非常成功，為賽金花也為洪鈞在德國上層圈子裏贏得了聲譽。

賽金花的靈活變通，經常顯現在日常生活的細節上。出使歐洲時，只帶了兩個女僕，到了德國，感覺女僕少了不夠用，賽金花提出要雇外國女子做女僕，洪鈞一聽連連擺手。賽金花背著丈夫雇了四個洋丫環，工錢比國內花的少，服侍人又體貼周到，既聽話又忠誠，試用了一段時間，洪先生也覺得滿意，這才把四個洋丫環的事定了下來。平時在社交場合應酬，語言不通是很大的障礙，靠翻譯畢竟隔了一層，賽金花有點語言天賦，也跟著學德國人嘰哩哇啦的發音，後來索性出錢請了個女陪伴，相當於舊時小姐的貼身丫環，幫她梳頭，陪她逛街，更重要的任務是教她學德語。

賽金花幼小時在妓家歷練出的種種手段，無形中幫了官家洪鈞的大忙，這也是洪鈞當初沒能想到的。以洪鈞這麼一個缺乏圓通的官僚，能在歐洲四國獲得不錯的聲譽，論起幕後功勞，賽金花要占一半。妓女是官場最好的潤滑劑，在洪鈞身上得到了很好的體現。

①見劉半農、商鴻逵：《賽金花本事》，載於《賽金花公案》，第二三六頁。

或明或暗的較量

一場變故是忽然之間降臨的。洪鈞在出使歐洲四國期間，酷愛元史，曾依據市場上買到的一張俄文地圖繪製了一幅中俄邊界圖。洪鈞不懂外文，請人翻譯地圖上的地名，誰知道竟出了大錯，將我國帕米爾地區的一些卡哨畫到了中國國境之外，俄國人將這張地圖收藏起來，關鍵時候作為鐵證端出，證明那些地點屬於俄國，這一來洪鈞無形中有了賣國之嫌。本來洪鈞歸國時依照賽金花的安排，給慈禧太后帶回了一些諸如鐘錶、音樂盒、玩具汽車等等的洋玩藝，討得了慈禧一時的歡心，這件事發生以後，許多官員聯名彈劾他，慈禧太后一改臉上和煦春風，雷霆大發，這使得整天關在屋裏讀線裝書的洪鈞連嚇帶氣，生了一場大病。

初起時是一種痧氣，也沒怎麼在意，附近請個剃頭匠扎了幾針，病情漸漸好了。誰知不久病又復發，臥床不起，請了許多名醫來治，仍然不治而歿。洪鈞病重彌留之際，念念不忘的有兩件事：一是那本浸透了心血的《元史譯文證補》，初稿已撰成多年，仍嫌凌亂散漫，疑難較多，未能最後定稿，他把這個任務交給了已經長大成人的兒子洪洛；第二件事是不放心賽金花的未來，幾年前娶這個雛妓之時，洪家倒沒人敢說什麼，兒女親家陸潤庠卻頗多腹議，洪鈞長年累月在外，洪家一方天地全靠兒子洪洛支撐著，陸潤庠作為洪洛的岳父，洪家的顏面實際上也關係著他的顏面，按現在的情形，他病歿之後賽金花想回到洪家，只怕難上加難了。一念至此，病榻上的洪鈞牽著賽金花的纖纖玉手，眼角忍不住落下了一滴淚珠，也許此刻他想到的是整個人生，美麗中摻雜絲絲遺憾，洪鈞臨死之前留下了五萬塊錢交給一個本族兄弟洪鑾，託他轉交給賽金花將來養老。

遺憾的是，洪鈞遺囑中的兩個願望最後都沒能很好的實現。

先說第一件事：洪鈞一死，賽金花吩咐僕人趕緊給洪家少爺拍電報，催促他迅速來京奔喪，洪家少爺身體本來就弱，過度憂傷，再加上連日奔波，一到京城就病倒了。洪鈞的靈柩奉了聖旨特許出城，從朝陽門出，經通州，由運河碼頭上船回原籍蘇州，途中洪家少爺因病未能隨同陪伴，此時洪洛已經命懸一線，生命猶如秋風中的一片落葉，在做最後的無望掙扎，沒過多久他去世了，追隨狀元父親走上了不歸的黃泉之路。不過，所幸的是，那部書稿後來經他的兒女親家陸潤庠之手，並約請書法名家沈子培一起，完成了勘誤校訂工作，洪鈞的未竟之願總算是了卻了。

第二件事更為複雜一些。洪鈞死後，那位本族兄弟洪鑾先是對五萬塊錢隻字不提，賽金花一旦問起，洪鑾也是支支吾吾，問急了便指天發誓，說等回到蘇州洪家一定奉還。運送靈柩的船到了蘇州，卻再也見不到洪鑾的人了，賽金花派人四處尋找也未能找到，一直到第二年冬天，賽金花在上海重張豔幟，一個偶爾的機會在街上撞見了他，賽金花討索五萬塊錢款，這個癟三連連拱手告饒：「嫂子你放心，最近做生意周轉不靈，轉過年了我一定還你。」賽金花一鬆手，洪鑾迅速消失在茫茫人海中，從此逃遁，再也無影無蹤了。

這僅僅是賽金花倒楣生涯的開始。起初，賽金花也想到過回洪家，她隨洪鈞出使歐洲四國期間，生了一個女兒，為紀念那段歲月，取名德官，此時已四歲。無奈的是，洪家要去了女兒德官，卻將賽金花拒之門外，原因不言自明，賽金花是妓女出身，有辱洪家聲名。此外還有個不好說出口的原因，洪鈞的兒子洪洛也剛剛去世，留下的新寡是陸潤庠的女兒陸小姐，如果賽金花回到洪家，勢必成為一門兩代寡婦的尷尬局面，很難相處。

賽金花是有個性的女子，先是收拾包裹細軟回到娘家小住了幾月，在此期間，上門提親的人很多，都被她一一拒絕了，心裏已拿定了一個主意：到上海的繁華大世界去立個門戶，重張豔幟，掙它一筆錢，以後什麼都好辦。她是個說幹就幹的性格，過完了春節，便搭乘一條船來到上海，勾欄群中撐門立戶，自成一家，有那塊狀元夫人的牌子，她很快聲名大振，同上海妓界四大金剛林黛玉、金小寶等人結拜成了義姊妹，成為上海花界名妓之一。

如此招搖，有人心裏老大不高興。洪鈞的兒女親家、蘇州新狀元陸潤庠，臉上早已經掛不住了，此時他已在京城擢內閣學士，署工部侍郎，每次聽到上海方面關於賽金花的傳聞，就彷彿有人往他胸口搗了一拳，悶得好幾天吃不香睡不安。於是託人串通了上海知府，羅織了一個莫須有的罪名，強迫賽金花離開上海。為了躲避禍端，她只好北上天津，另尋生路。

事情並沒有完，官與妓的蜜月已經在狀元洪鈞手中結束了，如今開始上演的，是官與妓之間的一場噩夢。妓女與名士結合被人看作一樁雅事，與名士結合後的妓女重操賤業，在官場人士看來，就成了不折不扣的拆爛污。為了保全名聲，陸潤庠苛刻的目光像一條訓練有素的獵犬，時刻跟蹤在賽金花身邊，制約著她的日常起居。據史料記載，陸潤庠曾幾次動用帝師孫家鼐的關係，通過天津地方上的官吏向賽金花傳話，施加壓力，叫她慎言自律，不要太過張揚，鬧得別人下不了臺面。

陸潤庠出身於儒醫世家，與晚清官場原本並沒有多少關連，同治十三年（一八七四）考中狀元後，通往官場的大門猛地打開，誘惑就在不遠處向他招手，一種同他以往行醫做學問完全不同的宦海新生活，那麼新奇而又富有刺激，心境陡然發生了變化，陸潤庠從此也開始走上了這條千百萬人走過的官宦之路，既有千鍾粟，又有黃金屋，不過每一步都必須小心翼翼，宦途上的胭脂扣，也許是一片燦爛的桃花，更有可能是一個粉紅色的陷阱。

光緒二十年（一八九四），陸潤庠因母親生病乞養回到家鄉，應兩江總督張之洞之邀總辦蘇州商務。翌年，甲午戰爭失敗，清廷被迫簽訂了《馬關條約》，蘇州、杭州等地被列為通商開放口岸，並允許日本臣民在此設立工廠。消息傳出，舉國震驚，總督張之洞當即致電總理衙門，希望「飭王公大臣當迅速會議，設法補救」①，然而條約已經簽訂，唯一的補救辦法只有中國人自己創辦近代工業。張之洞向朝廷奏請，同時派陸潤庠經營蘇州商務局、張謇經營南通商務局，籌辦中國近代的棉紡、絲織工廠。

這大概是陸潤庠一生中最為揚眉吐氣的兩年。他當年在蘇州集資創辦的蘇綸紗廠，擁有紗錠一．八二萬枚，職工兩千多人；不久後開設的蘇經紗廠，有繅絲車二〇八台，職工五百多人。這樣的規模在晚清工業史上，堪稱絕無僅有。如果能沿著這條路一直走下去，他也許會為中國近代工業開闢出一條陽光大道，比如和他一同起步的南通狀元張謇，更清醒地看透了晚清官場的糜爛，毅然棄官從商，從而成功地實現了民族資本主義的改造理想，成為中國近代工業史上的一個開創性人物。

陸潤庠卻沒能這樣走下去，光緒二十四年（一八九八），這年他五十七歲，服喪期滿回到京城，擢內閣學士，署工部侍郎，又一次踏上了宦途不歸路。告別自己一手辛苦創建起的企業，猜想陸潤庠那時的心情定然飄浮著一絲淡淡的悲哀。陸潤庠的晚年，是留在毓慶宮中伴隨著中國最後一位皇帝溥儀一起度過的，作為那個幼小皇帝的老師，他更能體會一個王朝面對沒落時的蒼涼和無奈，無邊落木蕭蕭下，當大清王朝轟然倒塌時，陸潤庠的宦途生涯徹底結束，他是不是會有一絲後悔當初回到官場的那個選擇？

人生有幾次選擇，但關鍵的選擇卻能決定一生。宦海風雲，國事家事，彙集了多少辛酸和感歎。陸家的輝煌在陸潤庠過世後便如劇終散場，大幕拉上了，人流潮水般退去，惟有空曠的舞臺上殘留幾件零星的道具，勾起人的無限遐想。順便說一下陸家的後代，那是一個淒婉故事的結尾：除了長女嫁給洪洛，年紀輕輕便成為未亡人外，陸家長子陸家振患肺結核病故，次子陸宗振患白血病，也是不治而亡。一個曾經顯赫的家族，就這樣隨著國運轉變迅速衰敗，不知道其中究竟潛藏了什麼樣的玄機。

①李嘉球：《蘇州狀元》，第二一六頁；《末代皇帝師傅陸潤庠》。

官與妓千絲萬縷的關係

一個妓女的生活軌跡，因為與晚清官場有了瓜葛，引起了國人濃厚的興趣，她以後的身世也被點綴了許多演義色彩，既有香豔，又有俠義，賽金花成了一部傳奇，活在百姓口頭上，活在歷史發黃的書卷中。民國時期採訪過她的學者商鴻逵分析認為，賽金花之所以享名南北，原因有三：一、在洪鈞作使臣時隨行到過歐洲；二、以「狀元夫人」的稱號從事社會活動；三、參與義和團運動中的外交事件。三者互相關聯，互相影響……使她成為京、津、滬社會上的一個響亮人物。

在眾多流言蜚語中，非議最多的是她與德國聯軍統帥瓦德西的關係，也許因為賽金花做過妓女的緣故，一盆盆污水沒來由的往她身上潑，人們津津樂道的是她與瓦德西在床上赤身裸體的春宮戲——儘管這純屬子虛烏有。在一次記者會上賽金花曾經說：「一般人對於我和瓦德西將軍的相識當一個笑話來傳說，越傳就越失去真實性，我準備用文字寫出來，公諸於世，讓大家明白真相。」

其實真相明擺著，賽金花和瓦德西的「愛情故事」完全是生拉硬扯、胡編亂造，且不說兩人年齡相差懸殊，單單是傳聞他們在德國曾跳交誼舞，賽金花的那雙三寸金蓮就根本不可能勝任。緋聞居然比慘痛的歷史更有吸引力，叫人哭笑不得；更加恥辱的是，國難當頭時，還有那麼多人熱衷於中國妓女與德國將軍的床上功夫戲，也不知哪來的如此興趣！

不過還是有人站出來說了公道話，他們清醒地認識到名妓賽金花故事的背後蘊含著深刻的社會容量：一個國家，到了靠一個妓女幫助解危的時候，其腐朽衰敗可想而知。八國聯軍要對平民施暴，賽金花挺身而出，找到外國使臣談判，「使不可終日之居民頓解倒懸」。看破紅塵而皈依佛門的蘇曼殊，對賽金花有這麼一段評價：「彩雲為洪狀元夫人，至英國，與女王同攝小影，及狀元死，彩雲亦零落人間。庚子之役，與聯軍元帥瓦德西辦外交，琉璃廠之國粹，賴以保存。能保護住這個文物地區，不使它遭受搗毀破壞，也應算她做了一樁好事。」事實上，在庚子國難中，賽金花做的好事遠遠不止這麼一樁。

賽金花身處在政治漩渦中心，她所認識的晚清官場人物不少，而且大多權勢顯赫，僅就她口述所及，除了前邊提到的陸潤庠、孫家鼐外，便還有莊王載勳、慶王奕劻、立山、德馨、蔭昌、許景澄、李鴻章、陳璧等。這些權勢顯赫的官宦人物，都曾或明或暗幫助過她，性情極為豪爽、出手闊綽大方的立山，官至戶部尚書，時任內務府總管，初次見面「就送了一千兩銀子，以後三百兩、五百兩是常常給」，即使京城娼業大衰，由於賽氏久著豔名，也是「親貴趨之若鶩，報捐掛牌以後，生意很好，每天除去開銷，能淨剩一個大元寶」。①

得意時離不開官場，失意時也不例外，庚子之亂，義和團興起，賽金花從天津逃難到北京，投靠的第一個人是曾經和她丈夫洪鈞同科中進士的工部左侍郎許景澄，口稱她和許景澄的太太是乾姊妹，說不定這個太太也是個妾。在官場表面化、程式化的生活背後，隱藏著千絲萬縷的秘密關係，像一棵大樹埋在地底下的根根絆絆，不知道哪幾條根鬚互相糾纏在一起，形成隱秘的勢力。順便說一說許景澄的故事：庚子拳亂之時，清廷不顧國際公約，霸王硬上弓，強行攻打外國大使館，許景澄不識時務，上朝時直言反對，搞得那個病懨懨的光緒皇帝感情激動，走下龍椅將許景澄一把抱住，君臣二人哭作一團。這個情境被慈禧太后看到了，心裏不是滋味，沒過幾天，這個曾出任過五國公使的許景澄，就被綁到了菜市口刀下問斬了。

賽金花到達北京之時，正是許景澄蒙難之日，許家門人指著遠處一群清廷官兵說：「你們看，那些人就是剛在刑場上斬了許大人回來的。」賽金花聽了，如同冷水澆頭，幾乎暈絕過去，許家是投靠不成了，只好收拾起包裹行囊，繼續去飄泊流浪。

緊接著又一個更大的災降臨到她頭上。先是她弟弟病死蘇州，賽金花回家奔喪後，順道在上海挑了幾個姑娘，準備回北方繼續經營她的「金花班」。其中有個叫鳳鈴的姑娘，武清縣人，瓜子臉，雙眼皮，穿一件藍布衣裳，紮紅腳帶，梳著抓髻，看上去像個清純的鄉下妹，誰知道她原來已經在小李紗帽胡同裏幹過這行，藝名叫小五子，有個熟客同她有了感情，想用八百兩銀子為她脫籍，不知為何沒辦成，領班怕她和那個熟客攜手私奔，急於出手賣掉了她。

這個藝名叫小五子的妓女，心裏只裝著先前的那個熟客，整天茶飯不思，為伊消得獨憔悴，趁人不注意，悄悄吞食了鴉片煙膏，鬧出了人命。按照慣例，人死了不能輕易裝殮，得報官衙驗屍，有個開裁縫鋪的蒲二奶奶熱心腸，告訴她說：「這樣報官恐怕不妥，不如我冒個名，作為鳳鈴的生母去報，你就輕省多了。」賽金花心裏又煩又慌，貿然一聽覺得有理，隨口便答應了。不料意外生出了枝節，官衙一查，蒲二奶奶根本不是鳳鈴的生母，加上有人舉報，鳳鈴是被賽金花虐待了尋死的，這哪裡還脫得了干係？

賽金花被送到刑部收監，狀元夫人進了大牢，依照大清刑律，賽金花自應按例加等問罪，經過刑部初審，「買良家之女為娼者，枷號三個月，仗一百，徒三年例，上加一等，擬仗一百，流二千里。」這時候有一個人覺得機會來了。這個人還是洪鈞的兒女親家陸潤庠。賽金花在北方豔名越是高揚，他越是感到沒有顏面，在官場上行走，怎能容忍同僚在背後指指戳戳？有了這個碴子，正好將禍患斬草除根。

仍然是走軍機大臣孫家鼐的路子，買通了刑部尚書，軟硬兼施，雙管齊下，無論賽家裏向官府送了多少銀子，現在都不管用了。孫家鼐正襟危坐在刑部大堂上，向賽金花提出了釋放條件：可以保釋，不能在京城久留，派人從速解押回江南原籍。為掩人耳目，也判罰了她三錢七分二厘銀子——自然是很小的一點財產。賽金花思前想後，走投無路之際這成了她唯一的選擇，住了幾天，處理完了雜事，賽金花從北京到了天津，然後乘小火輪到上海，再返回到蘇州原籍。

這時候的賽金花已經年近四十，在老家住了一些日子，清貧的生活已然不能適應，遂回到上海再操舊業。這中間賽金花有過一段幸福的時光，有個叫魏斯靈的官員，因同情革命黨遭人排擠打擊，逃到了上海，和賽金花一見傾心，十分投緣，遂舉行了婚禮，拜堂成親。婚後，魏先生待賽金花體貼入微，兩情相悅，賽金花也慶幸自己的後半身有了依靠。沒料想一天魏先生因洗澡著了涼，不幾天便死去了。

厄運再一次降臨到賽金花頭上，無奈此時已人老珠黃，一枝名花失去了先前的嬌豔，變得枯萎暗淡。美人遲暮，總是有說不完的惋惜，發不完的感慨，加上賽金花年輕時又染上了鴉片癮，家道敗落，財源無著，許多日子只能靠接濟為生。張學良、趙四小姐、徐悲鴻、齊白石、李苦禪等社會名流都曾接濟過賽金花，最為著名的一個故事是：時任山東省主席的韓復榘久聞賽氏大名，堅持要一睹芳容，結果經人引見後一看，大失所望，礙於情面不好多說，硬著頭皮資助了國幣一百元，託人代轉。賽金花接到這筆不多的錢，也不知是什麼樣的感受：「賽花老矣，誰堪顧問？蒙賞洋百元，不勝銘感」，並做了一首七絕詩：「含情不忍訴琵琶，幾度低頭掠鬢鴉，多謝山東韓主席，肯持重幣賞殘花。」這首詩刊登在當時的報紙上，一看就知道是他人代筆，這首詩以及背後的故事被傳為佳話，其中的辛酸與悽楚，世上有幾人能讀得出？

賽金花的晚年，心繫青燈古佛，淨心向善。偶爾有人看見她身穿一襲青布衣裳，不事粉飾，同多年形影相隨的僕人顧媽走在大街上，不知是該尊敬還是該同情。這個一生充滿情愛與傳奇故事的名妓，其生命價值被充分利用後，終於徹底摒棄了，像嚼過的甘蔗屑，他與晚清官場千絲萬縷的聯繫以及其中的恩恩怨怨，掩埋在厚重的歷史書頁裏，一任後人評說。也許只有她晚年那句話最能說明一個女子悲苦的心境：「眼望天國，身居地獄，如此苦苦掙扎，便是人的一生。」

①劉半農、商鴻逵：《賽金花本事》。

本章主要人物：寶廷／張佩倫／賀壽慈／吳可讀／壽富

第二章

只愛娥眉不愛官

清道光、咸豐年間，太平軍與撚軍持續造反，使得清廷本來就空虛的國庫變得更加空虛，接踵而來的兩次鴉片戰爭，更是讓歷經康熙、乾隆盛世後的大清王朝顏面掃地，威風喪盡，風光不再，清廷迅速走了一段下坡路。一部吱吱呀呀運轉的國家機器，像夕陽下破舊的老牛車，呈現出哀愁慘澹的景象。

在這個特殊時期逐步掌握朝政的慈禧太后，以女強人的姿態施展鐵腕手段，在國家倍受指責、軍隊屢戰屢敗的情況下，修養生息，振興民族工業，引入西方的生產技術，使得日趨衰落的社會經濟得到恢復，出現了明顯的復蘇跡象。這一時期，史稱「同光中興」。

為牽制恭親王奕訢和以李鴻章為首的地方實力派，諳熟權術之道的慈禧太后巧施政治手腕，有意提倡疏通言路，鼓勵柏台御史暢所欲言，一時間台諫生風，爭相彈擊，凌厲威猛，煊赫一世。棱具風骨者，誰也不甘落後，人人都想有所表現。「清流黨」此時應時而生，以軍機大臣李鴻藻為首領，其主要成員有張佩綸、張之洞、寶廷、黃體芳、陳寶琛等。

提到清流黨的淵源，不得不說一個人。此人名叫潘祖蔭（一八三〇～一八九〇），字伯寅，江蘇吳縣人，二十三歲摘得探花頭銜，剛進京城就帶起了一陣旋風，這陣旋風可稱作「金石古玩癖」。潘祖蔭從小酷愛金石，進京後，經常就收藏癖好與張之洞、吳大澂等大臣商討交流，並出版了一部古玩專著《攀古樓款識》。收藏金石古玩原本屬於個人愛好，沒想到潘祖蔭的個人行為很快獲得了官場名士們的喝彩，並且引領了時尚潮流。瀟灑地玩一把學問，找回一點太平盛世的感覺，這成了無所選擇中的最佳選擇。於是乎，一向被人視作雕蟲小技的金石學，成為這一時期的最時髦的顯學。「不尚玩好」的滿清家法開始失靈，京城官場的官員們紛紛摹仿起名士派頭，發瘋似地搜尋三代鐘鼎、秦漢磚瓦、魏晉碑帖……。

潘祖蔭當時還在京城創辦了一家餐館，名為廣和居——實際上是高官雅士俱樂部。外表上門楣低矮，裏頭卻是高朋滿座，經常光顧其間的有翁同龢、張之洞、李鴻藻、何紹基、李慈銘等官宦，賽金花、小鳳仙等名妓。這樣的聚會多是官宦掏腰包，名士捧人場。在這麼一種氛圍籠罩下，高官兼名士成為官宦們追求的最高境界。由同治年間的金石熱而結成的官宦與名士的關係網，無意間為後來清流黨的興起作好了人事上的準備。

光緒年間的清流黨是當時京城官場中的一個鬆散團體，成員絕大多數出身翰林。他們經常聚會，議論時政，並習慣於採取聯合上奏摺的方式表達自己的觀點，在晚清官場形成了一種不可忽視的政治力量。清流黨以狂狷之氣，成批彈劾朝中大臣，一時聲名鵲起，令往日耀武揚威的權貴們聞之色變。

清流黨強調道義的力量。這些人雖然是些優秀的學者，有的還是身居高位的官宦，但是他們中間很少有掌管實權的人物，在外交和軍事上既無實際經驗，也無真知灼見。他們在奏疏中慷慨陳詞，儘管贏得了朝廷最高統治層的注意，然而在具體操作中，卻往往難行得通。因此，在現實面前一再碰壁，也就成了清流黨的難堪局面。本章中講述的幾個故事，即為清流黨碰壁的例子——當然，其中離不開女人的話題。

光緒年間，清流黨風頭正健之時，朝野觸目皆「青牛」①，滿世界「牛」氣沖天。有牛頭、牛角、牛肚、牛鞭、牛尾之說，各綴以人。牛頭是掌門人，當仁不讓屬李鴻藻；一對牛角都是張姓鬥士，一是張之洞，一是張佩綸，角鋒犀利，是進攻利器；牛鞭是寶廷，彈劾官員，鋒芒畢露；牛肚是王懿榮，功底最為扎實；牛尾是陳寶琛，一旦豎立在那兒，就像是一面裝飾的旗幟……此外還有依附於「青牛」的牛皮、牛毛等不計其數。比如淮軍將領張樹聲之子張華奎，本不在清流之列，卻以供清流奔走為樂事，無不取悅於清流黨，自稱「青牛靴子」，這「靴子」比之於「牛腿」，又隔一層，指的皆是為清流跑腿的小人物。有個叫李慈銘的人最有意思，眼看「牛」身上的各種器官都有人占著了，竟自謙為「牛毛上的跳蚤」，好歹也要賴在「牛」身上。由此可見，此「牛」炙手可熱。

清流黨的核心層還有個「翰林四諫」，指的是黃體芳、張之洞、張佩綸和寶廷。其中張佩綸、寶廷後邊的章節要重點細說，本節先簡略介紹一下黃體芳、張之洞。

名震京城的清流黨

黃體芳（一八三二～一八九九），字漱蘭，浙江里安人，同治進士，初授翰林院編修，後累官至內閣學士、江蘇學政、兵部左侍郎、左都御史。此人身材不高，卻精氣神十足，頭戴一頂紅頂花翎，威風凜凜。在清流黨一幫朋友中，黃體芳飲量最豪，常以杯中酒澆心中塊壘，有「酒龍」之稱。經常喝得酩酊大醉，接見客人時，也不知避嫌，酒氣薰天地迎出客廳，好在賓客們大都清楚他愛喝酒的脾性，也不會怪罪。

中法戰爭結束後，清廷又一次簽訂了恥辱條約。慈禧太后認為：朝廷吃虧在於沒有水師，條約雖定，海防不可稍馳，當以大治水師為主。宮廷老太婆的態度，導致了中國海軍第一次稍具規模的發展。光緒十一年（一八八五）十月二十四日，海軍衙門正式建立，由醇親王奕譞主理，節制調遣沿海水師，奕劻、李鴻章會同辦理，善慶、曾紀澤幫同辦理。

對於氣脈不暢的清廷來說，這本來是一樁喜事。誰知道清流黨不識時務，由兵部左侍郎黃體芳打頭，上了一道奏摺，指責李鴻章擁兵自重，獨攬海軍大權，「沿海水師、直隸水師皆已非海軍衙門之水師，實乃李鴻章之水師」，建議開去李鴻章會辦差使，改由熟悉西洋事務的曾紀澤主持訓練海軍。

慈禧太后接到這份奏摺後，叫來醇親王奕譞徵詢意見。奕譞才具平平，性格中庸，辦理海軍衙門事務，凡事均須靠李鴻章援手，見到這個奏摺，噘著嘴說了句氣話：「站著說話不腰痛，海軍衙門這個家，交給他們清流來當好了！」

奕譞這句話，說的正是慈禧心中的想法。前些年，為了抑制恭親王奕訢等人的政治勢力，慈禧鼓勵廣開言路，慫恿清流黨大膽說話，沒料到潘朵拉的盒子一旦打開，稀奇古怪的魔鬼一下子全放出來了。清流黨權勢煊天，大行其道，今日彈劾總督巡撫，明日彈劾藩司臬司，六部九卿的官員挨個評點，誰被點到了名就會大倒其霉，叫苦不迭。多少紅頂子，輕而易舉地栽到了一枝筆頭上，鬧得人人側目，個個驚心，滿朝文武官員，全都夾著尾巴做人，屁都不敢亂放一個。

看著如此局面，慈禧太后心裏早已對清流黨窩了一肚子火，只不過沒找到合適的藉口發洩。黃體芳這道奏摺，一下子惹起了慈禧心頭的惱怒，皺起眉頭說：「大辦海軍，讓李鴻章會辦，是大家多少日子商量才定規下來的。難道就不及黃體芳一個人的見識？何況大臣進退，權柄操在朝廷，他憑什麼說這個不該用，那個該用？」黃體芳的奏摺上得很不是時候，等於是撞到槍口上的獵物，這也就怨不得慈禧太后不講情面了。當場定下「交部嚴議」，

「嚴議」的結果是，黃體芳因為「忤旨」，連降兩級，被降為通政使。

《楚辭・漁父》中的屈原，被流放後沿著河流當行吟詩人，路遇漁夫，交談中感歎「舉世皆濁我獨清」。漁夫勸慰三閭大夫，牢騷太盛防腸斷，要學會適應現實，水之清濁尊卑，各有所用。屈原的苦悶可以理解，漁夫推心置腹的話也不無道理。在社會政治混濁不堪、宮廷鬥爭連綿不絕的封建王朝，有清流人物出於信仰，真誠地發出別樣的聲音，確實不失為一劑劑苦口良藥。但是事情往往也並非那麼純正，如果有人出於投機謀私，清流仍會滑向其反面，甚至演變成「清流之禍」。何況，慈禧太后看著清流黨勢頭盛極一時，遂開始有所警覺，拿黃體芳開刀，是慈禧太后發出的一個警告。

據史料載，光緒年間中法戰爭之後，提到清流黨，人們很容易聯想到「朋比」、「黨援」，清流黨好似被貼上了恥辱的標籤，誰也不願意再以「青牛」自居了。素來最會當官的張之洞，見形勢不妙，腳下開溜，也與清流黨「劃清界線」，拒絕接受「清流」的稱謂。

張之洞（一八三七～一九〇九），字孝達，號香濤，直隸南皮人。此人「工於宦術」是有名的。臺灣作家高陽說：「張之洞的宦術，可用兩句話概括：一是巧於趨避，二是疏密互用。」[2]

先說他的巧於趨避。戊戌變法時，張之洞原為康有為、梁啟超的擁躉，變法失敗，六君子菜市口被殺，康、梁倉皇外逃，張之洞迅速變臉，寫了部《勸學篇》，自費印刷出版，文中再三責難宋朝改革家王安石，以表明自己的「心跡」。六君子中的楊銳是張之洞的弟子，師生間感情至深，弟子被殺，師長的蒼涼心境可想而知。然而張之洞畢竟在官場歷練已久，擅長演戲，這一齣「苦肉計」，即為避禍之道。避者避慈禧所惡，趨者趨慈禧所喜，掌握了這個不二法門，乃能逢凶化吉，無往不勝。

張之洞的第二套官術是疏密互用。古人說，預則立，不預則廢。任何爭執，細密必勝疏略，這是放之四海而皆準的真理。話雖這麼說，但是每個人做事都不可能事無巨細樣樣細密，人非聖賢，豈能無過？每個人都有犯錯誤的時候。而張之洞的疏密互用，則恰到好處地處理成功了疏密的關係。用簡單一句話概括，叫「小事裝糊塗，大事不糊塗」。

張之洞後來發生的變化頗為耐人尋味。只言事，不搏擊，因此官場亨通。外放山西巡撫兩年多後，又接替張樹聲任湖廣總督，在實際工作的歷練中，張之洞認識到清談與辦事、京官與地方官之間的諸多不同，他的立場逐漸轉向務實，開始注重務實，腳踏實地辦實業，後來成為晚清洋務派的重要人物。而早期清流黨「翰林四諫」之一的美名，像是一個漸行漸遠的傳說，似乎與他不相干了。

①「牛」與「流」諧音，因而時人稱「清流」為「青牛」。

②高陽：《同光大老》，第四十八頁。

「戰敗消遙走洞房」

有民諺云：人生三節草，不知哪節好。比如說下邊將要出場的這個人，就是一例。

張佩綸（一八四八～一九〇三），字幼樵，直隸豐潤人。同治十年（一八七一）中進士，入翰林院，那年他才二十三歲，年少有為，英氣逼人。光緒年間的官場，張佩綸是人人皆知的一隻「牛角」，今日一章，明日一疏，專事彈劾，犀利無比，官場中的大臣無不為之側目。一八七五至一八八四的十年間，張佩綸共上奏摺一百二十七件，其中彈劾和直諫的占三分之一。被他參劾的官員有吏部尚書萬青黎、戶部尚書董恂、都御史童華、內務府大臣茂林、出使英國大使郭嵩燾、貴州巡撫林肇元、船政大臣黎兆棠、浙江提督羅大春、吉林將軍玉亮、戶部侍郎邵亨豫等。最為著名的一樁參劾是「雲南報銷案」，進攻矛頭直指內閣大臣王文韶，窮追猛打，連上三個奏摺，竟把朝廷的當紅明星王文韶拉下馬來。有如此驕人的戰績，張佩綸聲名大振，成為青年才俊們的偶像，據說，連他平時愛穿竹布長衫，也有許多人競相模仿。

但是，犀利無比的張佩綸，從來不攻擊李鴻章。當時李鴻章在官場中的名聲，頗為正人君子所不恥，屢屢成為清流黨參劾的重點，比如李鴻章包庇盛宣懷招商局舞弊案，其情節較雲南報銷案為嚴重，宜應為清流所劾，而張佩綸竟無一言。對於張佩綸與李鴻章之間的這種微妙關係，臺灣作家高陽稱作是政治上的一段「孽緣」。

張佩綸的父親張印塘，曾官居安徽按察使，在同太平軍作戰中與李鴻章有生死之交，結下了深厚的友誼。天忌英才，張印塘不幸早逝，李鴻章送了一筆豐厚的禮金，從此便將張佩綸當作自己的兒子似的看待。

曾國藩有句名言：「凡辦大事，以找替手為第一。」李鴻章創建的北洋軍系，派別眾多，情況複雜，劉銘傳、潘鼎新、郭松林等淮軍將領，同李鴻章貌合神離，從淮軍舊將中尋找替手顯然靠不住。而清流「牛角」張佩綸，樣樣符合李鴻章心目中的替手條件，無疑是最佳人選。論資格，張佩綸進士出身；論才具，張佩綸最不缺的就是才氣；論與淮軍的關係以及對李鴻章的忠誠，還有誰比張佩綸更合適的嗎？挑來選去，李鴻章看中了這塊料，心中竊喜。

要籠住張佩綸這匹野馬，李鴻章想到的錦囊妙計是政治聯姻。在談論晚清官場時，人們習慣於把觀點立場不同、行事風格各異的官員分為清流濁流。毫無疑問，李鴻章屬於濁流。因此在兒女的婚姻大事上，也往往是在濁流中物色親家，如四川總督劉秉璋、閔浙總督卞寶第、陝西巡撫張集馨、山東布政使朱其煊等。這次在清流黨中物色女婿，讓許多人感到意外。

李鴻章有兩個女兒，大女兒叫李經璹，又名李菊耦，小女兒叫李經溥，這次李鴻章想嫁出的是大女兒。據曾樸在《孽海花》中敘述，有一次，張佩綸偶爾見到李菊耦，不禁為她的情色所動，不久又讀到她的兩首詩，尤為愛其才情。正巧遇到李鴻章找張佩綸談話，李鴻章托出一樁心事：小女李菊耦，養在深閨人未識，如今想請張佩綸幫忙物色一個女婿。李鴻章話音剛落，張佩綸一膝跪下，向岳丈李鴻章表明心跡，要娶李菊耦為妻。曾樸是晚清一代大才子，《孽海花》是一部未完成的巨製鴻篇，二者皆不可詬病。但是小說家言，也不能太當真，畢竟有虛構的成份。不過李菊耦既是美女又是才女這一點是可以確定的，她在下嫁張佩綸之前，已初步經歷了政治上的歷練，一直在父親幕府中審看整理公文，角色相當於李鴻章的私人秘書。這樣一個「德藝雙馨」的女子，嫁給清流黨犀利的「牛角」張佩綸，是再也合適不過了的人選。

張佩綸此時三十多歲，無論事業還是愛情，都正值當打之年，遺憾的是張佩綸家有美妻。如果娶朝廷重臣李鴻章的千金當小老婆，那是萬萬不可能的。

在此之前，張佩綸結過二次婚。元配夫人叫朱芷薌，是浙江餘杭人朱學勤的女兒。這位朱學勤，也是晚清的一個風雲人物，辛酉政變時期「軍機四章京」的領班，穿梭於京城與熱河之間，穿針引線，傳遞資訊，是恭親王奕訢門下的得力幹將。可惜此人死得早，後來未能飛黃騰達。朱學勤是光緒元年（一八七八）去世的，他死後的第四年，女兒朱芷薌也尾隨而去，跟蹤到了黃泉。這年張佩綸三十五歲，中年喪妻，人生之大不幸矣。看著兩個尚未成年的幼子張志滄、張志潛，張佩綸潸然淚下。續弦的繼室邊粹玉，也是名人之後。其父邊寶泉，字廉溪，原籍奉天遼陽，祖先隨清軍入關，屬鑲紅旗漢軍籍。此人性情梗直，直言敢諫，官位從陝西按察使做到閩浙總督，成為顯赫的封疆大臣。光緒二十四年（一八九八），邊寶泉病逝於住所，據後人說他的死與戊戌變法有關，不知是否屬實。不過他死後慈禧太后並未予以追究，反而追贈其為太子少保，從優撫恤。張佩綸所迎娶的繼室邊粹玉，光緒十二年（一八八六）在陪同張佩綸充軍塞外時病逝，屈指算來，從元配之死到繼室之死只有短短的四年時間，而且其中還應包括有迎娶繼室邊粹玉的一段空隙，由此可以想像得出張佩綸的悲涼心境。

中法戰爭始於光緒九年（一八八三）。在這個時候，張佩綸的續弦夫人邊粹玉尚健在，張的情緒也還沒有那麼糟糕。不僅不糟糕，在尚未開火之前，他還有些亢奮。一連向朝廷上了十數份奏摺，全力主戰，口口聲聲要張揚大清王朝威信，不要給倭寇任何機會。

清流黨故伎重施，大唱高調，使得慈禧太后頗倒胃口。恰好有大臣獻了一條收拾清流黨的毒計，慈禧「從諫如流」，予以採納。以皇帝的名義發下聖旨，將清流黨的幾位幹將統統趕出京城：命吳大澂會辦北洋事宜，陳寶琛會辦南洋事宜，張佩綸到前線會辦福建海疆事宜。顯然這是為清流黨挖的一個大坑，明裏是委以重任，實則是搭個戲臺，看清流黨登臺如何表演。戲演好了是朝廷的福份，演砸了自認倒楣承擔罵名。

這是一盤偌大的棋局，佈置這盤棋的不僅有慈禧，也有李鴻章。其時李鴻章的權勢威望日益上升，政治地位漸趨穩固，從某種程度上說，清廷的算盤珠子是靠他撥動的。按照李鴻章的如意算盤，張佩綸被派到福建，「真正的目的是接收沈葆楨所創辦的船政，加以切實整頓，進而控制南洋的全部兵艦，與北洋構成整個系統，完全置於李鴻章的控制之下。這一南北洋軍事指揮權的統一，當張佩綸幫助李鴻章完成；然後由李鴻章轉移給張佩綸，張即成為李的衣鉢傳人。」[①]這一套設計，與當初曾國藩幫助李鴻章建立淮軍，然後以淮軍代替湘軍，找到替手後急流勇退的做法完全相同。

張佩綸到福建上任伊始，氣使頤指，大權獨攬，勇於任事，雖置身危地而渾然不覺。接下來發生的事情，稍通近代史的讀者都已經知道了。張佩綸到位僅十天，法國軍艦已出現在閩江口，作為清方主將的張佩綸尚未接到戰書，更無從談起做什麼準備，馬江戰役一觸即發，清廷被擊毀九艘軍艦，死傷七百餘人，福州馬尾造船廠也慘遭炮擊。眼看著災禍頃刻間接踵而至，由左宗棠創辦、沈葆楨經營多年的福建船政毀於一旦，張佩綸心如刀絞。

跟隨在身邊的舊部幕僚提醒他，法國倭寇近在咫尺，再走晚一步恐怕有性命之憂。張佩綸這才匆匆忙忙逃跑，當時的情景只能用「狼狽」二字形容，張佩綸帶著親兵直往後山奔竄，中途又遇雷雨，山路泥濘不堪，慌亂中他不知啥時跑丟了一隻鞋，光著襪子繼續趕路。到了一個名為彭田小村的村子裏，村民們聽說是敗軍之將張佩綸，竟不讓他進屋，無奈之下只得臨時躲進一座寺廟，最後還是一位鄉紳懂人情世故，理解張佩綸的艱難處境，禮貌地讓進院宅，煮了一大鍋稀飯充飢，張佩綸才挽回了一點顏面。

張佩綸平時彈劾官員，大言煌煌，絲毫不留情面。如今輪到自己上陣，剛一動真格，竟然這般不堪一擊。在給朝廷的奏報中他寫道：「臣知不敵，顧無退路，惟與諸將以忠義相激發而已。」這話想必說的也是實情。可是法國人兵臨城下，守城主將張佩綸棄城而逃，無論如何說不過去。在京城官宦圈內，張佩綸成了御史們參劾的焦點人物，往日的政敵不用說了，連一些與張佩綸關係尚可的官吏，也趁機落井下石，藉以表明與清流黨決裂的立場。一隻隻屎盆子直往他腦袋上扣，張佩綸身敗名裂，成為眾矢之的。即使昔日的清流黨成員，許多人也對他臨陣逃跑的行為不屑一顧，搖頭歎氣。

光緒十一年（一八八五），張佩綸被朝廷從重發落，遣戍察哈爾，前往軍台效力贖罪。啟程時節正值寒冬臘月，天氣奇冷，滴水成冰，比天氣更冷的是他的一顆心。張佩綸在察哈爾整整當了三年罪臣，生活清苦，沒有經濟來源，多虧有幾個舊時友人援手相助，這才幫他度過了人生中最困難的一道關口。陪同他一起流放的是續弦夫人邊粹玉，患難夫妻相依為命，似乎只有到了這種境地，有了這種際遇，他才能體會出妻子的百般好處。在孤寂的日子裏，邊粹玉細心撫慰丈夫受傷的心靈，使得落魄的張佩綸感到了一絲溫暖，看到了一線光亮。沒想到在察哈爾當了一年多「罪臣」後，又一重打擊從天而降：邊粹玉不幸染病身亡，撒手人寰。給妻子送葬那天，幾個北方漢子抬著一具棺木，沿著一面黃土坡往山上走，白晃晃的太陽刺得人眼睛生痛，他站在山崗上，看著遠方一棵孤獨的大樹，想著自己多變的命運，從眩目的巔峰跌至萬丈深淵，僅僅只是倏忽之間，不由得感歎造化弄人。

光緒十四年（一八八八）五月，張佩綸結束了流放生活，返京後專程到天津看望李鴻章。此時的張佩綸窮途末路，內心裏的那份驕傲，已被歲月的風霜剝蝕殆盡。李鴻章適時地向他遞來了綠色橄欖枝，將多年前謀劃的政治婚姻合盤托出。陳寅格評定李鴻章此舉的真實原因，認為「馬江戰役，豐潤因之戍邊，是豐潤無負於合肥，而合肥有負於豐潤，宜乎合肥內心慚疚，而以愛女配之。」豐潤是張佩綸，合肥是李鴻章，陳寅格言下之意，是李鴻章之前有意讓張佩綸背了敗軍之將的罵名，內心有愧，把女兒許配給張是一種補償。這話不無道理。另外，其中還蘊藏著一層深意：即使有了馬江之痛，李鴻章依然沒有對張死心，要將張拉攏於麾下，傳承淮軍衣缽。

據說，李鴻章的夫人趙小蓮對這樁婚事極不贊同，雙眼哭得紅腫，抱怨丈夫是「老糊塗蟲」。李鴻章過來勸慰她，說了一大堆道理，趙夫人只是搖頭，說道：「咱們如花似玉的女兒，憑什麼要嫁給一個結過幾次婚的人？而且他還是朝廷囚犯！」李鴻章無話可答，悶著頭走了。女兒李菊耦見父母為自己的事嘔氣，便站出來勸她母親：「媽，莫為這愁壞了身子，既然爹爹已答應了人家，哪裡能夠反悔？再說了，爹爹辦事，也必定會為女兒著想，不至於把女兒往火坑裏推。聽說那人才學人品皆屬一流，您也不用太為女兒擔心了。」趙夫人聽女兒話音中有暗許之意，何況此事已被張揚出去了，也只好作罷，不再吵鬧。

張佩綸大李菊耦十七歲，老夫少妻，且在一場磨難後有這個豔福，除了感恩之外，張佩綸無話可說。曾樸《孽海花》中寫到李菊耦，稱其「貌比威、施，才同班、左，賢如鮑、孟，巧奪靈、芸」[②]李小姐不僅是美女才女，而且還帶來了一大筆豐厚的嫁妝，包括田產、房屋以及古董珠寶，李鴻章給的這個「補償」，大大超出了張佩綸的想像，也超出了一般人的意外，當時有不少大臣名士，都對李、張聯姻發表了感慨，多以嘲諷為主，如劉體仁《異辭錄》中的聯語：「養老女，嫁幼樵，李鴻章未分老幼；辭西席，就東床，張佩綸不是東西。」梁鼎芬也有兩句詩吟道：「簣齋學書未學戰，戰敗逍遙走洞房。」

與李菊耦在天津辦完婚禮後，張佩綸攜新婚夫人回到江南。張佩綸有書癖，多年沉浮於宦海，藏書興致有所減退，如今回歸了閒雲野鶴的生活，經濟狀況也大大改善，藏書癖好再次爆發，整天混跡於古舊市場，搜羅典籍至百餘箱，大半皆宋元舊本。閒暇時光，看著滿屋子雜花生樹的藏書，雲煙過眼，美不勝收。回憶起當年清流黨的激情歲月，心情悵然，有恍若隔世之感慨。

張佩綸一生中再也沒有入仕——雖說此後他並不缺少復出的機會。庚子議和時，李鴻章推薦女婿張佩綸任編修，同洋人談判，佐辦和約。然而張佩綸謝絕了岳丈的美意，稱疾不出。慈禧太后逃亡西安後，議行新政，設立政務處，奏派五人擔任會辦，張佩綸名列其中，他仍然找理由推辭不就。張佩綸與李菊耦婚後感情融洽，夫妻倆常常一起吟詩賦詞，煮酒飲茶，賞菊觀花，有人說一把溫柔的鎖鏈拴住了他，這固然是張佩綸拒絕復出的一個原因，但更深層的原因，恐怕是張佩綸對世事的「看透」。與其在政局中做一顆棋子任人擺佈，不如逃遁到圈子外，默然保持其清流本色。

光緒二十九年（一九〇三），張佩綸滿帶著惆悵和遺憾離開了這個世界，時年五十五歲。時間過了幾十年，張氏家族又有新人崛起，他的孫女張愛玲在文壇逐漸走紅，且隨時間的推移越來越紅，進入二十一世紀後，喜歡美女作家的人越發多了，張愛玲直紅透了半邊天。而張佩綸卻一如既往地沉寂著，掩埋於荒草叢中，沒幾個人知道這個名字。即使他的孫女——美女作家張愛玲也知之甚少，張愛玲認為自己的祖父參劾過李鴻章，由此可見她對家族史的淡漠。甚至誤把張蔭桓的故事當做了她祖父張佩綸的故事，不知此張非彼張，將基本人物也弄混淆了。對於曾經有過無尚榮光的祖父祖母，張愛玲有點不屑一顧，借張府一個女傭之口譏諷她的祖母李菊耦，「老太太總是想方法省草紙」。在張愛玲的筆下，張家、李家的陳年往事像蜘蛛網塵封住了的景致，滿目破落與頹圮，說不盡的荒涼。

歷史學家姜鳴有感於此，在新作《天公不語對枯棋》中專門寫了一節「清流・淮戚」，論述清流黨及張佩綸，其結尾處他寫道：「如果說，像曾國藩、左宗棠可算是知識份子入仕的成功者，張佩綸則遍嚐成功與失敗的酸甜苦辣。他的一生色彩斑斕，伴隨著歷史的波瀾起伏跌宕，遠較兒孫輩豐富得多。」一個人的生命如同一座冰山，露出水面的只有十分之二三，正像姜鳴所認為的那樣：每個歷史人物都不容易，都是在歷史的舞臺上同時扮演各種角色。瞭解到這一點，我們就會對歷史人物——尤其是被各種力量推到了反面的那些丑星——更多一些同情的理解了。

①高陽：《同光大老》，第三十六頁。

②曾樸：《孽海花》，第一二四頁。

政治官司的縫隙間總是夾雜柔情女子

掩沒於歷史之中的疑竇，是刺激讀者求索探奧的一個機緣。比如說有個名叫賀壽慈的人，官至工部尚書，堂堂一品大臣，在清朝同光年間算得上一人物，然而奇怪的是，煌煌巨著《清史稿》竟無他的小傳，讓人百思不得其解。據《中國人名大辭典》載：「賀壽慈，蒲圻人，初名于逵，繼名霖若，晚號贅叟，又號『楚天漁叟』。道光進士，官至工部尚書。工書畫，善詩，手評莊、騷、陶、杜諸集，丹鉛交錯，老年嗜荀子，謂『精粹非餘子可及』，有詩文集。」①

賀壽慈少時即有文名，道光十七年（一八三七）科湖北鄉試，次年入京會試，不第。當時朝廷的走紅明星穆彰阿聽說有這麼個人才，很想收入「夾袋」，充作幕僚。穆彰阿長期當國，專擅大權，廣招門生，拉幫結派，形成了一個極大的政治勢力，時人稱為「穆黨」。賀壽慈雖說是初進京城，官場圈中的混濁也有所耳聞，對那位「保住貪榮，妨賢病國」的奸臣，深為嫌惡，不願廁身「穆黨」，極力推卻。人在年輕的時候，難免都會有點「左憤」，世人皆濁我獨清，胸中盛滿了清高和孤傲。按這麼說來，賀壽慈應該與清流黨是一路的。賀壽慈後來果真與清流黨有緣，不過，那卻是一段恩怨難了的孽緣。

道光二十一年（一八四一），賀壽慈再次進京參加考試，紅榜傳出為第七名。接到報喜紅帖那天，客棧裏擠滿了進京會試的舉子，一個個用羨慕的眼神望著他，賀壽慈心情盎然，寒窗苦讀終於有了回報，他坐在客棧裏，氣定神閒地等候下一個好消息。

等候的過程就是一個折磨的過程。過了很長一段時間，總算有了結果，消息不好也不壞，賀壽慈充任吏部主事，做了個六品文職京官。以「進士第七」的身份竟不能點翰林，他從心底裏感到鬱悶。有人悄悄向他透底，這全是因為得罪了穆彰阿的緣故，賀壽慈淡然一笑，也沒怎麼往心上放。

從此他腳踏實地做官，官職升得不快，但也不慢，一步一個腳印，穩健如大象漫步。咸豐初年充軍機章京，以後補監察御史，經國大計，屢屢建言。同治元年，轉大理寺少卿，太常寺正卿，典試廣東回京後，遷大理寺正卿，之後官階拾級而上，升任禮部左侍郎，歷戶、吏、禮、工部侍郎，都察院左都御史。光緒三年（一八七七），升任工部尚書，漸趨顯赫。

同治中興的功臣曾國藩、左宗棠等人，對賀壽慈都很看重。曾國藩任直隸總督時，曾專程往賀府探訪，談論時弊，指陳國家興廢大事，彼此甚為投機。席間論及宋代蘇東坡，曾、賀二人都極表欽佩，賀壽慈還乘興寫了一幅聯句書贈曾國藩：「欲上危亭，但到半途須努力；久居平地，那知高處不勝寒。」賀壽慈並不是有名的書法大家，但他用筆沉穩，遒勁中透出一絲稚氣，也堪可供人玩賞。

一個人的變化過程十分微妙，有時候，連他自己都察覺不到。也許是宦海生涯太久，在染缸裏浸泡時間太長的緣故，賀壽慈當年不願廁身「穆黨」的清風亮節，進入中年後一掃而空，取而代之的是享樂和貪慾。最為被人詬病的，是他結交了一個聲名狼藉的商人，在一起喝花酒，玩女人，沆瀣一氣，以致半世清名大受其累。

這個商人原名李鍾銘，山西人，來到京城後，改名為李春山，在琉璃廠開了一間極大的當鋪，九開間門面，主營書籍古董，字型大小「寶名齋」。李春山長袖善舞，諳練官場運作潛規則，當時的一班王公貴族，名臣賢達，成了寶名齋的常客。連惇王奕誴也被他巴結上了，親昵異常。據知情人透露，寶名齋只是掩人耳目的一個副業，真正的拿手好戲是官場交易，專門替人拉皮條、遞紅包，走內線，向官場打點送禮，具有沙龍性質，相當於是個地下俱樂部。這個俱樂部的幕後董事長，即為工部尚書賀壽慈。

有一天，張佩綸偶到琉璃廠閒逛，路過寶名齋，順便進去翻翻古籍。大凡愛書成癖之人，都是眼界極高，挑揀書籍的心態近乎苛刻，看著滿店的線裝、毛邊書，猶如喜逢春雨的鄉間頑童，恨不得敞開身心嘻戲個痛快。張佩綸這本翻翻，那本看看，翻弄了半天，似乎一本也不中意。他把店中的小夥計叫過來，用手指指書架頂層的一部書，讓他取下來瞧瞧。平日裏寶名齋沒少見了王公權貴，小夥計也是見過大世面的人，見這個身穿竹布長衫、身材微胖的人只是白看，無心購買，早已不耐煩了，不卑不亢回了幾句話：「那部書擺得地方太高，客官如果有意要買，我便去搬梯子來取，如果像先前那樣只是翻翻，對不住，店裏今日人多忙亂，請客官改天來，我再來侍候您啦！」說罷送上個譏諷的笑臉，揚長而去。

其時張佩綸是京城正當紅的清流黨明星，多少朝廷棟樑，一個個倒在他的筆下，苦苦掙扎呻吟，何等痛快。「牛角」風光正盛，哪裡受過這種白眼——何況送他白眼的只是寶名齋的一名小夥計。張佩綸的公子少爺脾氣，像點了火的炮仗，猛地一下躥上來。左右看看，人多眼雜，憋了滿肚子的窩囊氣，不便當面發作，只好悻悻地走出了寶名齋。回到家裏，張佩綸越想越不是味，早已聽說寶名齋的惡名，仗著有個後臺老闆賀壽慈，招搖撞騙，無所不至。今日為解心頭恨，非參他一本不可。

可是要參劾一個人，必須有具體詳實的材料，張佩綸平時雖說有所耳聞，畢竟沒把握抓住把柄。他不惜花費功夫，深入訪談，沒過幾天，能辦成鐵案的材料被他牢牢抓在了手上。原來，李春山為了巴結賀壽慈，曾精心挑選了一名絕色美女用來打通關節，尚書大人賀壽慈不僅欣然「笑納」，而且將美女置為小妾。為了表示報答，賀壽慈也挑出一名婢女，賜給李春山為妻。那名婢女風姿綽約，頗具姿色，是否與賀壽慈有一腿，尚未可知，但她受賀尚書的寵愛是確實無疑的。婢女被李春山娶進門後，嬌小姐脾氣顯露出來，處處以官夫人自居，自稱「誥封五品」，不可一世。賀壽慈與李春山來往密切，賀每次到李家，美色婢女總會像隻花蝴蝶似的撲上前來，親熱地叫他「乾爹」，李春山笑咪咪地站在一旁，表面上似乎特別樂意看到這個情景交融的場面，也特別樂意有了個尚書岳丈。

張佩綸搜集好材料，醞釀一番，運足了氣，在燈下起草了一份奏摺：「臣聞山西人李春山，在琉璃廠開設『寶名齋』鋪，捏稱工部尚書賀壽慈是其親戚，招搖撞騙，無所不至。內則上自朝官，下至部吏，外則大而方面，小則州縣，無不交結往來。或包攬戶部報銷，或打點吏部銓補，或為京官鑽營差使，或為外官謀幹私務，行蹤詭秘，物議沸騰。所居之宅，即在廠肆，門庭高大輝煌，擬於卿貳，貴官驕馬，日在其門，眾目共睹。不知所捐何職？頂戴用五品官服，每有職官引見驗放，往往混入當差官員中，出入景運門內外，肆無忌憚。夫以區區一書賈，而家道如此豪華，聲勢如此煊赫，其確係不安本份，已無疑議。」②

奏摺遞到慈禧太后手上，老太婆「咦」了一聲，詫異地說：「這個賀壽慈，聽說他頗有學問，詩書俱佳，平時倒也看他不出，何以不自愛如此？」說罷將奏摺往案上一扔，發往軍機處議處。很快，軍機處的議處結果出來了，接著傳下聖旨：「賀壽慈與李春山究竟有無親戚關係？著該尚書明白回奏。著都察院堂官，將該商人傳案，逐款訊明，據實具奏。」

禍起蕭牆，倒楣蛋李春山叫苦不迭。他完全沒有料到，因為店中小夥計的幾句混帳話，意外惹出了天大的一場官司。都察院的堂官將他叫去「喝茶」，一去便被關了禁閉。另一方面，調查摸底悄然展開，往日以為隱秘的蛛絲馬跡，成了堂官辦案的線索，李春山的劣跡逐漸浮出水面。原來，寶名齋九開間的鋪面，是由侵奪官地，霸佔貧民義院的地基而來。堂官把審案的一摞卷宗遞過來，讓李春山簽字，他低垂著頭，像是秋天被霜打蔫了的茄子。

賀壽慈奉旨後絲毫不敢怠慢，獨坐燈下冥思苦想，回覆奏摺。面對聖旨上的嚴厲責問，抵賴看來是不行的，唯一的辦法是避重就輕，一口否認他與李春山有戚誼關係，兩人只是認得而已。至於認得的原因，是去年恭演龍楯車③時，順道至寶名齋翻閱了幾本書，李春山請他喝了一次茶。

有了賀壽慈的回覆後，再交吏部議處，吏部擬「賀壽慈降三級調用，不准抵銷」。由從一品的尚書，降為了「正三品」的都察院左副都御史。另外，都察院刑部審理李春山案也有了結果：革去頭銜，杖七十，徒刑一年，期滿後解回山西原籍，交地方官管束。

本來以為事情就這麼結束了，誰知平地再起波瀾，清流黨見沒能徹底扳倒賀壽慈，心有不甘，由「翰林四諫」之一的黃體芳牽頭又上了一奏。這回進攻的主要目標，是李春山進貢給賀壽慈的絕色美妾，以及賀贈予李的婢女妻子，換言之，夾雜在政治官司縫隙間的兩個柔情女子成了權力場上的犧牲品。當然，那兩個女子只是題目，真正攻訐的對象仍是賀壽慈。

接著黃體芳的奏摺之後，又有清流黨的另外一員幹將——「牛鞭」寶廷出馬，再上一本，折中奏道「賀壽慈補授都察院左副都御史，聞命之下，朝野駭然！夫朝廷用人，每日自有權衡，權取其公，衡取其平，不公不平，何權衡之有？」奏摺寫得既詞鋒銳利，又言辭得體，況且寶廷身份與一般漢族大臣不同，他不僅是清流黨的「牛鞭」，而且是滿洲鑲藍旗人，清宗室後裔，有鑒於此，清廷再也不能等閒視之，趕緊讓賀壽慈走路了事。

據臺灣文史作家高拜石考證，其時，賀壽慈的長子賀良楨，在江西南昌當知府，聽說了京城這邊傳來的消息，連夜派人接老父親南下，到江西去做老太爺。不久，賀良楨調為長蘆鹽運使，常駐天津，又將父親迎到津門，以寫字繪畫為計，頤養天年。遺著文集若干卷，生前，有子孫輩請他將詩文刻印成冊，賀壽慈搖頭笑笑：「這勞什子，我不過以陶冶性情而已，不必與當今文士爭一日之名！」如此口吻，也算對世事看得透了。最值得一提的是，賀壽慈老當益壯，精力過人，過完了八十歲生日，還生下一子，名良桂。幼子的母親是個絕色美婦，即當年李春山行賄送上的那份「大禮」。

①轉引自高拜石：《新編古春風樓瑣記》（第肆集），第三七一頁。

②見張佩綸著《澗于集》。轉引自高拜石：《新編古春風樓瑣記》（第肆集），第三七四頁。

③龍楯車，是葬天子用的一種載柩車。此處指的是清穆宗同治皇帝的安葬用車，賀壽慈身為工部尚書，負責這次葬禮的預演差使。

吳可讀死諫案引出的一個人物

凡事皆有因緣。如果細心探究梳理，聲勢煊赫的清流黨後來頃刻間崩潰，還應該和這個人有些關係。此人名叫吳可讀（一八一二～一八七九），字柳堂，甘肅皋蘭人。這個不修邊幅的西北漢子，遇事愛認死理，腦袋瓜子不會轉彎，也就是俗話說的「一根筋」。比如早年他在愛情問題上，即是如此。

吳可讀第一次進京考進士，其經歷堪可玩味。那年吳可讀三十歲剛出頭，風流倜儻，躊躇滿志，住進關中會館裏，每天聞雞起舞，獨坐晨讀，直至星斗滿天，方才擱下書本。

同來應試的舉子中，有幾個紈絝子弟，見他勤奮用功，便來拉他下水。八大胡同在西珠市大街以北，鐵樹斜街以南，以西往東依次為百順胡同、胭脂胡同、陝西巷、石頭胡同、王廣福斜街、朱家胡同和李紗帽胡同，吳可讀他們去的是陝西巷的一家清吟小班，內中有個姓蘇的姑娘，名叫翠紅，自稱是女學生，據說在揚州上過幾天學堂，會做詩填詞，談吐也風雅不俗，與其他妓女有所區別。更難能可貴的是，蘇翠紅祖籍也在甘肅，幼時父親病故，隨叔父遷徙江南，輾轉流落於煙花柳巷。聽蘇翠紅講了她的經歷，吳可讀憐憫心大發，天天往陝西巷跑，認定眼前是個紅粉知己，恨不得掏心窩子說話，並將自己寫的一冊未刊本詩集，贈予蘇翠紅惠存雅正。對於詞章上的事，蘇翠紅似懂非懂地回答幾句，偶爾抱怨一下自己隱隱約約的身世，竟讓吳可讀覺得，真是可惜了一棵讀書的苗子。

從埋頭讀書到沉淪妓館，僅僅只隔了一層紙的距離。自從認識「詩妓」之後，吳可讀將讀書與功名統統拋到了腦後，躲進溫柔鄉，成天樂不思蜀。後來，索性將行李搬到了陝西巷的清吟小班裏，認真與蘇翠紅做起了夫妻。久而久之，吳可讀在京城西北同鄉中落下了個極不雅的綽號：吳大嫖。

有一份耕耘，才會有一份收穫，吳可讀日夜沉浸嫖海，博取功名之心淡漠，春闈落榜，也是預料中的事兒。蘇翠紅陪著他流了一場眼淚，更是讓吳可讀大為動心，當場決定不回甘肅，仍然留在京城「讀書」，準備考試。決心已下，趕緊託人給皋蘭老家捎信，讓家裏再多送些銀子來，做他讀書備考的盤纏。

吳可讀家中老父得知了這一情況，心急如焚，送來銀子的同時，託京城好友對兒子進行勸導。這位京城好友，是吳可讀鄉試時的「座師」，很是顧全面子，話說得也很委婉，只說城內紅塵浮躁，要讀書宜在僻靜古廟，勸他到廣安門外的九天廟去。九天廟是關中會館的公產，住在那裏除了清靜之外，還不用花費房租。吳可讀聽從勸告，搬到九天廟住了不到三天，相思病犯了，人像丟了魂似的，百般難耐。於是仍然想搬回陝西巷。

誰知才走三天，香巢竟被人搶佔了，來泡翠紅的是個安徽商人，出手闊綽大方，似有願為翠紅千金散盡的氣概。自古姐兒愛財，蘇翠紅見遇上豪客，也不願意輕易撒手，笑臉逢迎，殷勤伺候，枕邊使出一流妓女的溫存功夫，把安徽商人勾引得十魂掉了九魂。對吳可讀這邊，無形中冷落了許多，且有一日，吳可讀看見隔壁有個使媽坐在院子裏納鞋底，剪刀嚓裏呀嚓，對準一冊書函正剪得起勁，他幾步搶到手一看，被剪的紙頁正是他贈給蘇翠紅的未刊本詩集。吳可讀頓時覺得猶如五雷轟頂，一口血直往上沖，眼前一黑，便什麼也不知道了。

吳可讀大病了一場，再恢復過來時，先前的相思病也沒有了。想想花國放縱的經歷，自己也覺得慚愧，三十已過，功名未立，浪子回頭金不換，遂收拾了心情，仍然住回到「座師」介紹的九天廟，好好用了一年多的苦功，終於在道光三十年（一八五〇）會試中考取進士，抽籤分發到刑部，當了一名主事。

在情場上遭受了這場打擊後，吳可讀斬斷了慾海的非分之念，一門心思撲在官場上。咸豐中葉，吳可讀官已升到刑部員外，將家眷接到京城。到了同治十一年（一八七二），他由刑部郎中補授河南道御史，聽過許多柏台故事，滿腔激情澎湃，發誓要做一名耿耿言官。前邊說過，此人有點「一根筋」，遇事愛認死理，凡他認準了的路，就會一條心走到黑。上任伊始，外事頻繁，各國公使要求覲見，朝廷為禮節大費周章，按當時一幫頑固守舊大臣的意見，非要堅持外國使節必須向中國皇帝行跪拜禮，吳可讀上了一疏，奏摺主題是「請令各國使臣進見不必跪拜」。由此看來，其人思想明達，理路清楚，並非愚忠。

接下來參劾的案子，引起了一場軒然大波，幾乎使他性命不保。被吳可讀參劾的是個滿洲武將，名叫成祿，原隸屬勝保部下，勝保被誅，成祿改派新疆，官居烏魯木齊提督。此人誣良為逆，虐殺無辜，而居然虛報戰功，說打了一場大勝仗。掌管西征大任的陝甘總督左宗棠，上奏嚴劾。陝甘一帶是吳可讀的家鄉，他接到同鄉字字血淚的來信控訴，悲憤莫名，向朝廷奏劾成祿的罪名，認為「有可斬者十，不可斬者五」。

於是朝廷下令，將成祿「革職拿問」。先議處的是斬立決，但成祿是滿洲人，宮中有人替他說話，軍機處也有奧援，案子拖了一陣，又改判為斬監候。這其中迴旋的餘地就大了，成祿成功地保住了腦袋。

「一根筋」吳可讀得知此事，怒不可遏，再向朝廷奏上一疏：「請誅已革提督成祿」，開篇即精闢異常：「自來戡定禍亂者，未有無誅而能有濟者也。是故青麟誅而後湖北之軍威振，勝保誅而後陝西之回務平，何桂清誅而後金陵之賊氛息，前事不遠，此即明效大驗也。」[①]在這份奏摺中，他還列舉了宋代名臣張詠彈劾丁謂一案的例子[②]，聲稱願效仿張詠，奏請皇上先斬成祿之頭，懸於城樓，以謝甘肅百姓，再斬可讀之頭，懸於成祿之門，以謝成祿。

有人勸他，奏摺中的措詞是否需要修改一下？吳可讀的強脾氣犯了，九頭牛也拉不回頭，大聲爭辯道：「不改，一個字也不改！」奏摺送進宮殿，同治皇帝初解文字，上朝理政見到了這種頂撞辭句，不由得勃然大怒，將奏摺往案上一扔，憤恨地說：「吳可讀吊什麼書袋，還拿宋代名臣自比，分明是欺負朕，這人不是要死嗎？朕成全他就是了。」同治皇帝這年十八歲，正值少年意氣風發的年齡，犯起強脾氣來，並不比平頭百姓差，不管周圍大臣如何苦勸，都堅持非要吳可讀的腦袋不可。

聖意已定，交發軍機處議處，也只是例行公事罷了。結果出來了，吳可讀獲罪，竟與成祿定罪為同一天，這頗具有諷刺意味。不過，因為慈禧太后及時發了句話：「不要定他的死罪，殺言官是亡國之象」，吳可讀這才沒有丟腦袋。他所受的處分為「降三級調用」，一時無官可補，應左宗棠之聘請，回到家鄉甘肅主持蘭山書院。

先是情場失意，接著是官場倒楣，吳可讀心情灰暗如晦，感覺把世事全看透了。蘭山書院設立在蘭州南府街，明朝時曾是肅王的園林紅花園，雍正十三年（一七三五）改為了省立蘭山書院。到了晚上，靜寂中透出幾分肅殺之氣。一燈如豆，更顯冷清孤寂，去意徘徊的吳可讀面對窗外星斗，提筆寫了一封遺書：「我家譜自前明始遷祖以來，三百載椒房之親，二百年耕讀之家，十八代忠厚之澤，七十歲清白之身。我少好遊蕩，作狎邪遊，然從無疑我大節之有虧者……」③悲憤之情躍然紙上，不禁滴下了幾顆傷心的眼淚。

遺書寫好了，只等一個機會，讓這一死成為千古絕唱。光緒元年（一八七五）元月，同治皇帝駕崩，朝廷大赦天下，因為建言獲罪的官員，都免除了處分。吳可讀也起復再用，授官為吏部稽勳司主事。

同治皇帝死時無後，慈禧太后立醇親王之子載湉繼位，以繼續保持垂簾聽政的格局。朝中大臣反應強烈，認為慈禧不為穆宗立嗣，終歸是朝廷的一個隱患，深以為憂。吳可讀的戇勁此時又上來了，擬了一道奏摺，直率表達了這一意思。為穆宗爭立嗣，吳可讀不惜死諫，這份感情今人恐怕難以理解。正如一句詩所形容的：「馬蹄踐踏了鮮花，鮮花依然抱著馬蹄狂吻」。奏摺擬好後，拿給知己好友去看，對方皺起眉頭勸阻他說：「立言貴乎有用，如今穆宗剛逝，新君繼位，眼下情形紛亂，流言甚多，還是先看看再奏吧。」吳可讀想了一想，自己才脫離罪臣身份，上這樣的奏摺只怕真是不妥。

穆宗大葬之期，吳可讀主動請纓，願意作為「隨扈行禮官員」，前往陵園所在的薊州。這只是一個普通的差使，當時並沒有引起人們什麼注意。有人甚至猜疑，吳可讀最近幾年待在窮山溝裏苦慣了，只怕他主動請纓是為了撈幾個車馬費。④到了薊州，吳可讀住在三義廟內，原來預備自縊而死，以白綾書聯一幅，文曰：「九重懿德雙慈聖，千古忠魂一惠陵」，用以結環。但三義廟破敗簡陋，樑木已朽，恐怕不堪承受他的體重，於是改了服毒自盡。⑤

吳可讀死諫，在當時引起了極大的震動，在吳可讀留下的密摺中，指出兩宮太后為咸豐帝立子而沒有為同治帝立嗣，是一誤再誤。明眼人一眼都能看出，密折隱含有不滿兩宮太后破壞清朝祖制的意味，此處兩宮太后實指慈禧，能大膽站出來指責慈禧的，恐怕也只有吳可讀一人。朝野上下議論紛紛，說什麼的都有。鐵腕女人慈禧，在清朝祖制和群臣眾議面前也感到了壓力，像一道密佈的霧幔，她於無形中感到了一種心虛。

吳可讀以死相諫，暗中隱含有發難的意味，慈禧沒有簡單壓制，而是發下一道懿旨，指出吳可讀的密摺並無新意，其中的那些話，她以前在懿旨中都已經說過了，吳只是老調重彈。慈禧下命王公大臣六部九卿大學士等人討論吳可讀的密摺，意欲借眾人之口為自己辯護。果然，諸位王公大臣很配合，禮親王世鐸奏，吳可讀對慈禧以前的懿旨未能細心仰體，其實吳摺中所要求的做法，以前的懿旨早已指明了，吳可讀的奏摺純屬妄議，毋庸置議，不必理會。大學士徐桐、翁同龢、潘祖蔭奏，吳可讀的死諫是在破壞祖宗家法。

看過這些奏摺，慈禧臉上露出一絲微笑。不過她還要看看，那些向來以敢於直言著稱的清流黨，對吳可讀的死諫是什麼意見。其實，清流黨彈劾朝中大臣，也並不是胡亂彈劾一氣，在節骨眼上，還得看慈禧的臉色行事。以前慈禧提倡疏通言路，清流黨的筆便橫衝直撞，萬里馳騁；這會兒慈禧有收斂的意思，清流黨就得俯首貼耳，小心從事了。張之洞、黃體芳、張佩綸、寶廷等幾個湊在一起進行討論，向來精於官宦之道的張之洞先開了口：「我看太后將吳可讀密摺發下來討論的目的，是要發動王公大臣為她解圍，同時也正好檢驗每個人的態度。」黃體芳點頭應道：「香濤說得正是。因此咱們這個奏摺更要仔細斟酌，只能分憂，不可添亂。」過了幾天，清流黨眾人都紛紛上了摺子，其中以寶廷的奏摺剖析得最為透徹，這個名叫寶廷的黃代子（旗人），就是下一節將要出場的主要人物。

吳可讀死諫事件發生後，李鴻章曾專門給朝廷上了「吳可讀建專祠片」，吳可讀死前只是個六品官（吏部主事），竟被清廷重臣李鴻章如此看重，可見這件事不一般。精通權謀的慈禧順應群臣呼聲，向世人展示了她的「大度」，發了一道懿旨：吳可讀以死建言，孤忠可憫，破例給以五品官例議恤的禮遇。至於李鴻章為吳可讀「建專祠」奏片，慈禧不說同意，也不說不同意。後來薊州士民自發募捐，出資出力為吳可讀建這座專祠，慈禧太后心領神會，准如所請，也算是安撫了一下人心。

①轉引自高陽：《柏台故事》，第一一七頁。
②北宋名臣張詠，在彈劾奸臣丁謂的奏摺中，有名句曰：「乞斬謂頭置國門，以謝天下；然後斬詠頭置丁氏之門，以謝謂。」吳可讀的奏疏中，套用了張詠的這一名句。
③轉引自高陽：《柏台故事》，第一二〇頁。
④清廷慣例：自請隨扈行禮者，有車馬費可領。
⑤此節參考了高陽《柏台故事》中「吳可讀」一節的內容。

本來鐘鼎若浮雲，未必釵裙皆禍水

滿族第一詩人寶廷，曾在疏文中以家犬自喻：「竊思人家之畜犬也，取其吠也。有善吠者，見影則吠，聞聲則吠，其輕於吠也，固足取厭。而揆其心，無非護主而已。」①其實何止寶廷，清流黨又何嘗不是清廷的看家狗？慈禧太后對這些看家狗，剛開始時是獎賞，等清流黨勢力坐大，又改變態度為提防。主子不再賞識，清流黨失勢也就成了必然。清流黨人身在官場，一個個練就了靈敏的政治嗅覺，預感到了前景不妙，不得不有所收斂，縮頭避禍。這其中，尤以寶廷的避禍方式最為獨特：在一次奉命南下典試途中，娶江山船妓為妾，然後自劾去職，飄然離開了官場。這件事是當時轟動一時的新聞，也成為晚清官場廣為傳頌的一則趣聞軼事。

寶廷（一八四〇～一八九〇），字少溪，號竹坡，晚年號偶齋，滿洲鑲藍旗人，清宗室，為鄭獻親王濟爾哈朗八世孫。濟爾哈朗是清太祖努爾哈赤的侄子，與皇太極是堂兄弟。在清軍圍攻錦州的戰鬥中，濟爾哈朗與十三萬明軍主力決戰松山，收降祖大壽，生擒洪承疇，南下山海關，繼爾平定江南，定鼎中原，立下了赫赫戰功。

有如此顯赫的家族，寶廷的日子卻過得並不風光。八歲那年，官任翰林院侍講的父親被罷職，家道中落。丟掉官帽子的原因，因為史料缺乏，不得而知。寶廷的少年時代，一大半時間都是在姑母家度過的。咸豐八年（一八五八），寶廷年滿十九歲，初次應試科舉，落榜不中。這之後的十年是寶廷一生中最為刻骨銘心的落魄窮困時期，由威名赫赫的王公貴族子弟，淪為社會底層的平民百姓，看盡人間世態炎涼、人情冷暖，飽嚐世人投來的白眼和屈辱。「有誰從小康人家而墜入困頓的麼？我以為在這途路中，大概可以看見世人的真面目。」（魯迅語）寶廷之子壽富為先父撰寫的年譜中，記錄了寶廷當時的情景：「家業蕩然，僮僕盡去，公乃自操灑掃之事。」②

咸豐十年（一八六〇），寶廷二十一歲，完成了他人生中的第一樁婚姻大事。妻子乃其母那拉氏從弟連介山之次女，連介山是供職於東北邊域的一名小吏，家境同樣貧窮困頓，婚禮也沒有多講究，辦得簡陋潦草。據《年譜》載，婚禮多虧了寶廷的兩個好友宜少耕、馮錫芳，一個典當了衣服，置辦了幾桌酒菜，另一個領來了吹鼓手戲班子，通宵唱了一齣戲，才不至於太過冷清。婚後第二年，寶廷生有一女，名新篁，不幸早夭。次年又生一女，名筍卿，不久又復夭折。一篁一筍，命名均與「竹坡」有關，遺憾天公不公，二女均未能長大成人，寶廷心情之哀傷苦悶，可想而知。據校點《偶齋詩草》的聶世美先生分析，二女早夭的原因，恐怕與窮困的生活環境有關，對寶廷心理上的打擊也很大，因此，寶廷日後所生二子，一名壽富，一名富壽，實際上是他多年來憂窮懼殀之心理反映。既得長壽，又得富貴，在寶廷看來，實在是人生理想圓滿之結局。

同治七年（一八六八），寶廷二十九歲，再次應試，終於榮登金榜。這年新科狀元是洪鈞，寶廷是進士第六名，滿清宗室子弟，能取得如此驕人的成績，也屬不易。從此，開始了他的宦海沉浮生涯。先是被授予翰林院庶起士，三年散館，被授予翰林院侍講，可謂子承父業。這之後寶廷忽然官運亨通，擔任過詹事府少詹事、文淵閣直閣事、內閣學士兼禮部侍郎等，在十年不到的時間裏，從七品的翰林院編修升為二品大吏，由一般文學侍從的角色轉變成有一定實際權力和影響的大臣。

吳可讀死諫事件，是寶廷宦途升遷中的一個轉捩點。吳可讀死後，其密折交發大臣們討論，那次寶廷所上的奏摺過於戇直，無意中有所冒犯，慈禧太后當時沒說什麼，過後卻給了寶廷一雙小鞋，翰詹大考，寶廷竟被左遷（降職）了一次，他有詩紀其事，卻以戲筆出之。詩云：「老娘三十倒繃兒，獻賦金鑾色忸怩；中允左遷天有意，小臣詩筆近王維。」

詩句中，雖說是以達觀的態度自嘲，卻也掩不住內心深處的感傷。清流黨開始走下坡路，「牛角」、「牛腿」、「牛肚」、「牛尾」紛紛走起了霉運，官場受阻，想想還是小事，政壇污穢，宦海險惡，萬一哪天不僅玩丟了官帽子，還玩丟了腦袋，那才真是悔之晚矣！

要想求隱避禍，就得提早預防。

光緒八年（一八八二），寶廷接到了一個美差：以禮部侍郎身份出任福建主考官。關於寶廷這一路上的風流韻事，晚清才子曾樸在《孽海花》中有精妙細緻的描述，《孽海花》雖是小說，但其中的情節都還是有根據的。

寶廷從京城出發，途經江南，山川秀麗妖嬈，滿目望去，湖光山色中點綴幾個俏麗佳人，既養眼又養心。行至浙江，面前突兀多了錢塘江，江上有一種船，叫做江山船，這船上的船娘，都是十七八歲的嬌豔女子，名為船戶的眷屬，實是客商的鉤餌。江湖上知道些規矩的，高興起來，也同蘇州、無錫的花船一樣，擺酒叫局，消遣旅途中的寂寞，花費些纏頭錢就完事。若碰到公子哥兒蒙董貨，那就成百上千地敲竹槓了。做這門生意的，都是江邊人，只有九個姓，他姓不能去搶的，所以又叫「江山九姓船」。

寶廷吩咐訂了一條大船。那船很是寬敞，一個中艙有一丈多大，炕床桌椅，鋪設得整齊潔淨，寶廷上得船來，周遭看了一遍，心中十分愜意。船戶見船上載著個京城來的大人物，自然格外巴結，一會兒上茶，一會兒拿點心，川流不息。寶廷正欣賞江上美景，一把香噴噴的熱毛巾遞過來，更是感到心曠神怡。

開了船，行不多遠，寶廷從船艙裏走出來，讓管家吊起蕉葉窗，端來一把椅子，靠在短欄上看江上野景。正在出神，忽地有一樣東西朝他打來，回頭一看，船艙門口坐著個十七、八歲的女子，低著頭，正在那兒剝橘子吃，纖纖細手，將剝出的橘子皮隨手四處扔，有一塊正好打在了寶廷的臉上。寶廷是有名的風流種子，見到模樣俏俊的女子，哪還好生氣發作？遠遠望去，那女子越發顯得嬌滴滴，陽光投射在她身上，耀花了人的眼睛，寶廷從船板上拾起那塊橘皮，照著她身上打去，打了個正著，寶廷想看她如何反應，這裏從船艙後邊傳來一個老婆子的聲音，一迭聲地叫著「珠兒」，那女子答應著，站起身來，拍拍身上，臨走卻回過頭來，對寶廷嫣然地笑了一笑，飛也似地往後艙去了。

穩坐滿族第一詩人交椅的寶廷，一生都對女人有著濃厚的興趣。他曾寫詩吟道：「我性素放蕩，風月勞心神。」又有詩吟道：「微臣好色原天性，只愛娥眉不愛官。」③其時寶廷家庭之中，除了元配夫人那拉氏（連介山的女兒）外，還娶有好幾位姨太太，分別是李氏、胡氏和盛氏。他為這些妻妾能始終不渝地忠誠於自己而感到自豪，在一首詩的序言中，寶廷曾不無得意地夫子自道云：「余亦有數妾，罷官今五載矣，尚無一去者，頗足傲坡公。」這裏需要做點解釋，當年蘇東坡被謫貶海南，唯一跟隨他去海南的只有紅粉知己朝雲一人，餘妾皆星散雲飛。

寶廷風流好色，對南國胭脂興致尤其濃，同治十二年（一八七三），他主持浙江鄉試時，也曾發生過類似的一件事，那次的豔遇是以喜劇形式告終的：當時他買了一位被浙江人稱為「花蒲鞋頭船娘」的女子為妾，返回京城時，為避免張揚，便自己先一步回京，安排美妾另由水路赴京，寶廷在京城等候。誰知道寶廷安頓好了以後，再用車馬去潞河邊迎接美妾時，只見滿目煙光，逝水悠悠，哪裡還有船娘的影子？這件事在京城被傳為笑談，鬧得他很沒有面子。

有了上回的教訓，寶廷學乖了，為防止歷史喜劇重演，他堅持要與這名女子同行歸京。但是這樣一來，保險是保險了，卻惹得路人側目，朝野皆知，最終引出了大麻煩。

寶廷看中的這個女子姓汪，芳名檀香，小名珠兒。汪檀香長身玉立，似一朵清水芙蓉，未受塵世污染，樣樣都好，唯有一點不完美：臉上有幾點白麻子。情人眼裏出西施，在對美人已入迷的寶廷看來，珠兒臉上的那幾點白麻子，也是美的。

據曾樸《孽海花》中敘述，汪美人原本是船戶安排的一個陷阱，風聞船上客人是當今皇帝的本家，真正的龍種，於是精心布下了這個圈套。珠兒也是極可人意的尤物，施展渾身上下的溫柔手段，勾引寶廷。正當他倆關了船艙門，你推我搡，難解難分之際，忽聽艙外有人喊道：「做的好事！」寶廷吃了一驚，慌忙爬起來，卻被衝進來的婆子雙手按住：「且慢，老娘不怕你是皇帝本家，只問你做官強姦民女，該當何罪？」在婆子的要脅之下，寶廷當場寫了保證書，留下了一張永遠保存的婚據。

晚清社會瀰漫著強烈的反滿情緒，當時文人筆下提到滿清貴族，很少有好聽的詞句。曾樸也不例外，對寶廷娶汪氏之事，他的這段敘述有點過頭。實際上寶廷是個至情至性的人，他對汪氏的愛意是真誠的，納江山美人汪氏為妾，也並非外人強逼。寶廷曾有《江山船曲》一首，對這一事件自述甚詳：「乘槎歸指浙東路，恰向個人船上住；鐵石心腸宋廣平，可憐手把梅花賦。枝頭梅子豈無媒？不語詼諧有主裁。已將多士收珊網，可惜中途不玉壺。」詩的最後又說：「那惜微名登白簡，故留韻事記紅裙……本來鐘鼎如浮雲，未必釵裙皆禍水。」詩中隱然有「禍兮福所倚」之意，這就大可玩味了。

寶廷以往是清流黨的中堅，直言敢諫，曾得罪過不少人，這回把柄被人抓住，情知難以僥倖逃脫。在於他自己內心的真實想法，又何嘗不願意事情朝這個方向發展。求隱避禍，有什麼理由比追逐風月更合適？

在上疏的奏摺中，寶廷借條陳福建船政事，並舉薦兩位通算學的落第士子為名，附片自劾道：「錢塘江有九姓漁船，始自明代。奴才典閩試婦，坐江山船，舟人有女，年已十八。奴才已故兄弟五人，皆無嗣，奴才僅有二子，不敷分繼，遂買為妾。」明目張膽，自供娶船妓，也是個有趣之人。慈禧召見軍機，詢問如何處置，沒有人敢替寶廷說話。清流黨「牛頭」李鴻藻痛心疾首，斥責寶廷丟了清流黨的顏面，主張整飭嚴辦。部議的處置結果，是革職不民，永不敘用。

寶廷求隱避禍的佯狂之舉，並非一般輕薄士子的尋花問柳，實則是一種艱難的選擇，有逃遁的意味，有抗爭的成份，也有痛苦無奈的因素。關於寶廷的這段風流韻事，歷來的野史筆記多有記載，如郭則澐《十朝詩乘》、王逸塘《今傳是樓詩話》、夏敬觀《學山詩話》等，其中以李慈銘《越縵堂日記》最為詳盡：「寶廷素喜狎遊，為纖俗詩詞，以江湖才子自命，都中坊巷，日有蹤跡，且屢試狹邪，別蓄居之，故貧甚至絕炊。」在詳細敘述了寶廷娶江山船妓的經過後，李慈銘還在日記中寫了一首詩：「昔年浙水空載花，又見閩孃上使查，宗室八旗名士草，江山九姓美人麻。曾因義女彈烏桕，慣逐京娼喫白茶。為報朝廷除屬籍，侍郎今已婿漁家。」[4]李慈銘的尖刻是有名，被人稱作「罵座名士」，其日記中的文字和詩，十分刻薄，但所載與事實也大致不誣，基本符合寶廷「只愛娥眉不愛官」的風流個性。

①寶廷著，聶世美校點：《偶齋詩草》，第十八頁。
②寶廷著，聶世美校點：《偶齋詩草》，第九九一頁。
③前兩句詩出自〈仲秋八月夜雨夢少畊〉，後兩句詩出自敦崇〈芸窗瑣記〉。皆轉引自寶廷著，聶世美校點：《偶齋詩草》，第二十一頁。
④轉引自寶廷著，聶世美校點：《偶齋詩草》，第二十～二十一頁。

風流名士的寂寞晚年

寶廷一生本屬清貧，罷官之後，日子過得更是艱難。家中幾個妻妾每天為柴米油鹽發愁，見了寶廷就哭窮——實際上是真的窮。寶廷也沒有辦法，嘴上支吾應付幾句，一轉身便沒了影兒。他雖說革了職，但頂著宗室這個頭銜，仍是一副名士派頭，灑脫得很，攜著新娶的美妾汪氏（珠兒），帶著兩個兒子壽富、富壽，到京郊西山借住寺院。山中歲月，清閒無比，一有了錢便買花沽酒，和幾個窮朋友在一起「窮快活」，每天喝得酣醉，賦詩唱和，日子過得瀟灑自在。

儘管寶廷瀟灑依舊，豪情如昨，但是其生活的清苦也是不言而喻的。翁同龢遊西山，聽說寶廷窮愁潦倒，連身上的一襲縕袍，也是表裏盡破，不由得唏噓不已。在西山石壁上題了一首詩：「衮衮中朝彥，何人第一流；蒼茫萬言疏，悱惻五湖舟。直諫吾終散，長貧爾豈愁；何時楓葉下，同醉萬山秋。」翁同龢頗器重才俊，他想替寶廷設法起復，可是寶廷似乎並沒有重回官場的意思，寫了一首〈病馬〉，輾轉捎給朝中大老，詩中寫道：「哀鳴伏櫪已經春，健足誰知本絕塵；一自歸山成廢物，日思覂駕亦前因。殘生哪有酬恩日，不死難逢市駿人；慚愧飢劬筋力減，翻愁重遇九方歅。」[①]其不為五斗米折腰的風骨，為世人敬重。

革職後，寶廷成了一名隱士，縱情詩酒、悠遊林下，過了六七年的隱居日子。這期間雖說生活清苦，卻不乏情調。有一天讀書，看到一則掌故，魏時的鄭公愨曾經拿荷葉盛酒，用荷梗當吸管來啜飲，還為此取了個古雅的名字，叫做「碧筩杯」。寶廷興致勃勃，當場和汪姨太比照這個方法試驗，果然別有一番情趣。後來，他又對這套飲酒方法進行改造，在白酒中摻入幾種中草藥，又放入新採摘的白蓮花，再來啜飲時，荷香撲鼻，沁人心脾，飲者莫不感到神清氣爽。當時的一班騷人黑客，群起而效尤。至今，北京海濱一帶，人們最愛喝的是「蓮花白」，據說這種酒當初就是寶廷發明的。

光緒十六年（一八九〇），寶廷因染疫病離開了人世。關於他的死，有幾種不同的傳說，其子壽富為先父寶廷編撰的《年譜》中，是這樣交代的：是年秋，寶廷棲身附近的廣化寺為暴雨所毀，樹石位置，蕩然改舊，望著眼前的一派蒼涼，寶廷悽然久之，可以想見心境之悲愴。其時京城瘟疫盛行，進入初冬十一月，寶廷也不幸染病，口中喃喃自語。在一種平淡寂寞的情景中，寶廷走完了生命最後的歷程，與世長辭。

燕谷老人（張鴻）撰寫的《續孽海花》中，寶廷之死則又是另一番景象，描述也更為具體詳盡。張鴻久居官署，見多識廣，晚清舊事，多有所聞。其妻室翁氏，是兩朝帝師翁同龢的侄孫女，他本人又與晚清官場中人交往密切，而且任過清廷外務部主事，與寶廷之子壽富的關係不一般。他筆下的寶廷晚境，是通過寶廷之子壽富、富壽之口講述出來的：

寶廷革職之後，在西山碧雲寺左近的一個小村子裏，蓋了幾間茅屋住下。其時寶廷所娶姨太（汪氏）已去世，寶廷常常喝酒，借酒澆愁，隨便作幾首詩，自得其樂。有時候喝醉了，便隨處睡覺，大有劉伶荷鍤②的樣子。有一天，寶廷在村子裏的小酒店喝了不少酒，那酒店門前有棵大松樹，旁邊鋪著一塊草地，寶廷任意橫身睡了。等到醒來，睜開眼，看見一個鬚眉皓白的和尚，穿著件破舊的袈裟，也靠著樹根跏趺而坐。寶廷坐起來，對那和尚說道：「和尚，你怎麼也坐在這裏？」和尚微閉著眼睛，說道：「你可以睡，我也可以坐，山河大地，都是空幻，怎麼還要分什麼你我呢？」

寶廷聽了，知道這個和尚不同尋常，就問道：「你說一切都是空，但是現在望去是個西山，靠的是棵松樹，不都是實在的麼？」和尚睜開眼睛，瞇縫著看了看寶廷，道：「你說西山究竟是誰定它是西山的？且為什麼不叫它東山呢？」寶廷道：「總是有第一個依著方向分別，在西的叫做西山。」和尚道：「這第一個定的人，現在到那裏去了？定出各種法的人都沒有了，他定的法還有什麼實在呢？」寶廷道：「此話不差！各種的名都是空幻的，不過各種的名都是有了物質然後有名，沒有名的時候，不是已有了物質麼？譬如西山沒有叫它西山的時候，它的樹石不是已有了麼？」和尚道：「我來問你，有時的海為什麼變了田？有時的山或者崩坍了，或者火山轟掉了，有時熱鬧的城市或者沉沒了，那有真個實在呢？不過我們目光短，沒有我佛的識見，所以把虛幻的認作實在，隨著生出許多的煩惱來。我看你是做過官的，現在不得意，所以如此，你想想你做過的官，經過的功名富貴，如今在哪裡？你還不醒悟，認為實在，所以煩惱更多了。不過我佛說的煩惱，即是菩提，你能從煩惱中參悟一下，未嘗不可以入道的。」說道立起身來道：「今天你我相逢，也是一番機緣，請你自己珍重吧。」和尚說著點點頭要走。寶廷也站起身來問道：「吾師上下，現住何處？」那和尚哈哈大笑，道：「我說今天偶然的機緣，何必拖泥帶水呢！」只見他頭也不回，匆匆向前走了。

寶廷站在那裏，茫然四顧，剛才的事恍若是一場夢。發了一會呆，回到家中，從此也不十分喝酒，也不回到舊宅，終日靜坐，不多言語。如此過了半年，老人家忽然拈筆給兩個兒子寫了一偈：「混混塵寰數十年，貪嗔癡愛鎮纏綿。松林吃了當頭棒，水在江中月在天。」寫完，投筆桌上，就此端坐而逝了。③

①轉引自高拜石：《新編古春風樓瑣記》（第一集），第九十四頁。

②鍤：鐵鍬。晉代名士劉伶性情放縱，信奉老莊哲學，看破生死。出門時，常讓隨從扛鐵鍬跟著自己，並對隨從說：「如果我死了，就順便找塊地方將我埋了。」

③參見燕谷老人：《續孽海花》第四十六回，第二三七～二三八頁。

名士之後，還是名士

清末民初有個著名的大翻譯家林紓（一八五二～一九二四），字琴南，號畏廬，福建閩縣人。林琴南是最早把西方小說介紹到中國的文化先行者，此公並不懂外文，他翻譯外國小說也純屬偶然。四十六歲那年，其夫人劉氏去世，林琴南沉浸在悲痛之中，鬱鬱寡歡。好友王壽昌從法國留學歸來，行囊中夾帶著一本書，是法國作家小仲馬的《茶花女遺事》，王壽昌每天讀一小段，藉以幫助林琴南排遣愁緒，讀了幾天，林琴南不知不覺聽上了癮，遂動了與王合譯《茶花女遺事》的念頭。林琴南古文功底厚實，文筆優美流暢，這部由王口述、林筆譯的譯作一出，竟不脛而走，風靡神州，國人競相爭讀。此後林琴南一發而不可收，成為早期翻譯界的一名健將，一生共翻譯小說一百七十部（兩百七十一冊），在西風東漸的年代裏，作用不可低估，深刻影響了當時的一代人。

這個林琴南，原本是寶廷的得意門生。

光緒八年（一八八二），寶廷出任福建主考，除沿途欣賞江南風光，娶江山船妓汪氏為妾外，還有個收穫，他在這一榜中發現了兩個人才：一個是後來成為晚清詩壇巨擘的鄭孝胥，另一個是翻譯界鉅子林琴南。

林琴南的忠君和敬師孝道都是有名的。清朝亡後，林琴南自甘以遺老自居，前後謁德宗崇陵十次，每至陵前，必抱頭伏地痛哭，引得守陵的衛士眙愕相顧。舊日習俗，考試及第的舉子都算是主考官的門生，主考官即為座主，被尊稱為恩師。考畢發榜後，門生一定要去拜訪恩師，態度自然畢恭畢敬。後來，林琴南不僅經常拜望恩師寶廷，還與寶廷的長子壽富成為了十分要好的摯友。壽富自縊身亡後，林琴南含淚撰寫了〈宗室壽富公行狀〉，情真意切，淒婉動人——這是後話，下邊還會詳說。

壽富（一八六五～一九〇〇），字伯茀，光緒十四年（一八八八），成進士，選庶起士，《清史稿》有傳，稱其「泛覽群籍，尤諳《周官》、《禮》、《太史公書》，旁逮外國史，通算術，工古文詩詞。」少年時，壽富遵父親之囑，受業於清流黨一對「牛角」張之洞、張佩綸之門，目睹耳濡，也沾染了名士之風。

浙江巡撫廖壽豐，向清廷推薦壽富才堪大用，清廷正當用人之際，選拔壽富赴日本考察政治，歸國後，著《日本風土志》四卷呈獻皇上。急於變革的光緒皇帝在養心殿召見了他，壽富對答如流，光緒頻頻點頭贊許。

戊戌變法前後，康有為、梁啟超在京城成立強學會，主張維新變法，滿腦子新思想的壽富也不甘落後，扯旗成立了「知恥會」，與他搭檔的夥伴，是清末四公子之一的吳保初

（其餘三位分別是湖南巡撫陳寶箴之子陳三立，福建巡撫丁日昌之子丁惠康，湖北巡撫譚繼洵之子譚嗣同）。吳是淮軍將領吳長慶的次子，一生擅長詩賦，沉湎風月，飲酒撫琴，召妓宴客。作為名門之後，吳公子也有濃郁的政治情結，他曾大膽上疏朝廷，要慈禧把權力還給光緒，一個六品官去玩雞蛋碰石頭的官場遊戲，結果被上司剛毅臭罵了一頓，吳保初一氣之下，掛冠歸隱，辭職不幹了。壽富與吳保初成立「知恥會」，時間應在吳辭別京城官場之前。另外，壽富常憤國勢不張，八旗人才日衰，著〈勸八旗官士文〉，文中有句云：「民權起而大族之禍烈，戎禍興而大族之禍更烈。」[1]敦促八旗子弟勤學，避免民族沉淪之禍。

光緒皇帝被囚禁瀛台，六君子在菜市口殺頭，戊戌變法劃上了一個悲涼的句號。在朝廷「秋後算帳」的浪潮中，壽富也有所波及。好的是壽富頭上有宗室後裔的光環，才倖免遭致懲處，令其岳父聯元對他嚴加管束。

聯元（一八三八～一九〇〇），滿洲鑲紅旗人，崔佳氏，字仙蘅。此人為同治進士出身，太平天國時期任安慶知府、安徽按察使等職，繼而入京任總理各國事務衙門大臣。聯元是個講道學的守舊派人物，家中養育了一雙姊妹花，挑選的兩個女婿，卻是滿腦子新思想的滿族才子：一個是壽富，另一個是壽富胞弟富壽。

壽富和富壽既是兄弟，又是聯襟，長期住在岳父聯元家中，動輒以詩酒邀集友人，高談闊論，意氣風發，所談論的時局大勢，其觀點都是聯元覺得該避諱的。他將兩個女婿叫來，板著臉狠狠教訓了一頓。可是效果並不明顯，壽富、富壽兄弟依然我行我素，照舊為他們心目中的理想世界奔走呼號，只不過稍稍避開岳父聯元的耳目而已。

慈禧囚禁光緒後，對外聲稱皇帝病重，意欲尋機除掉光緒。朝野大臣憂慮重重，積極商討對策，兩江總督劉坤一覆電稱：「君臣之義已定，中外之口難防。」王公大臣擁護光緒帝的浪潮波濤洶湧，慈禧認為，那些光緒帝的擁躉，他們背後撐腰的是一幫外國使節。對那些洋人，慈禧既恨又怕，滿腔怒火常常無處發洩。恰好在此時，由山東起事的義和團，其勢頭越來越猛烈，他們仇恨一切西方人和西方文化，表達方式是充滿快意恩仇的非理性衝動，一路從山東殺到天津，再殺到北京，血流成河。義和團自稱是天界下凡的「天兵天將」，有刀槍不入的本事，洋鬼子的槍子兒也奈何他們不得。慈禧聽了幾個守舊大臣的彙報，腦子裏遂動了利用義和團打洋人的念頭，並且作了個愚蠢透頂的決定：下令攻打外國使館。

聯元是總理各國事務衙門的大臣，最先得知了這個消息，回到家中，召來兩個女婿壽富、富壽，慌慌張張地將消息說了。壽富、富壽一聽，臉上神色大變，壽富站起身說：「自古兩國交戰，不殺使者，堂堂中國，居然冒天下之大不韙，這等野蠻行徑，斷然不能！」停了一下又接著說：「今事態已急，欲求弭禍，懇請岳父大人出面，向朝廷進言，迅速停止攻打外國使館的愚蠢行動。」

壽富這番義正言辭的話，最後竟導致他的岳父大人聯元掉了腦袋。

慈禧為了表示與洋人血戰到底的決心，不僅未聽從任何勸說，反而將主和的幾位大臣許景澄、袁昶、徐用儀、立山等在菜市口斬首示眾。聯元前來勸說慈禧太后放棄攻打外國使館，因此而獲罪，被殺了頭。按清朝律法，立山、聯元作為旗人，理應在宗人府或內務府處死，卻也被棄市於菜市口，可以看得出老佛爺的決心之大。聯元之死，確實是冤枉至極。他原本是個守舊派大臣，屁股一直坐在慈禧一邊，僅僅因為女婿仗義直言的緣故，大膽向慈禧進言了一次，卻慘遭殺戮。由此可見，政治這玩藝真是殘酷無比。

聯元之死，對壽富、富壽兄弟打擊甚大，尤其壽富，認為是自己的一席話使得岳丈丟了命，內疚不已，提及此事，常常淚流滿臉。大約從這個時候起，壽富就萌生了自縊追隨岳父聯元的念頭。據晚清參與過維新派活動的王照回憶，壽富等人的殉難，曾事先告訴過朋友實甫，實甫勸說道：「洋人進城，大清國未必就亡，何必以身殉？」壽富歎息一聲，道：「我也確信洋人不滅我國，但我知太后西狩，拉上皇帝去西安，將來議和後，皇帝終歸不能脫離太后之手，大清不久仍將滅亡，我也何必多活幾年呢？」②

兩宮出京西狩時，京城中許多官宦人家，不知懸掛起了多少白旗。看到眼前淒婉敗落的景象，壽富決意殉國的念頭又浮上腦際，他與胞弟富壽相約，全家人一起赴難。在林琴南為摯友壽富撰寫的〈行狀〉中，生動詳實地記載了當時的景況：七月二十三日，外兵陷國門，入城中，壽富與富壽約定，與家人一起吞藥而死。壽富臨死前提筆寫了遺書：「大事已去，國破家亡，萬無生理，老前輩③如能奔赴行在所，敢乞力為表明：侍已死於此地，雖講西學，並未降敵。」其下繫絕命詞三首，云：「袞袞諸公膽氣粗，竟輕一擲喪鴻圖；請看國破家亡後，到底書生是丈夫！」「薰蕕相雜恨東林，黨禍牽連竟陸沈；今日海枯看石爛，二年重謗不傷心。」「曾蒙殊寵對承明，報國無能負此生；惟有忠魂凝不散，九原夜夜祝中興。」

接下來，林琴南在〈宗室壽富公行狀〉中寫道：壽富和富壽正準備吞藥自盡時，其妹雋如闖過來，一把奪去他們備好的毒藥，先飲八歲之妹淑如，然後始自引決。侍婢隆兒為主子的義氣感動，也跟著吞食了毒藥。正當此時，忽聞門外人聲嘈雜，風傳挎槍的洋人已進城，壽富趕緊找出一條白綾綢，搬來一張踏腳凳，只聽「咣當」一聲，壽富蹬掉了腳下的凳子，身體直挺挺地吊掛在橫樑上了。看著兄長壽富毅然而去，頓時淚流滿面，他將壽富的屍體從橫樑上取下來，又將二妹雋如、淑如以及婢女隆兒的屍體收拾停當，一一平放在地上，找來一張草席輕輕掩上，然後才取出備好的白綾綢，也跟著懸樑自盡。僅僅一眨眼的功夫，小屋裏同時列屍五具，場景慘不忍睹。鄰人傅蘭泰幫助購了五口柳木棺材，安葬了這滿門忠烈。

十多年後，寫〈宗室壽富公行狀〉林琴南，對摯友壽富仍不能忘懷，他以壽富生平事蹟以及滿門忠烈慘烈的死狀為素材，創作了一部小說《庚辛劍腥錄》，字裏行間，庚子年間的生活場景猶如歷歷在目，讀來極其悲壯。

①「大族」，即指八旗。轉引自寶廷著，聶世美校點：《偶齋詩草》，第九五九頁。

②原文見王照：《方家園雜詠二十首》其五〈附記〉，轉錄自寶廷著，聶世美校點：《偶齋詩草》，第九五二頁。

③遺書中提到的「老前輩」，是與壽富同官的晚清進士華學瀾，這封遺書就是由他帶到西安，轉交給慈禧太后的。

本章主要人物：馬新貽／曾國藩／丁日昌／張之萬／鄭敦謹

第三章

隱藏在桃色案件幕後的大人物

本章講述的是晚清官場中的一個桃色陷阱。

官場與風月場貌似互不搭界，其實只隔一層窗戶紙，輕輕一捅就破。在中國歷史上，除去皇帝三宮六院，嬪妃如雲不說，即便官場上那些聲名顯赫的達官顯貴，哪一個不是左攬右抱，妻妾成群？正如今天社會上某些「成功人士」，玩情人包二奶屢創紀錄，在老百姓眼裏並不算什麼新鮮事，看客聽了會意一笑，頂多不過口頭譴責幾句，這對官人們的性遊戲並無大礙。但是凡事總有例外。如果碰到某官人倒楣，玩女人包二奶的事實被公佈於世，「性醜聞」馬上就成為眾矢之的。看上去美麗無比的桃色陷阱，往往能置人於死地。

這方面最為臭名昭著的例子是一千多年前隋煬帝楊廣。如前所述，中國歷史上的皇帝，三宮六院七十二嬪妃是皇宮的生活常態，所有的皇帝都能按照這個遊戲規則玩女人，偏偏倒楣的隋煬帝不行。究其原因有許多，最根本的一條，是因為隋朝的歷史是唐朝人編修的，一句「以情為鏡」露了底，就是要將前朝敗亡的皇帝釘上歷史恥辱柱，讓後人吐唾沫潑髒水。因此隋煬帝楊廣成了「荒淫無恥」的代名詞。

關於楊廣的「淫亂」，史書上和民間有著數不清的傳聞。有一則傳說是這樣的：楊廣下江南，挑選五百美女脫光衣裳在岸上拉纖，還故意將香油潑在路上，讓楊廣看那些不斷跌倒又爬起來的裸體美女的笑話。類似這種荒誕不經的傳說，比比皆是，附在隋煬帝楊廣身上，像一層洗刷不掉的骯髒的皮。即使楊廣早年生活節儉的一些事例，也被史書說成是「精心偽裝」。據說，楊廣未當皇帝的時候，他父親楊堅每次到其府中，楊廣就故意在王府中安排幾個又老又醜的婦人，穿著粗布衣服，伺候左右，而將美麗的姬妾金屋藏嬌，供他下朝之後淫樂。這樣的記載，本身就足以讓人生疑。何況看一個皇帝的好壞，哪有只盯其生活細節的道理？這正應了胡適先生那句話：歷史經常是任人打扮的小姑娘。因為要「以惰為鏡」，隋煬帝楊廣也就順理成章地成了「犧牲品」。

本章中的主角馬新貽，說起來要比隋煬帝冤枉一百倍。他是晚清最高統治者慈禧太后看好的一顆政治新星，平定太平之亂和捻亂後，政治地步迅猛躥升，官至兩江總督。官場中的當紅明星，往往會像鳥兒愛惜羽毛一樣愛惜自己的聲譽，尤其在個人的私生活上，馬新貽更是絲毫也不敢馬虎。從這個人歷來的行為看，對待女人，他並不是貪嘴的貓，用「作風清廉」幾個字形容，實不為過。何況他明白這個道理：在宦途迅猛升遷的過程中，最好是連點魚腥味也不要碰。可是人算不如天算，該來的還是來了。忽然間，一樁疑竇叢生的刺殺案不僅斷送了他的政治前途，也斷送了他的性命。更讓人感歎不已的是，接踵而來的桃花緋聞如同排山倒海，即使馬新貽能從棺材中爬出來，恐怕也是百口莫辯。事後細究其中真相和原由，只有三個字：莫須有。

民間有句老話：運氣來了，門板也擋不住。這句話還有一層相反的意思：人倒楣了，喝涼水也塞牙。位列晚清四大疑案之首的刺馬案，揭示的正是這麼一個事實：在政治鬥爭異常殘酷激烈的官場上，搞垮對手最直接也最簡單的高招，就是製造性醜聞。屎盆子往你頭上一扣，政治生命全玩完，甚至腦袋也保不住。

兩江總督遇刺

兩江總督是個肥差，在外放的封疆大臣中位置顯赫，歷來為官場中人矚目。然而馬新貽接到朝廷任命他為兩江總督的任命書，心裏卻高興不起來。

眾所周知，太平天國起事之事迅速坐大，盤踞江南數年，多虧曾國藩編練的湘軍，才幫清廷奪回了半壁江山。太平軍失敗後，曾國藩奉朝廷之命，調到北方督辦直隸、山東、河南三省軍務，騰出了兩江總督的寶座，卻是一把帶刺的椅子，誰坐上去都不會舒坦。曾國藩經營江南多年，湘軍勢力如日中天，漸成尾大不掉態勢，調走了曾國藩，還留下了個曾國荃，此人在曾家兄弟中排行老四，倔強狠毒，野心勃勃，且是個出了名的火爆脾氣，倚仗攻佔金陵有功，倚功自傲，連皇帝老子也不放在眼裏，何況是仕途資歷並不深的馬總督。

馬新貽（一八二一～一八七〇），字谷山，回族，山東菏澤人，道光二十七年進士，太平軍起事之初還是合肥知縣，數年間官場亨通，沿著當官的階梯一步步往上走得特別順暢，連續升任安徽按察使、布政使、浙江巡撫，很快完成了仕途上讓人豔羨的三級跳。

馬新貽上任後，深諳自己所處的險惡處境，絲毫不敢怠慢，尤其注重軍隊建設，專門操練了四營新兵，清一色洋槍洋炮裝備，規定每天操演十二小時，每月二十五號，馬新貽都要親臨練兵場校閱，觀看那些士兵用洋槍打靶。

兩江總督署舊址被太平天國占作了天王府，太平軍潰敗時，天王府被曾國荃率湘軍拿下，將金銀珠寶搶劫一空後放火焚燒，使之成為一片灰燼。因此總督行轅暫時借居在江寧府衙門。從總督行轅到士兵操練的校場，有一條便捷的箭道直通，每次馬新貽去校場，都是走這條青石板鋪成的箭道。

這天也不例外，仍然走的是箭道。論季節正值夏天，前幾天剛落了一場雨，太陽一出，天氣悶熱至極。馬新貽在校場看完士兵的操練後，和往常一樣步行回署。

馬新貽當官名聲不錯，親民意識也比較強，每次他去校閱士兵操練，都允許城中的老百姓觀看，因此每月二十五日，校場四周人頭鑽動，車水馬龍，煞是熱鬧，形成了江寧城的一道景觀。這天，馬新貽正走到後院門外，忽然從圍觀的老百姓中躥出一個人來，迎面朝他跪下，請求青天大老爺施捨。馬新貽認出此人是已經給予過兩次資助的王咸鎮，便沒理睬，繼續往前走，任由手下巡捕將王咸鎮拉開。

再走幾步，迎面又躥上來一條漢子，一邊高呼「冤枉」，一邊迅猛地朝馬新貽撲來。沒等周圍的護衛作出反應，那人已經撲到了馬新貽身邊，抽出一把匕首，只見白光一閃，匕首已經插入了馬總督的右肋，有人聽到「啊呀」一聲，馬新貽撲倒在地，鮮血汩汩流了出來。跟隨的侍從見狀慌了，一擁而上，有的抓辮子，有的奪匕首，將那個兇手死死扭住，奇怪的是兇手似乎並不想逃跑，嘴裏喃喃說道：「養兵千日，用兵一朝，大丈夫一人做事一人當！」

此時被刺的兩江總督馬新貽蜷縮在地上，面如土色，生命危在旦夕。幾個差弁弄來了一塊門板，將他抬入總督署上房時，馬新貽的呼吸已變得急促，自知命不能保，口授遺疏，令嗣子毓楨代書，請江寧將軍魁玉代呈朝廷。當天下午便命喪黃泉，駕鶴西歸了。

消息傳開，清廷朝野上下為之轟動。

最為惱怒的恐怕是鐵娘子慈禧太后。太平天國敗亡後，慈禧為了抑制湘軍日益膨脹的勢力，採取摻沙子的辦法，特意安排馬新貽任兩江總督，啟程時傳有密詣，讓馬新貽調查湘軍攻陷天京後金銀珠寶的去向。沒想到這道密詣，竟成了心腹大臣馬新貽的催命符。

慈禧太后火速從天津傳來曾國藩，問道：「馬新貽這事豈不甚奇？」曾國藩不敢抬頭，誠惶誠恐回答：「是，這事甚奇。」慈禧又問李鴻章有什麼看法，李鴻章猶疑片刻說：「這種奇事，向來所無。」曾、李是兩位權傾一時的大臣，面對一樁震動朝野的大案，只說了這麼兩句廢話，可見此案之棘手，也讓人隱約能感受到其中的蹊蹺。

莫須有的桃色緋聞越傳越離譜

案子擺到江寧將軍魁玉面前，無疑是個燙手的山芋頭。為顯示辦案慎重，魁玉絲毫也不敢怠慢，召集了藩司梅啟照、鹽道凌煥、江寧知府馮柏年、上元縣知縣胡裕燕、江寧縣知縣莫祥芝、候補知府孫雲錦、候補知縣沈啟鵬、陳雲選等一干官員，對案犯張文祥連夜審訊。

第二天，弁差送上張文祥的供詞。擺在案頭上的這一摞交代材料，細細研讀，竟是一個曲折動人的傳奇故事。

張文祥是安徽合肥人，從小家境貧寒，有一身武功。曾投奔太平軍侍王李世賢部下當兵，因驍勇善戰，屢立戰功，幾年間便升任左營主將。

同治二年（一八六三）天京陷落，洪秀全自殺，張文祥和同伴曹二虎、石錦標一起，乘混亂之機逃回了安徽老家，投奔捻軍沃王張成禹。聽說張文祥帶過兵，張成禹很高興，交給他五百捻軍，委派其駐守霍丘一帶，張文祥每日率領捻軍操練弓馬，防備清軍進剿，困獸猶鬥，他知道捻軍的處境不妙，不免對自己的結局隱隱擔憂。

張文祥是個精明人，決定找個合適的機會叛降清軍。

正好這個機會也就順天而降。在一次和清軍的交戰中，張文祥率領的捻軍活捉了馬新貽，此時的馬新貽還是合肥知縣，親自督練鄉勇，馳騁戰場，欲建奇功，卻不料被捻軍生擒。押解回霍丘的途中，馬新貽幾次想自殺，未能如願。誰知到了霍丘，捻軍頭目張文祥以禮相待，親自為他鬆綁，尊敬地將他擁為座上賓，馬新貽大為感慨，自殺的念頭頓時煙飛灰滅，在捻軍軍營裏做起了思想政治工作，勸說張文祥反水。

張文祥心裏本來存的就是這個念想。見機會到了，心裏暗喜，臉上表情卻無動於衷，一口氣說了幾起清廷殺降的故事，最著名的是李鴻章殺蘇州太平軍八大降王，鬧得洋人戈登將軍與之反目，聲稱要向清廷最高統治者慈禧太后告狀。張文祥道：「朝廷若似這般不重信用，誰還敢降？」馬新貽連連搖頭，微笑道：「不會的，不會的，你若不相信，我們可以歃血為盟，結為兄弟。」說著馬新貽還發了一個毒誓。

直到這時，張文祥才叫來曹二虎、石錦標，當場擺下香案，喝下雄雞血酒，四人結成了異姓兄弟。馬新貽居長，換為大哥，張文祥老二，石錦標老三，曹二虎最小，是四弟。

馬新貽回到省城，重新開始他的宦途生涯。遭此生死大劫，馬新貽不僅沒丟命，反而勸降了捻軍，自然是立了大功。次年，馬新貽即升任安徽布政使。

張文祥、石錦標、曹二虎這幾兄弟被招降後，跟隨馬新貽來到藩司衙門當差，各自加了千總職務。沒幹多久，遇到清廷的裁兵浪潮，馬新貽為剿滅太平軍、捻軍而操練的「山字營」[1]屬於解散之列，於是張、石、曹三兄弟面臨下崗失業的風險。

張文祥有點自暴自棄，躲進酒樓成一統，管他春夏與秋冬，成天待在酒館裏借酒澆愁。說起愁緒，張文祥滿肚子不服氣，空有一身武藝在身，卻得不到重用，如今還有可能丟掉工作，拜把兄弟馬新貽只顧在官場上周旋，對他們幾兄弟的事不聞不問，一念至此，心裏不由得添了一絲怨恨。

相比之下，年齡最小的曹二虎則要單純一些。最近，曹二虎娶了個妻子，新婚燕爾，小倆口感情如膠似漆。當時在兵營裏當武官者，允許帶隨軍家屬，曹二虎將妻子鄭香梅接到軍營，意欲同享豔福。鄭香梅果然是個美人胚，上身穿一件純白色大襟衫，下身套一條綠色襖裙，宛如出水芙蓉，楚楚動人。

據張文祥在供詞中說，曹二虎將妻子鄭香梅接到兵營之前，張文祥曾好心勸過他：「四弟，你好糊塗，馬新貽早已不是先前的大哥了，這幾年裏，他的官當得越大，對我們幾兄弟的感情就越淡薄，還指望馬新貽能夠照顧你？再說了，弟媳妹是遠近出了名的美人，帶進兵營來，說不定反倒是惹事的禍根呢。只怕被馬新貽看見了，你今後的日子不會好過。」

張文祥話裏有話，但是曹二虎卻並沒有在意，仍然將美妻鄭香梅接到了兵營

果然，一場風波由此而生。

先是馬新貽聽說曹二虎將新婚妻子接到了兵營，前往祝賀新婚之喜，見了鄭香梅，驚為

天人，主動提出將曹二虎夫婦安排在藩司衙門的一間空房裏。這裏的環境比兵營要強了許多倍，曹二虎感謝不盡。

幾天後，馬新貽派來一個丫鬟，要請弟媳鄭香梅過去敘談。上午走的人，直到傍晚才回，曹二虎問妻子為何去了這麼久，鄭香梅面孔紅紅的，像是塗了一抹胭脂，支支吾吾應付了幾句，曹二虎心中感覺有異，再想仔細盤問，鄭香梅卻緊閉櫻桃小口，打死也不說。

第二天，曹二虎被馬新貽叫過去喝茶談心。

二人坐定後，馬新貽寒暄了幾句，話題轉入正題，馬新貽和顏悅色地說：「四弟也不是外人，有些話我不妨直說。湘軍依仗打下金陵之功，把誰也不放在眼裏，坐陣兩江總督的位置，外人看來是肥差，實際上是坐在一座火山口上，沒有自己的武裝肯定不行的。」說到這兒，馬新貽壓低了嗓音，欠了欠身子：「現在，新建的兵營急需要一批武器，我已派人訂購好了，軍火目前已經運到了壽州，這事派別人去我不放心，想請四弟辛苦一趟。」

曹二虎一聽，神情肅然。兩江總督馬新貽大哥將如此重要的任務交給自己，自然是對自己的信任和重視。曹二虎細聽馬新貽交代完畢，接過公文，收拾行裝，回到藩司衙門小屋，和妻子鄭香梅告別後，第二天便匆匆上路了。

誰知道這是馬新貽佈置的一個圈套。

曹二虎持了公文，日夜兼程來到安徽壽州，到壽州總兵徐心泉處投遞。正在門房等候接見，忽見徐心泉帶著一隊兵丁，呼啦啦將他團團圍住。徐心泉揮揮手，說了聲「拿下！」兵丁們一擁而上，三下五除二，沒花多大功夫，就將曹二虎密密實實捆綁起來。

曹二虎疑惑不解地問：「你們是不是抓錯人了？我是馬總督派來接軍火的。」

徐心泉道：「你不是叫曹二虎嗎？沒錯，抓的就是你曹二虎。你私通捻匪，接濟軍火，還想狡辯？」

曹二虎大聲喊道：「冤枉，冤枉！」

徐心泉將桌上驚堂木重重一拍，厲聲說道：「馬大人派你來接運軍火是不假，可是有人告狀，告你私通捻匪，要將軍火運去接濟他們。馬大人已有緊急公文下達，令到之日，即以軍法從事，你也不必多說了。」

曹二虎還想申辯，早有幾個手持大刀的兵丁急步衝上前來，拖著曹二虎就往外邊的刑場上走。

張文祥得知消息趕到安徽壽州時，已經晚了，曹二虎早已身首異處，壽州東郊外，平添了一座新墳。張文祥在新墳前跪拜燒香，立志要為其報仇。

於是，便有了後來張文祥刺殺馬新貽，為四弟曹二虎報仇雪恨的事情。

看完張文祥的供詞，負責主審此案的江寧將軍魁玉連連搖頭，不停地歎氣。

這個案子本來就是個燙手的芋頭，張文祥的供詞，使得這個「芋頭」更加燙手。如果張文祥為曹二虎報仇雪恨的這個故事是真的，那麼兩江總督馬新貽奪妻殺友，確實可惡可恨，必定會名聲狼藉。而兇手張文祥，聲張正義，主持公道，則將成為一個荊軻殺秦式的英雄。

可是兇手張文祥的陳述是真的嗎？面對錯綜複雜的案情，魁玉陷入了沉思。

馬新貽是晚清的政治新貴，仕途順暢，正值上升途中的黃金時期。但是勿庸諱言，作為長期佔據江南地盤的湘軍，尤其是曾國藩的四弟曾國荃，自然會將馬新貽視作眼中釘。官場上要想扳倒政敵，最佳突破口之一是查生活作風，一旦沾上桃色緋聞，此人就會成為一尾臭名遠揚的爛魚，仕途生涯也隨之完蛋了。

魁玉一點也不敢馬虎，派出手下最得力的仵作（偵探），要認真查一查。結果，派出的仵作經過一番縝密的調查，發現張文祥的供詞全然是一派胡言亂語。張文祥與兩江總督馬新貽之間，並無任何關係，他們壓根兒就不認識，更不用說什麼結拜把兄弟了。

江寧將軍魁玉手下負責審案的有兩個小人物，在後來審理案件的推進過程中起著不小的作用。這兩個人一個叫孫衣言，一個叫袁保慶。

孫衣言（一八一四～一八九四），字邵西，浙江里安人，翰林出身，時為江蘇候補道。袁保慶（一八一五～一八七三），河南項城人，此人是後來大名鼎鼎的民國第一任大總統袁世凱的嗣父，時為山東候補道。

孫衣言和袁保慶都是馬新貽一手提拔上來的政治新星，他們對馬總督的私人感情相當深厚。自從得到張文祥的第一份口供後，這兩個人的心情再也難以平靜。馬新貽遇刺已經夠慘了，屍骨未寒，兇手又往他身上潑髒水，更使得孫、袁二人為馬總督憤懣不平。憑直覺他們預感其中必定有大陰謀，經過仵作的調查，進一步證實了「奪妻殺友」純屬子虛烏有。幕後披露的事實一再揭示：張文祥壓根不是什麼荊軻式的英雄，而是一個被人收買了的江湖混混。

然而，偏偏有人硬要把這樁刺殺案往桃色緋聞上頭引。公堂上的公審尚未明瞭，梨園舞臺卻已作出了判決。上海有家名為丹桂茶園的戲院，根據張文祥第一次的供詞，連夜趕排了一齣京劇，編排出馬新貽如何貪色殺友的虛無情節，加上許多渲染，繪聲繪色描述一番，博得了劇場裏滿堂喝彩聲和掌聲。

演戲的消息傳到南京，所有人都感到震驚。孫衣言、袁保慶二人更是義憤填膺。其中有個疑點不能不讓人深思：張文祥初供時，談到這樁離奇的「奪妻殺友」過程，主審官魁玉驚惶不已，在場的官員面面相覷，甚至於不敢寫筆錄。遵照主審官魁玉的吩咐，只是將張文祥胡說八道的供詞做為附件夾在卷宗裏。問題是，這個百分之百屬於密件性質的公文何以能流傳到社會上，且被編排成了梨園公演的戲劇？這麼一想，孫衣言、袁保慶二人如同三九天淋了一場冷雨，渾身上下充滿了近乎絕望的透心涼。

「刺馬戲」演出之後，馬新貽和張文祥更是成了街談巷議的人物。兩江總督馬新貽成了禽獸不如的丑類，張文祥則成了俠心劍膽的英雄。如此顛倒黑白，使得馬新貽的家屬以及舊部痛心疾首。再往深處想，丹桂茶園戲班子固然頗為走紅，卻也犯不上頂著冒犯原兩江總督的風險，硬要上演這麼一齣荒唐戲。膽敢冒天下之大不韙，說明背後有大人物撐腰。

孫衣言、袁保慶還注意到，在亂哄哄上演的這齣鬧劇中，連曾經當過安徽巡撫、當年是馬新貽頂頭上司的喬松年，也從幕後蹦到了幕前。喬松年（一八一五～一八七五），字鶴儕，山西徐溝人。馬新貽遇刺後，他賦詩一首，其中寫道：「群公章奏分明在，不及歌場獨寫真」。將一盆髒水直接潑向馬新貽，實不可恕。一時間，以「刺馬」為吟誦對象的詩歌大行其道，有首「教場歌」中寫道：「千金匕首血花斑，此際恩仇豈等閒，聶政從來無識面，荊軻原自不須還，滿城僚屬爭相訊，刺客從容承鞫問，三尺爰書尚未成，又傳闈內紅兒殞……」[2]謠言中傳說，馬新貽死後數日，總督署中有一美妾自縊，並未棺殮，密埋於後花園中，即曹二虎之妻也。詩中提到的紅兒即指曹妻。

馬新貽被刺身亡，且死後蒙冤。聽著人們津津有味地議論馬新貽奪妻殺友的桃色緋聞，孫衣言、袁保慶心裏怎麼想也不是個滋味。按照孫、袁的意思，應該對栽贓的兇手張文祥施用重刑，棍棒之下，令他交代出事實真相。然而主審官魁玉也有為難之處，他此刻想的是，萬一施用酷刑不當，張文祥死於亂棍亂棒下，其責任是他所擔當不起的。一來二去，案情始終毫無進展，張文祥在供詞中一味閃爍其辭，狡黠的眼光背後似乎在期盼什麼。牢獄似乎成了他養尊處優的最佳場所，半個多月時間，他的身體反倒養得白白胖胖的了。

對這樁背景錯綜複雜的大案，清廷一開始就十分重視。等了半個多月，見主審官魁玉始終審不出什麼名堂，朝廷變得更加不耐煩了，態度極其嚴厲，甚至在一天之內連續發出四道公文催問，字裏行間充滿了斥責的意味。

同治九年（一八七〇）九月五日，清廷再發諭旨，令漕運總督張之萬馳赴江寧參與會審。

①馬新貽字谷山，清末辦團勇以將領名字為軍隊番號，如吳長慶的「慶字營」，劉銘傳的「銘字營」，張樹聲的「樹字營」等。

②「教場歌」轉引自高陽《清末四公子》第一八六頁。華夏出版社二〇〇四年第一版。高陽認為這首詩完全根據湘軍及漕幫往來南北所散播的流言寫成，高陽評價道：「詩是不壞，但惟其詩不壞，對馬新貽的損害更甚。」

官油子張之萬的錦囊妙計

張之萬（一八一一～一八九七），字子青，河北南皮人，晚清名臣張之洞的胞兄。此公狀元出身，歷任修撰、河南學政、內閣學士、禮部侍郎兼署工部等職。官場上混的時間一長，無師自通學會了八面玲瓏的圓熟，成了個官油子。他的獨門功夫是「磕頭功」，每天臨睡之前，先行一番磕頭的儀式，並且一定要磕足多少次，方才甘休。據說「磕頭功」可以強筋活血，能助其延年益壽。為人處世，他信奉的是以柔克剛的黃老之學，是官場上有名的「不老翁」。

接到朝廷的一紙調令，張之萬私底下盤算了一番，很是頭痛。案子是棘手的刺蝟，弄不好會扎人，如果一切不顧只認蠻幹，甚至會成為馬新貽第二，有掉腦袋的危險。還沒從清江浦出發，就有人上門來「打招呼」，要他謹慎從事，自保為重。這一來張之萬越發膽戰心驚，一直拖延著不肯動身。無奈朝廷三番五次督促，江寧將軍魁玉也行文催逼，眼看著再也拖不下去了，張之萬只好調來漕標精銳充作衛護，乘船沿運河而下。

其時正值深秋，數十號官船浩浩蕩蕩，好不風光。張之萬悶坐在船艙內，兩岸旖旎的風光絲毫吸引不起他的目光。這天早晨船隊行至揚州附近，想到「煙花三月下揚州」的詩句，張之萬忽然來了興致，吩咐艄公停船靠岸，他想上岸走走。晨風輕拂，殘月在天，漸趨枯萎的蘆葦呈現出一片血紅，在他眼裏看來全然一派淒涼的清秋景色，充滿了肅殺的意味。由那樁神秘莫測的案子聯想起兩江總督馬新貽的前生後世，再聯想起自己此行的前景和命運，心情不由得又沉重了幾分。想著想著，陡然感到一陣內急，放眼四周一看，並無能解決問題的廁所。只好因陋就簡，就近找了一處蘆葦叢密佈的地方，提著褲子半蹲下，將一張臉憋得通紅。張之萬周圍，一百多號漕標親兵有的挺著長矛，有的提著大刀，恪守著保衛欽差的職責。附近的老百姓見一群士兵包圍著蘆葦林，感到莫名其妙，不知道這裏發生了什麼事，走攏來一打聽，原來是欽差大人張之萬出恭。從此，官場上又多了一個掌故笑談：天下總督，以張之萬最為闊氣，拉一場野屎竟派一兩百名士兵守衛，真正是前無古人後無來者。

張之萬到了江寧府，並不急於審案，吩咐手下調來卷宗，聲稱自己要認真審閱，從中尋找蛛絲馬跡。十天過去了，卻並無什麼動靜，看來欽差大人上演的是「拖」字訣。原先的主審官魁玉卸掉了肩上的重擔，一下子輕鬆了許多，自然不催不問。但是參與辦案的孫衣言、袁保慶二人，再也沉不住氣了，找上門來請張欽差主持公道，主張對張文祥用刑，非要追出幕後的黑手不可。張之萬道：「二位的心情我能理解，接手辦這樁案子，我又何曾不急？可是此案是朝廷要案，如果不問清紅皂白動刑，審得出結果固然好，萬一審不出結果，反而將兇手斃命了，這個後果誰也擔當不起啊。」孫、袁二人聽了這番話，也想不出更多的言辭，審案大權在張欽差手上，他們毫無辦法。張之萬的水磨功夫確實了得，讓他這麼一拖，轉眼時間過去了一個多月，雖說審了幾個無關緊要的人物，案子依然沒有什麼實質上的進展。

以孫衣言、袁保慶為首的「保馬派」不依不饒，隔三差五前來催促，要求嚴懲兇犯，為馬新貽的冤魂平反昭雪。眼看群情洶湧，眾怒難平，這時張之萬的幕僚中有人出主意：張文祥最初的供詞血口噴人，也怨不得馬新貽的親屬舊部憤懣，現在關鍵的是要平息大家的怨氣，怕萬一不慎會激出大亂。辦法呢，是推翻前邊的供詞，另外「審」出一套口供。

張之萬想，這倒不失為一招妙棋，既能安撫「保馬派」的人心，又能合理拖延時間。經與江寧將軍魁玉、藩司梅啟照等人一商量，精心炮製的口供方案脫穎而出。再次過堂開審，張文祥的「口供」順理成章地交代出來了——

張文祥，河南汝陽人，早年父母俱故，祖上七代單傳，並無兄弟。十幾歲時，張文祥開始跑江湖做生意，最初在浙江寧波販賣氈帽。其間認識一人名叫羅法善，也是河南人，羅法善很賞識精明強幹的張文祥，將女兒羅氏嫁給張文祥為妻，生下了一子兩女。張文祥從小跑江湖，見慣了各種嘴臉，自然也沾染上了不少「混混兒」習氣。太平軍攻打寧波時，張文祥被強行「抓壯丁」，成為太平軍中的一員。太平軍被剿滅後，張文祥又與一幫海盜稱兄道弟，沆瀣一氣，還在寧波開設了一家典當鋪，專門做起了為海盜銷贓的「生意」。馬新貽上任兩江總督，派兵剿滅海盜，並且抄了許多家銷贓的典當鋪，又派衙役滿街貼出佈告：典當鋪一類的店鋪，既幫助海盜窩贓銷贓，又重利盤剝市民，禁令下發之日起全部予以查禁，限時關閉。這樣一來，徹底斷了張文祥的財路，使張文祥窩贓銷贓的「生意」蒙受巨大損失，直至停業。於是，一顆仇恨的種子悄然埋下。

另一件事，使得張文祥心中仇恨種子迅速抽穗發芽。自從張文祥在寧波開典當鋪幫海盜銷贓以來，妻子羅氏身上便悄然發生了一些細微的變化，她比過去愛打扮了，有事無事，倚在門框上向遠方張望，張文祥問她望什麼？羅氏嫣然一笑，又急忙掩飾，並不正面作答。

對妻子身上的這些變化，張文祥並沒有太往心上放。他依然和往常一樣，有空閒時間就去老街酒館灌幾口黃湯，回到家裏，遇到順心倒罷了，如果遇到不順心，指著妻子的鼻子開口就罵，脾氣上來了甚至還會動手打人。

有一天，張文祥喝完老酒回到家裏，卻意外地發現妻子不在。

張文祥也沒有去想什麼，直奔那張老式寧波床，踢掉鞋子，倒頭便睡。睡到半夜醒來，睜眼一看，還是不見妻子的影子。他這才感到事情有些蹊蹺。這樣一直睜著眼睛躺在床上，到了第二天，清早起床，張文祥出門四處打聽。被打聽的人紛紛搖頭，說不知道。問到隔壁鄰居王阿婆時，終於打探到了一些眉目。王阿婆說，她看見羅氏提著個大布包袱，匆匆忙忙朝碼頭那邊走了。張文祥再問詳細情況，王阿婆想了想又說：「好像……她是跟著前邊那個男人走的。」「男人？誰？」張文祥驚訝地問。王阿婆說：「那個人經常上你家來的，瘦高個，絲瓜臉，左臉上有條刀疤……。」

「哎呀」一聲，張文祥一拍大腿，抱著腦袋蹲到了地上。

他掉頭就往家裏跑。進到屋裏，便開始翻箱倒櫃清查。結果，張文祥沮喪地發現，家裏的財產已被洗劫一空。

「該死的臭婆娘！」他咬牙切齒小聲罵道。事情已經明白無誤地擺在了面前：張文祥的老婆羅氏，跟著那個刀疤臉海盜吳炳燮私奔了！更加糟糕的是，這對狗男女還帶走了張文祥家多年積攢的全部財產。

這本來是一樁家庭私事，卻因為一個意外，張文祥遷怒到了馬新貽頭上。

同治五年（一八六六）正月，時任浙江巡撫的馬新貽到寧波巡視，張文祥託人寫了狀紙，攔輿喊冤。馬新貽從轎子裏探出一顆頭來，看了看跪在面前的張文祥，聽他講述了妻子和錢財被人拐騙的經過。那一刻馬新貽和顏悅色，吩咐手下衙役收了他的狀紙，張文祥連連磕頭，口裏叫著「恩人」，以為自己的事情有救了，於是安心回家等候。誰知過了幾天，音訊全無，再等幾天，仍然沒有消息。一晃半個多月過去了，張文祥再去追問，衙門的役使告訴他，巡撫大人馬新貽早已回省城了。

張文祥心想，這個表面親民愛民的馬大人，實際上沒把他遞的狀紙當回事。更讓張文祥氣憤的是，他告狀失敗的消息，不知怎麼傳到了情敵吳炳燮的耳朵裏，回家的路上，張文祥在大街上碰到了吳炳燮，被對方當面一番羞辱，公開言明就是要霸佔他的妻子不還。張文祥想打，可是吳炳燮汪洋大盜出身，身邊跟著一幫打手。張文祥只好強嚥下這股窩囊氣，怏怏回到家裏。從此，他對馬新貽的仇恨，平白無故又增添了幾分。

張文祥遷怒於馬新貽，純粹是由於他不懂官場遊戲的規則。那天，馬新貽收下了張文祥的狀紙後並沒有怠慢，而是將狀紙稱交給了寧波知府，讓其調查處理。寧波知府接手辦理這樁案子，多花了幾天時間。最後的結果出來了：判決吳炳燮將羅氏歸還給張文祥。妻子總算追回了，可是捲跑的錢財卻血本無歸。既戴綠帽子，又丟錢財，羅氏回家的當天晚上，氣憤至極的張文祥將羅氏狠狠毒打了一頓，丟給她一根繩子，令其懸樑上吊自盡。羅氏跪在地上，抱著張文祥的腿哽咽不已，悲戚地說道：「看著曾經夫妻一場的份上，饒了我這條命，以後當牛做馬，永生報答。」張文祥此時已是鐵石心腸，任憑羅氏說什麼也決不鬆口。眼淚汪汪的羅氏撿起地上的繩子，拴到屋樑上，搬來一張凳子，顫巍巍地站上去，只聽「咣當」一聲，凳子倒下了，羅氏的身體在空中動彈了幾下，慢慢變得僵硬起來。

看著懸吊在屋樑上的妻子，張文祥甚至沒有掉下一滴眼淚。據說，從那天夜裏開始，張文祥心裏便萌生了要刺殺馬新貽的念頭。

這麼一份虛虛實實的口供，和原來的供詞完全兩樣。在這份供詞中，馬新貽不再是奪妻殺友的丑類，而是堅持辦公事認真，招致小人惡怨的好官，因此馬總督被刺，多少有了些因公殉職的意思。拿這份供詞搪塞「保馬派」，眾人心中的怒火果然平息了許多。

過了幾天，由張之萬和魁玉聯名寫了一道奏摺，內稱兇手張文祥「乘間刺害總督大員，並無主使之人」。同時定擬罪名，要將張文祥凌遲處死。

案中有案連環套

馬新貽有個四弟名叫馬新佑，時任浙江候補知縣。他自幼跟隨在馬新貽身邊長大，對胞兄的感情篤深。馬新貽無子，新祐便將親子毓楨過繼給新貽為嗣子。自從欽差大臣張之萬開始審案，馬新祐就領著毓楨隔日來到行轅，見面當堂一跪，大放悲聲，請求伸冤。

馬新貽被刺事件發生後，朝廷組織了祭悼，審案調查也隨之展開。身份特殊的馬新祐一直參與其中，且身處「保馬派」核心圈，對胞兄的冤情最是清楚不過。尤其隨著審案調查的深入，許多蛛絲馬跡逐漸浮出水面，更使他覺得此案牽涉複雜。當時新祐曾為新貽造〈行狀〉：「竟摭及丁惠衡事，以為熱心任事，失好同官，隱刺丁日昌，疑丁主使。」①

這是刺馬案牽出的另外一條重要線索。

丁日昌（一八二三～一八八二），字禹生，廩生出身，廣東豐順縣人。清末，廣東非以科第起家的兩名宦，一為張蔭桓，一為丁日昌。能以秀才的低微出身，躋身於晚清官場高位，足以見出其人的精明強幹。丁日昌能夠脫穎而出，得力於兩個優點：其一，丁日昌是晚清有名的洋務派實幹家；其二，雖說此公熱心於辦洋務，但在政治上趨向保守，甚至於近乎食古不化。[②]兩條優點加上他會做官，為人低調謹慎，在官場上順風順水也合常情。

除此之外，丁日昌還是晚清著名的藏書家。在他的遺文〈撫吳公牘〉中有這麼一段話：「淫詞小說，最易壞人心術，乃近來書賈射利，往往鏤版流傳，揚波扇焰。」可見此公的迂闊酸腐。丁日昌的查禁「淫書」是出了名的，據作家高陽分析，「可能是他的子弟中，曾受其害，故深惡痛絕。」[③]丁日昌有五個兒子，長子丁惠衡，是捐班的知府，於官場的公務沒有什麼興趣，日夜泡在長三么二的堂子裏[④]，給他當官的老子惹下了大麻煩。

同治八年（一八六九）九月，江浙一帶鬧水災，丁日昌出省勘查災情。前腳剛走，不料後院起火。九月初一，署中族人都司丁炳帶人在蘇州逛妓院，本來是尋樂的事兒，誰知為了爭奪一個婊子，和一個名叫徐有得的嫖客起了爭端。

徐有得是太湖水師哨勇。此時剛剿滅太平軍不久，殺進南京城後，發了筆橫財，因此逛妓院也變得十分霸道，揮金如土，視為常事。仗著立過戰功，徐有勇也不把妓女的其他恩客放在眼裏。這天他和同伴劉步標來到怡紅院，一踏進妓館，老鴇上前笑臉相迎，徐有勇點名要叫小桃紅，見鴇母面有難色，徐有勇明白有人鳩占鵲巢。小桃紅是怡紅院的紅姑娘，享受特權，一人獨佔著一個院子，共有四五間廂房。鴇母將徐有勇、劉步標二人讓進北屋裏，趕緊吩咐使女給小桃紅傳話。不一會兒，身穿白衣綠裙子的小桃紅飄然而到。見徐有勇臉色不悅，小桃紅笑著說：「怎麼回事，二位大人來了也沒人倒茶？」正待出去吩咐人倒茶，卻被徐有勇一把拉住了：「我問你，誰在那邊的屋子裏？」心中有氣，手上的勁道不由得大了點，頃刻間，小桃紅的手腕上起了一道紅印。

南邊屋裏此刻坐著的客人，正是丁日昌的大公子丁惠衡。他頭上有頂官帽：捐班知府。說大不大，說小也不小，人在官場，凡事得按官場的規矩辦。比如說逛妓館，就不能像徐有勇那樣明目張膽。見了小桃紅手腕上的紅印，丁惠衡百般愛憐，明知是「兵痞子」撒野，但又不好發作，只好歎息一聲，將這口氣強忍下了。

丁惠衡能忍，他手下的人卻不能忍。這邊丁惠衡與小桃紅恩恩愛愛，那邊丁家的幾個家丁找上門去與徐有勇「說理」。徐有勇正在氣頭上，見有人上門挑刺，隨手扔出一個玻璃杯，「咣當」一聲摔在牆壁上碎了。丁家幾個家丁「咦」了一聲，上去扯住徐有勇的衣袖，不依不饒地質問他發什麼大老爺脾氣。徐有勇也不是庸常之輩，幾步躥到那張梳粧檯前，秋風掃落葉似的將那些首飾盒、化妝品一古腦兒掃落在地，劈哩啪啦，屋裏一片狼藉。「大爺口袋裏有錢，想摔什麼就摔什麼，想怎麼摔就怎麼摔，大爺的事，哪裡需要孫子操心？」徐有勇罵罵咧咧，眼裏泛出一縷凶光。

眼看著一場武打戲即將在妓院裏開打，怡紅院的鴇母和姑娘們正在揪心，屋外忽然傳來一陣激烈的敲門聲。沒等在場的人們會過意來，門被推開了，紛遝的腳步聲響過之後，面前多了一群巡夜的兵丁。為首的名叫薛蔭榜，是淮軍中的一名游擊（相當於今天的副師長或旅長），大致詢問了一下爭吵的經過，便將徐有勇、劉步標、丁炳等人帶到了署府。

雖說丁惠衡趁人不注意時，悄悄溜之大吉。然而他領頭的這一場獵豔冶遊，卻埋下了一個大大的禍根。游擊薛蔭榜不知是收受了什麼人的紅包，還是吃錯了什麼藥，將這一干人帶回署府後，擅自濫用酷刑，竟將太湖水師哨勇徐有勇活活打死了。

這樣一來，無形中捅了一個天大的漏子。等到丁日昌巡視災情歸來，死人之事木已成舟，更糟糕的是，暗中有人添油加醋，將這樁案件肆意誇大，滿世界傳得沸沸揚揚。丁日昌生活態度嚴謹，又擔心事情進一步鬧大越發不好收拾，趕緊奏請朝廷嚴懲。過了幾天，朝廷傳下諭旨，將這個案子交兩江總督馬新貽審辦。

丁日昌很會做官，馬新貽也很會做官。丁、馬二人關係素來不錯，碰到這樣的事，自然會相互體諒。馬新貽接手案子後即派人調查，發現丁家子弟果然有閒遊妓館的不端行為。此案初審的結果，認為徐有得在妓館滋事胡鬧，拿獲棍責也不算錯，可是徐有得倔強不服，咆哮公堂，以致傷重致命。游擊薛蔭榜年輕喜事，性情浮躁，處理方法不當，對徐有得之死負有責任，予以革職，遞解回籍，交地方官嚴加管束。丁日昌的子侄丁惠衡、丁炳、丁繼祖等人，進行自我批評反省。

得知馬新貽的審案結果後，丁日昌並沒有覺得輕鬆，一顆心仍然懸在半空。他連夜找來幕僚商量，次日即向朝廷寫了一份報告，以表明心跡。在報告中，丁日昌再次請求對其參與妓館滋事的子侄嚴懲不貸，決不姑息。丁日昌的憤懣心情，通過此時丁家發生的一件事足以證明。在丁日昌的報告中他寫道：出巡災情前，曾將家族事務叮囑長子丁惠衡小心照料。誰知丁惠衡帶頭閒遊妓館，惹下了這一場天大的風波。丁日昌回家後，除了向朝廷稟報要嚴懲外，還欲以家法處置。丁惠衡聞訊，深夜撬門潛逃，半年之久未有音訊。丁日昌家中年近九旬的老母親，為長孫的出走寢食不安。

丁日昌心急如焚的表態，逃不掉「丟卒保車」的嫌疑。反覆聲明要嚴懲其子侄，為的是保住頭上的官帽子。馬新貽很能明白丁日昌的心事，五堂會審後，馬新貽親自提審，到第二年六月間，方始覆奏，審出的案情是：維持原定裁決，將游擊薛蔭榜革職解回原籍，丁炳、丁繼祖等人給予輕微處分，而此案中的關鍵人物丁惠衡，則因丁炳、丁繼祖等人堅稱妓館滋事的當時他並不在場，不予追究。

一樁因官員嫖妓惹出的官司，在歷時九個多月的審理後終於劃上了句號。在這樁官司上，應該說馬新貽幫了丁日昌的大忙。如果不是因為後來的馬新貽被刺案，這樁官司已經被淹沒在故紙堆中，恐怕再也無人問津了。不幸的是，馬新貽被刺案，使往年沉渣重新泛起，這樁已了結的舊案，也就成了刺馬案中的一個疑點。

①參見鄧之誠《骨董瑣記全編》，四六二頁。晚清外交官郭嵩燾對丁日昌辦洋務有如下評價：「於本源處尚無討論，是治末而忘治本，窮委而昧其源也。」

②參見《郭嵩燾日記》（三）。湖南人民出版社。

③高陽《清末四公子》，第一七四頁。

④舊時的娼妓等級，最上等之妓為「書寓」，「長三」次一等，「么二」再次一等。最低賤的妓女稱為「野雞」。

曾國藩並非刺馬案第一主角

馬新貽被刺殺，意味著湘軍與淮軍之間潛伏的矛盾來了次總爆發。

湘軍頭領曾國藩本來是「諸葛一生惟謹慎」的人物，剿滅太平軍後，權柄更是威震四方，甚至於有功高震主之嫌。曾國藩是官場老油條，深知清廷雖有諸多軟肋，但在對漢人官員的防範上卻是手段萬千。一旦擁兵自重，莫說屯兵長江上游的滿清大將增格林沁、官文等會掉轉槍口對準湘軍，恐怕連漢人大臣李鴻章、沈葆楨等人也會站到清廷一邊，到時候曾國藩只怕要落得個死無葬身之地的下場。拿腦袋去搞政治賭博的事，曾國藩決不會幹。他採取的策略是激流勇退，決定裁抑湘軍，減輕皇室疑慮，保住自己的基業和腦袋。曾國藩說過：凡辦大事以覓替手為第一。此時曾尋覓的替手，便是以李鴻章為首的淮軍。

在李鴻章這邊，卻十分樂意充當曾國藩的「替手」。經過幾年苦心經營，淮軍氣象初露，大有與曾國藩和湘軍一爭高下之態勢。眼下李鴻章感到煩惱的，是班底裏缺乏人才，要麼是才具不足，要麼是資歷太淺，要麼是不夠可靠。算來算去，除了一個劉秉坤是翰林，在資格上可望成為督撫外，其他人皆難合要求。丁日昌倒是不錯，可惜資格太淺，丁寶楨、沈葆楨、郭嵩燾等幾個又都有個性而不甘居人之下[①]。李鴻章搜盡夾袋，最後選中了馬新貽。

李鴻章的看重和選拔，等於將馬新貽推到了漩渦中心。雖說曾國藩處處克己，以裁抑湘軍自保，但是他手下的湘軍兄弟，有的卻並不聽招呼。特別是跋扈飛揚的曾九帥（曾國荃），對曾國藩的這套做法很是想不通。在他看來，明明是湘軍打下的江南半壁江山，憑什麼要白白送給李鴻章？對李鴻章眼皮底下的紅人馬新貽，曾國荃尤其不買帳。

偏偏馬新貽上任兩江總督之後，又一貫以裁抑驕兵悍將為首要任務。而所謂的「驕兵悍將」，大部分是曾氏兄弟一系的湘軍。比如為薛蔭榜棍責殞命的徐有得，屬於太湖水師營，即為曾國藩所一手設立。自湘軍被裁，淮軍興起，曾國荃心裏就一直窩著團火。官場上明爭暗鬥的較量，通過一場偶爾爆發的妓館風波推向高潮，徐有得雖說只是湘軍水師營中的一名小嘍囉，但卻是引爆湘軍與淮軍之爭的導火索。刺馬案發生後，官場中流傳種種猜疑，其中的一個版本，即湘軍用金錢雇兇殺人。

刺馬案發生時，曾國藩正在天津任直隸總督，遠離江南的是非之地。無論從哪個角度看，都不可能是曾國藩直接指使。但是，刺馬案疑雲四起，撲朔迷離，曾國藩再怎麼解釋仍然脫不了干係。他本來想從政治漩渦的中心逃脫出來，殊不知這樁案子，又將他帶進了苦難深重的漩渦中。

刺馬案是同治九年（一八七〇）八月二十二日發生的，過了一週，八月三十日上午，曾國藩接到二十九日的上諭，命他調補兩江總督，直隸總督由李鴻章擔任。看著諭旨，曾國藩滿臉愕然，急忙召集幕僚商談。

就在前不久，剛發生了震驚中外的天津教案，使曾國藩焦頭爛額，狼狽不堪。這年夏天，當地老百姓紛紛傳說，法國設立在天津海河的天主教堂迷拐小孩，挖眼剖心。天津知府張光藻帶領兵丁去教堂查詢，毫無所獲。但是告狀的老百姓不依不饒，見到洋人上街便上前圍攻，丟石頭，扔垃圾。教堂領事豐大業見狀暴跳如雷，帶人找知府張光藻交涉，要求派兵丁維持教堂正常秩序。遭到委婉拒絕後，豐大業像頭受傷的野獸，氣沖沖回到教堂。恰好正在路上，又遇到排洋情緒濃烈的知縣劉傑，兩個人的交涉中，幾句話不投機，雙方爭吵起來。豐大業掏出手槍「呯」地一槍，打中了擋在劉傑前面的家人劉七。這一槍，迅速激起了民變，周圍圍觀的數百群眾像潮水似的湧來，當場打死了教堂領事豐大業及其隨從，衝入法國教堂，扯碎法國國旗，打死十多名傳教士，最後放火焚燒瞭望海樓天主教堂。

自古以來，中國一直流行著這麼一個規則：百姓怕官，官怕洋人，洋人怕百姓。中國老百姓人多，和洋人起了爭執，就蜂擁而上，先把他臭揍一頓。洋人怕老百姓，是怕吃眼前虧。但是洋人到了衙門，就變得神氣了，開口閉口就是要請本國大使和你們皇上說話，中國的官怕得要命。天津教案發生後，法國調兵集結於天津、煙臺，聲稱要「將天津化為焦土」。作為直隸總督的曾國藩，一下子被推到了風口浪尖上。

當時的清廷內部，圍繞天津教案問題分成兩派，即洋務派和頑固派。雙方意見有幾大分歧：一是關於天津教案性質，前者認為愚民無知，遽啟邊釁，刁風不可長；後者認為變民出於義憤，致成血案，不能算是刁民鬧事。二是對教案群眾的處理意見，前者認為殺人償命，天經地義，只有這樣才能安撫洋人，消弭禍端；後者認為變民忠義之心彌足珍貴，應當愛惜，民心不可失。

這兩派意見，前者深合當時中國的形勢，為清廷最高統治層所採納。曾國藩作為與洋人談判的高層代表，自然得看主子臉色行事，也就是說，曾國藩是持洋務派意見的。在談判過程中，雙方對懲辦兇手和修復教堂沒有異議，爭端焦點是法國代表提出要讓「天津有關地方官員抵命」，而曾國藩則認為讓官員抵命的方案不能接受，因為這「有損朝廷尊嚴，也於國法不合」。但在法方的一再堅持下，曾國藩只好讓步，最後答應了法國人的要求。

曾國藩對天津教案的處置結果，是判死刑二十人，流放二十五人，天津知府張光藻、知縣劉傑革職，流放黑龍江「效力贖罪」。朝廷支付撫恤費和賠償財產損失銀四十九萬兩；並派中國特使到法國賠禮道歉。

結果出來後，國內輿情一片譁然，對曾國藩的譴責聲討之聲大作，一代「中興名將」轉瞬間變成謗議紛紛，舉國欲殺的大漢奸，「積年清望幾於掃地以盡矣」。讓他更感到委屈和傷心的是，諸多湖南同鄉將曾國藩此舉視作奇恥大辱，來到設在京城騾馬市大街的湖廣會館，將會館中所懸掛的官爵匾額悉數擊毀，並將曾國藩的名籍削去，不再承認他是湖南人。

在日記中曾國藩黯然神傷地寫道：「數日來查訊津案，辦理諸多棘手，措施未盡合宜，內疚神明，外慚清議」。

按理說，身處如此難堪的困境下，朝廷讓他回任兩江總督，是一次將他從泥淖中拉出來的格外的恩典，乃天大的好事。可是曾國藩的回應卻有點反常，九月二日他上了一道「謝調任江督因病請開缺折」，固辭兩江總督。他在奏摺中說，自本年三月以來，衰病日甚，目病已深，懇請另擇賢能擔當兩江重任，等他將天津教案一事處理完結後，再請開大學士缺。從曾國藩的這個奏摺中，足以看出其誠惶誠恐的心態。

曾國藩想養政治病，朝廷卻不允許，送出一摞高帽子，誇耀他的功能德績，言明曾國藩「前在江南多年，情形熟悉，坐鎮其間，諸事自可就理」，上諭說得再明白不過了，此事休要謙讓，即使有病也必須去。這年是曾國藩六十歲壽辰，朝廷為了安慰老臣，特別傳旨賜壽，賜予御書匾額、御字福壽字、梵銅像、紫檀嵌玉如意、蟒袍等物。看著這些御賜的禮物，曾國藩心裏卻泛出了「樂景寫哀」的韻味。看來朝廷非要「趕」他去江南去處置那樁棘手的案子不可，曾國藩只好吩咐家人收拾行裝，準備上路。

然而這一準備，又耽擱了一個多月。這段時間裏，曾國藩先是給慈禧太后祝壽，又給自己做了六十歲的生日，不過這生日過得別出心裁，不是坐在家裏等人祝壽，而是逛大街，逛戲院，最後來到湖廣會館，這裏的南北同鄉多，聽說曾國藩要下江南，先前為天津教案指責問罪的態度又為之一變，以同情者居多。他們請名角唱了一場戲，為曾國藩送行。

即使啟程之後，也是一路磨磨蹭蹭，盡情享受運河兩岸旖旎風光。等到曾國藩抵達江寧時已是十二月中旬，此時離他接到調令已有三個多月了。

①丁寶楨（一八二〇～一八八六），貴州平遠人，咸豐進士，一八六七年任山東巡撫。沈葆楨（一八二〇～一八七九），福建侯官人，道光進士，一八六一年任江西巡撫。郭嵩燾（一八一八～一八九一），湖南湘陰人，一八六二年任廣東巡撫。這三人都是李鴻章心目中最初認可的梯隊候選人。

主審官黯然告別官場

就在曾國藩出京城啟程之時，張之萬和魁玉會銜的奏摺到了。奏摺中說，張文祥刺殺馬新貽是報私仇，其中並無主使之人。同時定擬罪名，凌遲處死。消息傳到京城，文武百官輿情洶洶，認為審問結果並不清楚，斷無冒然先殺兇犯的道理，要求另派大臣，嚴究其事。不但輿論不滿，兩宮太后和朝中大臣也覺得馬新貽死得不明不白，不但有傷國體，而且此風一開，中外大員心存顧忌，以後恐怕也不會放手辦事。

有人向兩宮太后提議，不如再派要員下江南，會同曾國藩參與審案。這次推薦的主審官人選是刑部尚書鄭敦謹，此人字小山，湖南長沙人，道光進士，與曾國藩是老鄉。

三年前鄭敦謹當刑部尚書的時候，恰好西捻東竄，山西巡撫趙長齡防剿不力，帶兵的藩司陳湜是曾國荃的姻親，本人性喜漁色，部下紀律極壞，慈禧太后深為震怒，大年三十派鄭敦謹出京查辦。結果趙長齡和陳湜得了革職充軍的處分，而鄭敦謹鐵面無私的形象，在慈禧太后心目中樹立了起來。這次派鄭敦謹擔當主審官，慈禧太后期盼他能像上次山西查案一樣，能將此疑案辦得水落石出，河清見魚。

入宮請訓之後，鄭敦謹隨即裝束就道，馳赴江寧。隨行的司員仍是當年查辦山西案子的老搭檔，現任刑部滿郎中的伊勒通阿，漢郎中顏士璋。臨行前一天下起了大雪，紛紛揚揚的雪花在天地間飄灑，裝點起一個銀妝素裹的世界。鄭敦謹一行絲毫不想怠慢，星夜賓士，坐轎難以行走，他們便徒步涉雪而行。據顏士璋《南行日記》記載，途中多人凍傷，他自己的藍布棉襖被樹枝多處掛破，到江寧時棉絮外露，不堪入目。

鄭敦謹一行抵達江寧之日，正是這年除夕。天色已近黃昏，一輪渾圓的落日懸浮在古城牆的斷垣殘壁上，略顯出幾分蒼涼的味道。早幾天來到江寧的曾國藩，帶著一干人在城外長亭間等候，雙方見面一番寒暄，話題決不提及審案事宜。

鄭敦謹這個年是在忙碌中度過的。大年初一，清靜了一天，到了初二，馬新貽的胞弟、浙江候補知縣馬新祐，便領了他過繼給馬新貽的兒子馬毓楨跪在欽差大臣的行轅門口，淚水漣漣，請求伸冤。好不容易勸了回去，跟著又是候補道員袁保慶來拜訪。袁保慶的叔叔是袁甲三，與鄭敦謹是會試同年，當年鄭敦謹看見袁保慶的時候，他還是個倜儻少年，如今已成朝廷的棟樑之材。袁保慶向來口直心快，此時更是敢於仗義執言，陳述張文祥供詞中種種不合情理的疑竇。說到氣憤處，聲震屋宇。鄭敦謹拍拍他的肩膀，請他放心，當場說道：「此次來江寧，我已做了最壞的準備，不把案子審理清楚，不回京城！」

正月初二，鄭敦謹就關起門來審案。可是在大堂上的幾番過招，使雄心勃勃的鄭敦謹領悟到，刺馬案遠比想像還要複雜得多。一連審了十四天，張文祥語言躲閃，邏輯混亂，供詞前後矛盾，但萬變不離其宗，審來審去，他只是將以前說過的話再重複一遍，絲毫不涉及審官提出的根本問題。看著並排坐在大堂上聽審的新任兩江總督曾國藩，鄭敦謹感到這樁案子像隻扎手的刺蝟。他走過去，低聲向曾國藩請教，曾國藩臉上毫無表情，默然無語，彷彿是大堂上供奉的一尊泥菩薩。好一會，才淡淡地說了一句話：「如果實在審不出什麼結果，也只好按照魁、張二公原奏之法奏結。」鄭敦謹怔怔地看著曾國藩，剎那間似乎全明白了，審案中的一切，原來早已有人事先安排好了。

在晚清官場中，鄭敦謹的鐵面無私是有名的，如今遇到天大的難題，他也不能不為自己的將來著想了。自從探明曾國藩的態度以後，鄭敦謹在心上敲了一記警鐘：這案子不能深究，而且也不能拖得太久，得儘快離開這個是非之地，要不然，恐怕自己也會陷進去。

拿定了主意，他開始給自己找下臺的階梯。每天上堂，堂威喊得震天響，不過那是做給別人看的，乾打雷不下雨，場面上熱鬧卻沒有實際效果。按照鄭敦謹的想法，再來幾次堂審之後，也就可以交差。可是孫衣言、袁保慶再也坐不住了，他們連袂出手，來找鄭敦謹交涉：「兇犯狡猾頑固，非動用酷刑不可！」鄭敦謹怔了一會，說道：「如果動用重刑，兇犯萬一死於刑下或獄中，我受處分是小事，不能明正典刑，豈不是更對不起死去的馬端敏公？再說，如果兇犯胡攪蠻纏，亂咬出幾個人來說是主使之人，你說審不審？他供多少，我們審多少，那要白白耽誤多少時間？案子什麼時間才能了結？」孫衣言不解地望著眼前的欽差大人鄭敦謹，說道：「鄭大人，你從前可不是這個樣子，為什麼？到底是為什麼？」鄭敦謹無奈地攤開雙手：「我也是不得已而為之。」

對話進行到這個地步，再說下去已無意義了。

過了幾天，張文祥的供詞全部整理完畢，供詞基本上和以前魁玉、張之萬上奏的差不多，只不過內容更加詳細，行文更加縝密。為了安撫「保馬派」的人心，這次由曾國藩、鄭敦謹聯銜上奏的摺子中，原先編造的桃色緋聞再也不提，特別強調了馬新貽的正義公道，張文祥行刺是因為勾結海盜做生意受阻，泄私憤而殺人。對於兇犯張文祥的處置，則擬定了「比照謀反叛逆，凌遲處死，並摘心致祭」①。

按照慣例，案子的供詞需要在場審案的大小官員「書諾」（簽字畫押），可是孫衣言、袁保慶二人卻拒絕「書諾」，這讓欽差大人鄭敦謹很沒面子。對鄭大人的聲名，也是一次極大的打擊。最初接手這樁案子時的勃勃雄心早已煙消雲散，鄭敦謹心裏裝滿了一肚子委屈，好端端的一世清名毀於一旦，他彷彿嚥下苦果的啞吧，無言以對，只好杜門不出。

馬新貽的那些親屬、舊部，雖說心有不甘，但木已成舟，也是無可奈何，只能發發牢騷，忍氣吞聲。他們鬱積在胸的滿腔憤懣，需要找一個「洩洪口」發洩。終於，在對兇犯張文祥的凌遲處置上，找到了一個機會。他們定製了一把刀、一把鉤，交給劊子手作行刑之用。在凌遲行刑的現場，劊子手用定製的鉤子紮住兇犯的皮肉往上一拉，然後快刀割切，鉤一下，割一下，一直從早上進行到傍晚，方才完事。看完行刑的全過程，「保馬派」心理上這才似乎找到了一些平衡。

從凌遲行刑現場歸來，鄭敦謹身心疲憊不堪。劊子手鉤拉刀割的血腥場面，使這個在刑部多年的官僚也感到不堪承受，一陣陣噁心直襲胸口，苦不堪言。他覺得那個場面太過殘酷，可是比那個場面更加殘酷的是官場鬥爭，一念至此，不由得不寒而慄。家僕見主人面色蒼白，上前來攙扶，被鄭敦謹輕輕推開了：「我的責任已了，該回去了。」家僕未理會到主人的意思，換作笑顏說道：「人人都說江南好，如今案子已結，一身輕鬆，何不多玩些日子再回京復命？」鄭敦謹搖搖頭說：「我們不回京城，回湖南老家。」過一會，又苦笑著道：「江南再好，又哪裡找得到輕鬆？」

第三天，欽差大臣鄭敦謹給朝廷寫了份報告，要告病還鄉。江寧地方為他派了一隻大號官船，床帳念褥，動用器具，一律新置。以表達對這位刑部尚書的敬意。船行至清江停下來，鄭敦謹和他手下的兩個滿漢郎中伊勒通阿、顏士璋告別，讓他們回京稟報審案情況，自己則掉頭西行，告病還鄉。

新任兩江總督曾國藩聞訊之後，迅速借出巡的名義來到清江，百般安慰，執意勸導鄭敦謹回京赴任，並贈程儀二百兩，聲明出自廉俸，為老同年送行。鄭敦謹謝絕了曾國藩的好意，分文不收，仍執意要回湖南老家「養病」，從此不再做官。鄭敦謹的這場「政治病」源自曾國藩，曾國藩心裏清楚得很，卻也是無可奈何。在政治鬥爭面前，誰如果一旦心慈手軟，誰就終將逃脫不了難堪的下場。

臺灣文史作家高拜石認為「馬新貽之死，死於湘軍之囂張氣勢」。[②]太平太國盤踞江南長達十多年，天王府中金銀財寶堆積如山，其他王府、將軍府也有不少珍寶收藏。湘軍攻佔南京之後，先是搶掠數日，然後一把燃燒了幾天幾夜的大火，將所有的一切全都燒了個不留痕跡。湘軍自恃打太平軍有功，一直把江南視作私地，清廷任命馬新貽為兩江總督，等於是將馬新貽推到了風口浪尖，命中註定馬總督的難逃厄運。

兩江總督馬新貽死了一百多年，然而那條莫須有的桃色緋聞，卻始終陰魂不散地纏繞著他，像是一條甩不掉的尾巴。著名歷史學家何茲全先生在給高尚舉《刺馬案新探》一書所寫的序言中，提到了一個意味深長的現象：「在我幼年時，荷澤地方就傳說著馬新貽被刺的故事。說是馬新貽有三個結拜兄弟，後來一個結拜兄弟死了，馬霸佔了他的妻子。另一弟兄張文祥刺殺馬新貽，為他的盟兄報仇。這故事，還演成地方戲，在地方上廣為流傳，大家也就信以為真。就我來說，幾十年來，也沒有什麼懷疑。」[③]何茲全先生是著名歷史學家，連他都「幾十年來，也沒有什麼懷疑」，可以想像其他人對這一刺殺案的瞭解。

直到如今，這樁一百多年前的冤案仍然未能徹底洗清。若干根據刺馬案改編翻拍的電影電視，依據的都是向愷然[④]所著《張文祥刺馬案》的藍本。最近，由香港著名導演陳可辛導演、劉德華、李連杰、金城武等當紅影星出演、耗費鉅資四千萬美金製作的電影《投名狀》，也逃脫不了這一軌跡。人們在為「儀義之士」張文祥喝彩時，誰又能想到冤魂馬新貽長眠於地下的嗚咽與哀痛？正如高尚舉先生在《刺馬案新探》一書中所說：「馬新貽被刺身亡，又有身後之玷，人們津津有味地談論著桃色緋聞，而且又有為友復仇，義薄雲天的儀義故事，迎合人償獵奇的心理，適應玩家的口味。若馬新貽不死，也是百口莫辯。史家亦是望而卻步，因為誰也不願意去為一個『漁色負友』的小人辯白，冤不冤由他去吧。」⑤

可是歷史深處的隱痛，卻又常常讓良知不安。

①故宮博物館（臺北）軍機檔，第二七六六箱，第一〇五九九五號。轉引自高尚舉著《刺馬案新探》，第一三一頁。

②高拜石：《新編古春風樓瑣記》（第拾三集），第三六〇頁。

③高尚舉：《刺馬案新探》序。

④向愷然（一八八九～一九五七），湖南平江人，筆名平江不肖生，著名武俠小說家。所著《張文祥刺馬案》影響巨大。向愷然著《張文祥刺馬案》，其主要線索即為馬新貽漁色負友，結拜張文祥為兄弟報仇。

⑤高尚舉：《刺馬案新探》，第一四〇頁。

本章主要人物：翁同龢／沈鵬／曾樸

第四章

宦海風波與石榴裙

精神分析學家佛洛德認為：人們所做的每一件事，其動機都來自性慾。佛洛德還說：「人的意識層面越高尚，潛意識層面就越罪惡。」這是一個有趣的說法。考察歷史中的那些道貌岸然的政治人物，往往讓人驚歎於精神分析學派的預見準確深刻。

比如說，晚清政壇有個「沈北山冤案」，主角沈鵬「正義在胸筆在手」，大膽參劾當朝紅人榮祿、剛毅、李蓮英，斥之為「三凶」，呼籲殺「三凶」以謝天下。沈鵬的奏摺在天津《國聞報》全文披露後，引起了晚清政壇軒然大波。反對的罵他喪心病狂，將他抓進監獄，板子伺候，並要追查其幕後黑手，試圖將一起精神錯亂的個案，定性為有組織有預謀的政治事件；支持的贊他錚錚鐵骨，名士風範，是繼戊戌六君子後的又一個仁人志士。沈鵬死後，時人送來鋪天蓋地的輓聯，清一色全是讚揚之聲，其中也有幾幅輓聯，略微觸及到沈鵬個人的私秘隱事，顯得別有韻味。如：「大臣不言，小臣欲言，欲言難言，於是憤，於是憂，於是死；眾人皆醉，一人非醉，非醉宜醉，孰為病，孰為夢，孰為狂？」（吳魁）「為吾鄉好翰林，獨能爭氣；是費家窮女婿，不會做官。」（夏觀潮）

香港作家董橋說，他向來喜歡讀野史多過讀正史，正史像官窯瓷器，完美無缺，像完人；野史是民窯散件，天生有癖，像凡人。其實，在轟轟烈烈的歷史大事件中，另外還有秘密交叉的路徑，最容易被人忽略。如果說正史敘述大事件，那麼野史敘述的則是通往大事件的秘密交叉路徑，二者都不可或缺。兩相對照著看，一來興味盎然，使歷史變得生動有趣；二來既有「演員」在舞臺上的光彩照人，又有「演員」上臺前和卸妝後的後臺生活場景，歷史的宏大敘事因為有了幕後這些細節的襯托，變得更加真實，也更加可親可愛。有話道：身歷聲總比單聲道強。

朝中大老的得意門生

故事的主角出場之前，先介紹幾個配角，作個鋪墊。

配角之一名叫孫希孟（一八八八～一九一八），字景賢，別號龍尾，江蘇常熟人，與故事的主角翁同龢、沈鵬是同鄉。此人早年留學日本，東京明治大學畢業，學的是法學，歸國不久，即遇辛亥革命，進入民國後，擔任過湖北、江蘇省高等檢察所的檢察官。一九〇二年，孫希孟二十二歲，正值青春年少、書生意氣的年齡，聽說了同鄉沈北山提著腦袋參劾「三凶」的故事，不由得熱血沸騰，奮筆疾書，將這一時人傳頌得沸沸揚揚的政治事件寫成小說，書名《轟天雷》（又名《沈北山冤案》），由上海大同書局出版，印數一千冊。書中直言其人其事，並且還把沈鵬的萬言書一字不漏地引到小說中來，這在當時可以算是極其大膽的行為。為了避開文禍，不至於因為寫小說玩丟了腦袋，孫希孟署了個日本人的名字，叫「藤谷古香」，還在書的結尾處假託書中人物寫了一封信，說「等到此書出版與世人見面時，吾身已化為異物，與山魈野磷為伍久矣。」在清廷嚴格禁言的時代，孫希孟為自身安全著想，自動放棄著名權，也是萬不得已之策。神秘的作者隱姓埋名了，不過他的書卻大行其道，為當時知識份子所推崇，朝野傳誦，人人以沈北山為榜樣，一部《轟天雷》，再次激勵了反清義士們的鬥志。

另一個配角名叫張鴻（一八六七～一九四一），字映南、隱南、師曾、誦堂，晚年號蠻公，自稱燕谷老人。張鴻也是江蘇常熟人，不僅與翁同龢、沈鵬是同鄉，而且還有親誼關係。他的妻子翁氏，是翁同龢的侄孫女。他本人與沈鵬是總角之交，且一生都是好友，沈鵬的苦悶經歷，張鴻全都看在眼裏。讀過孫希孟的小說《轟天雷》後，張鴻覺得其中情節有很多舛錯，描寫也頗多過頭，於是將《轟天雷》中所載失實的事蹟，一一改刪，寫到他的傳世之作《續孽海花》一書中，其中許多故事乃至生活細節，「自問可作沈北山的行狀」。①

張鴻是江南名宿，出身於書香世家，曾祖父張廷煃，祖父張定堃，父親張錫圭，均是常熟地方名流。張鴻曾任戶部主事、總理各國事務衙門章京、外務部主事等職，在京城做官時，與李文田、文廷式、曾樸等往來密切，許多晚清舊事諳熟於心。一九一六年，張鴻稱病辭別官場，回歸故里，購置辛峰巷燕園為居宅，在常熟一住就是二十年。張鴻曾在常熟孝友中學當過校長，掌故大王鄭逸梅在《藝林散葉》中有如下記述：「張校長，御眼鏡，唇留修剪整齊之短髭，口銜雪茄煙捲，人未到，煙氣已先來。經常穿大團花藍青長袍，外加黑馬褂，頭戴瓜皮小帽，有時持一較粗之黑手杖，儀表儼然。性愛竹，亦善於畫竹，大則中堂，小則扇冊，墨筆不設色，益見其古雅。」②寥寥數語，極為傳神，張鴻之形象，似在眼前。

失意於宦途進階之後，張鴻經常愛與地方上愛好詩文的朋友閒坐聊天，談到同光時代的掌故，如數家珍。於是有後生建議，請他將這些故事都寫出來。其時張鴻已是年近七旬的老人，終於繼承曾樸未了的事業，寫了《續孽海花》這部佳作，也正應了「寂寞心情好著書」那句老古話。

現在該輪到主角出場了。

沈鵬（一八七〇～一九〇九），原名沈棣，後改名沈鵬，字北山，號誦棠，江蘇常熟人。其父名字不詳，別號「詠樓先生」，是江南的一個小知識份子。當李鴻章與李秀成在上海血戰時，他投軍於李幕充任幕僚，太平軍敗亡後，詠樓先生僅僅只得了一個銅山縣訓導的職位，究其原因，恐怕與他性格清高孤傲有關。同治五年（一八六六），詠樓先生撒手人寰，這種狷介的儒生，哪裡有錢？因此家中一貧如洗，只留下了三個孤兒：長子鴻祥，字筱樓，也是有才無命，英年早逝；次子鴻聲，字蔭鶴，八歲；三子沈鵬，才滿五歲。兄弟倆相依為命，不知是怎樣渡過了那最艱難的幾年。

十五歲那年，沈北山考取了秀才。也正是在這一年的考棚中，他結識了好友張鴻。二人同住在一家小客棧裏，性情投機，秉燭長談，至夜深午時也不感覺疲倦，常常是雞打鳴了，才和衣而睡，抵足而眠。這之後，張鴻見沈北山家境貧窮，難以安身立命，便主動邀請他到張家當家庭老師，輔導張鴻幼弟美叔的學業，沈北山心存感恩之念，在張家兢兢業業授課一年多。有一天，沈北山與張鴻談起京都大老翁同龢的近況，張鴻說道：「你天資聰明，久困常熟極為可惜，眼下翁師傅掌管國子監事務，正在南學招收各省有才學的士子肄業，你何不趁這個機會進京一試？」

張鴻幾句話，把沈北山的心說得活絡起來。他意欲插翅北上，無奈囊中羞澀，搖搖頭，輕聲歎息。張鴻知道好友的難處，遂把歷年來考書院的膏火獎賞錢，以及從小得來的尊長壓歲錢，七拼八湊，湊足了兩百元，送給沈北山作北上的盤纏。

到了京城，沈北山格外刻苦用功。時在光緒中葉，朝中大老翁同龢、潘祖蔭等都提倡實學，《公羊》、《說文》盛行一時，又有李文田等人，研究各種考據以及輿地之學，漢學之風蔚然成風，風起雲湧。這幫朝中大老，個個都是愛才若渴，以桃李滿天下引以為自豪，尤其是翁同龢，見了同鄉小後生沈北山寒窗苦讀，癡態可掬，更是憐愛有加，特別垂青。

這年秋天張鴻因事赴京，辦完事後，到東單二條翁府拜訪翁同龢，問及沈北山，翁同龢笑笑，興致盎然地講了新近發生的一件事：據國子監當差的人說，有天晚上下大雪，早上差役出來開門，看見門外有個人，睡在鋪滿雪花的臺階上，當場嚇了一大跳。定睛一看，睡在臺階上的那人原來是沈北山。差役問他，為何露宿門外，不去敲門？沈北山臉兒凍得通紅，一雙手反覆搓揉，又伸進懷中取暖，小聲回應說，他敲過門，見沒人應聲，就在門外臺階上睡了。差役彎腰笑得差點岔了氣，說道：「天冷，人睡得沉，你怎麼不多敲幾聲門呢？」講完這個故事，翁同龢給門生沈北山下了個評語：「此人學風很好，品行也不錯，只不過，他不適合在政治中發展。」

光緒二十年（一八九四），京城舉行春闈考試，三場考畢，沈北山考中二甲進士。這年他二十五歲，也算少年科第得意。

從前的讀書人，中進士入翰林後，免不了要請假回鄉，擺明了是祭祖謁墓，實際上蘊含有光宗耀祖，錦衣不必夜行的意味。就在這次南歸之前，沈北山生平第一次相了親。主動提及這門婚事的人叫劉雅邠，原是翁同龢的幕僚，在翁府見過沈北山幾次，認為沈品學兼優，是棵好苗子，便想將他胞弟劉韻士的女兒許配給沈。劉韻士家資豐厚，捐納了個直隸候補，缺少的正是滿肚子才氣，見能找到這麼個學識過人的女婿，自然是樂不可支。

劉小姐是標準淑女，她性格內向，常將自己關在閨房裏讀書。缺少了戶外運動，身體素質就變得糟糕，訂下了這門婚事後不久，便不幸患上了白喉病，請來名中醫援手相救，也無濟於事，紅顏命薄，眼睜睜看著漸漸臨近的婚期，撒手西去了。猝然間遭受了這麼個打擊，沈北山一顆心彷彿掉進了冰窖，寒氣浸濕了骨髓。剛剛品嚐到了愛情的第一杯酒，卻是一杯苦不堪言的苦酒。

①燕谷老人：《續孽海花》，第三六五頁。

②轉引自時萌：《曾樸及虞山作家》，第一八一～一八二頁。

懼內是官人的好傳統

一番傷心過後，日子還得繼續過。沈北山收拾起行裝，動身到天津，搭乘海輪繞道上海，然後改坐小火輪回到家鄉。見了家人親友，自然是悲喜交集，少不了噓寒問暖，迎來送往，四處應酬。原先嫌棄他的那些人，似乎全都變了一張嘴臉，見面就誇他「天生是讀書的種子」，馬屁拍得讓人臉紅。

沈北山最為愜意的，是參加家鄉文人雅士的聚會，滿座鴻儒，詩酒唱和，堪稱人生快事。他從小沒有父親，孤苦伶仃，常熟鄉賢曾之撰見這孩子聰慧過人，不禁起了愛憐之心，收養到曾家來住，形同義子。曾之撰有個後來頗負盛名的兒子，名叫曾樸，比沈北山小一歲，曾、沈二人從小在一起玩耍，友情濃郁深厚。有一次，才子費念慈來常熟遊玩，由曾之撰作東，賓客雲集，熱鬧如織，沈北山掀簾進去，只見座中有一個客人，身材粗胖，穿著二郎缺襟紗袍，外套著天青紗對襟馬褂，腳上穿著玄色緞子的官靴，很像一位出差的大員。團團的臉，手中捏著一柄摺扇，又像是一位有錢的商賈富翁。曾之撰向他介紹說，那人就是費念慈，是翰林的一位老前輩。

費念慈（一八五五～一九〇五），字屺懷，號西蠡，祖籍江蘇常州，光緒十五年（一八八九）進士，改庶起士，授編修。費念慈是個才子型的官員，工書善詩，精於鑒賞，平時看上去能說會道，似乎樣樣精通，但他對做官的學問，卻並不十分在行。最顯著的例子，是光緒十七年（一八九一）辛卯鄉試，費念慈以編修放浙江副主考，這本來是個肥差，沒想到被他搞砸了，鄉試結束後，評語不佳，有謠言傳說他出賣關節，京城一位御史聞風而動，狠狠參了費念慈一本。這件事從表面看，是由於費念慈受賄舞弊而引起的風波，實際上正好說明他不會做官，方方面面的關係理應好好打理，竟讓名士氣十足的他給疏忽了，待他想到要去彌補時，可惜已經翻了船。幸好費念慈有個當過狀元的岳父，朝廷看在他老丈人的面子上，對這事才沒有深加追究。但是，這件事畢竟是個瑕疵，他要想在官場上再紅起來，就並非那麼容易了。

費念慈的岳父名叫徐郙（一八三八～一九〇七），字頌閣，江蘇嘉定人，同治元年狀元，授翰林院編修，掌修國史，官至兵部尚書，禮部尚書，協會大學士，軍機大臣。費念慈能攀上這門親，娶狀元的千金為妻，也說明他對做官之道富有心機，宦途中升遷不快，只不過因為官場手段不夠罷了。徐小姐出自名門，金枝玉葉，人長得漂亮，又有幾分才學，常常與夫君吟詩論畫，伉儷情深。她樣樣都好，只有一宗不好：脾氣太大。做了費太太後，她依然對自己「狀元小姐」的身份看得很了不起，動輒犯河東獅吼，每當這時候，費念慈便要裝扮一回仁慈的耶穌，被她打了左臉，馬上將右臉轉過去讓她打，還要陪著笑臉。久而久之，費念慈在外頭落了個「懼內」的名聲。

有人笑他「怕老婆」，費念慈搖搖頭說：「平生所怕者，只有三樣，夫人不算在內。」人家問他哪三樣？他一本正經地說：「一怕觀音菩薩，莊嚴慈悲，佛力無邊；二怕山中老虎，張牙舞爪，兇猛傷人；三怕母夜叉，血盆大口，青面獠牙。」在場的人不解其味，只聽費念慈又接著說：「我的夫人呢，年輕時秀麗端莊，美若觀音；到了三十多歲，動輒發威，形同老虎；現在更不用提，簡直像個母夜叉了。所以，我不是怕老婆，怕的只是觀音、老虎、母夜叉這三樣東西而已。」聽者哈哈大笑，不亦樂乎。類似這樣的話，費念慈也只能背著費太太時說說，過過嘴皮子癮。

話雖然這麼說，費念慈對夫人還是十分敬重的。所謂「怕老婆」，人們總是能找出千百條理論依據，夫妻之間，大抵由愛而生敬，敬重到了極致，心裏便隱然升起畏意，不忍拂其心，漸而不敢違其意。何況，費念慈在官場上的「進步」，還得仰仗那位老丈人，因而對費太太絲毫不敢怠慢。

自從那次當副主考官遭人參劾，從官位上退下來後，費念慈一直掛著個空銜，沒在官場上派到什麼用場。這種空閒的滋味很不好受，看著別人走馬燈似的升遷，他整個人猶如熱鍋上的螞蟻，坐臥不安。老丈人徐郙倒是可以幫忙，但他不能去求，因為費太太在娘家人面前特別愛面子，所有的路子都可以走，就是不能走徐家的路子，不到萬不得已，她決不會拿那顆驕傲的心去做交易。

在曾之撰舉辦的這次小型聚會上，費念慈見了沈北山，如獲至寶，當時便萌生了一個想法：要招此公入贅為女婿，通過他去走朝中大老翁同龢的路子，打通官場晉升的階梯。暗中將想法對曾之撰說了，曾之撰頷首贊同，表示找機會成全這樁美事。

女兒的終身大事，費念慈也不敢擅專作主，回家後跟費太太商量。費太太聽說男方是翁同龢的得意門生，心中已有幾分鬆動，又聽說男方其貌不揚，個頭瘦小萎頓，又不高興了，脾氣像點燃的炮仗，一下子竄上來了，冷笑一聲道：「我們家的女兒，也不是嫁不出去，偏你會找，去挑這棵豆芽菜似的男人。」費念慈條分縷析，耐心向費太太解釋：男兒無醜相，偉丈夫應該把事業放在第一位，再說他現在是京官，又是翁相國的紅人，將來前途不可限量，云云。

到了晚上，費念慈將太太好生安頓，儘量讓她心情愉快，然後老話重提。費太太畢竟是狀元家的小姐，心裏清楚翰林的可貴。一般翰林，年紀都在三、四十，家中早有妻室，除非作填房；未婚的翰林是極少見的寶貝，要找個現成的也不容易。編修同七品縣官一個級別，頂戴相同，不同的是翰林編修特許掛朝珠。新貴人金頂朝珠，會令人肅然起敬，是件很有面子的事。這麼一想，費太太氣也順了，說話語調緩和了許多：「聽你這麼說，倒有千般好處，這回就依你一次。不過有一條，他以後要是敢欺負我們家女兒，你給我小心著。」只要費太太能點頭同意，她說什麼費念慈都言聽計從。

這邊的工作做通了，費念慈找到曾之撰，打探情況的進展如何？據張鴻在《續孽海花》中記述，曾之撰就這樁婚事向他兒子曾樸徵詢過意見，曾樸一聽大搖其頭，連聲說：「萬萬做不到，費太太的脾氣厲害，是很有名的，做了他家的女婿，將來必定受罪。有其母必有其女，這個媒人做了很不妥當的。」曾樸同沈北山是同齡人，又要好朋友，他站在沈北山的立場上說這番話，確實很有道理。可惜他父親曾之撰沒聽勸阻，仍然好心玉成了這樁婚事。

曾樸之子曾虛白，前半生跟隨父親在上海辦真美善書局，多年父子如兄弟，對曾樸的經歷和心境瞭解得最為透徹。曾虛白多年後寫了一篇文章，名為〈先父與沈北山的一段情〉，其中「入贅蘇州望族費家」一節寫道：「沈北山的這種情況，給從小就喜歡他的我的祖父看在眼裏，想在婚姻上助他一臂之力，因此努力促成了他跟蘇州費屺懷太史女公子的婚事。費家是蘇州望族，費小姐是社會上知名的漂亮小姐，先父跟著祖父送北山到蘇州吃了他入贅的喜酒回家，父子相慶，以為做了一件稱心快意的好事。誰知道先父抱著這種樂觀心情回家不到一個月，有人從蘇州來，帶到一個再也想不到的壞消息，這位剛剛入贅的新姑爺忽然離岳家出走失蹤了。大家猜想他一定溜到了上海，大家又作出結論說，唯一可以找到他勸他回家的，是他生平最敬愛的朋友——先父。」①

關於沈北山從入贅蘇州望族費家、到離開費家出走失蹤的這段經歷，在多位作家的著作中均有涉及②，敘述委婉生動，充滿曲折的情節和有趣的細節，且極富傳奇色彩。

蘇州望族費家招婿入贅時，並沒有太過聲張，只請了十來桌客，在小圈子裏慶賀一下。

等到結婚的日子，沈北山已先幾日坐了船，停在城門外的碼頭邊，他預先準備好了兩副銜牌，一副是「賜進士出身」，一副是「翰林院編修」，既為自己壯了行程，又幫岳丈家撐了門面。費家預備了儀仗隊，用四人大轎迎接新姑爺。兩邊隊伍一碰頭，便組成了一路，十幾個家人提著宮燈紅氈等，簇擁著轎子徑直往費家府宅而來。轎子抬進府中，原來的滿堂笑語頓時熄了，終於等來了新郎官的賀客們面面相覷，全場啞然失聲，一個個臉上難掩失望之色。費太太一看到這個場面，臉上驟然變了顏色，扭頭一看，恰好正面看到了瘦猴似的女婿，她禁不住冷笑一聲，又趕緊掩飾了，端坐在那兒等候受禮。沈北山好不尷尬，按規矩拜過禮後，費太太立馬站起來，滿臉寫著不高興，彷彿躲債人遇見了債主，逃也似地匆匆離開這裏，回到自己房間裏生悶氣去了。

新娘子費小姐是紅巾蓋頭，一點也沒有看到新郎官的模樣，夫妻拜堂的關口，她從紅巾底下朝那邊偷偷瞄了一眼，只是覺得新郎個頭太小。等到進了洞房，挑開紅巾，微微一望，新郎像個沒有發育成熟的小學生，雖然穿了貂褂，戴了金頂，仍覺得寒酸猥瑣。費小姐不由得心中一酸，止不住的淚水幾乎奪眶而出。一扭頭，看見門外擁擠著看熱鬧的紅男綠女，她才勉強收拾了憂傷的心情，坐床撒帳，等候諸禮完畢。

夜色深了，客人們漸漸散去，費小姐氣沖沖地闖出新房，逕直走到她母親的房裏，一屁股往床上一坐，大放悲聲。她的母親費太太也是滿肚子冤屈，聽見女兒的哭聲，心頭怒火燒得更旺：「這不怪你，我也看不下去。現在沒別的辦法，只要問你老子便是了！」說著吩咐傭人叫來了費念慈，費太太作河東獅吼，指著他的鼻尖厲聲大罵了一通。費念慈哪裡敢回嘴？傻不溜丟站在那裏，像個做錯了事的孩子，愣了好一會，他才輕聲囁嚅道：「我也沒有法子了，哪裡知道事情會變的？」費太太道：「什麼變？姑爺的臉會變？莫非原先是俊臉現在變成了醜臉？」費念慈尷尬一笑，辯解道：「這個是政治，你不懂。」費太太只知道自己的女兒受了委曲，哪裡管什麼政治不政治，此刻正在氣頭上，從梳妝桌上拾起一個圓鏡子，用力朝費念慈扔去，費念慈一躲，鏡子摔在門楣上「啪」地一聲碎了，散落了一地碎玻璃，映照出無數個光怪陸離片斷，像是一個變態的世界。

這邊費家鬧成了一鍋粥，那邊沈北山一個人廝守新房，獨自咀嚼寂寞與冷清。看著費小姐氣沖沖闖出去，他心裏已隱約感覺到了什麼，新來乍到，也不便到處亂去，收拾了亂糟糟的心情，默默坐在新房裏等候。燭臺上的花燈，在黝黑的夜晚跳動，鼓搗著他的心房也跟隨那火苗跳動。就這麼枯坐了整整一夜，新娘子費小姐始終沒再出現，沈北山愛情方面再愚笨，現在也明白是怎麼回事了。

天放亮時，沈北山迷迷糊糊醒來，正待起身洗臉，抬頭望了一眼窗外，只見幾個老媽子簇擁著費小姐款款走來。費小姐眼泡紅腫，一看就知道哭過了。這天早上，沈北山與費小姐之間有一番交談——實際上是一次談判。

沈北山說：「我們的婚姻，原本是不太般配。令尊大人第一次託曾叔父（曾之撰）來說媒，我就辭謝了，後來令尊又託其他人來說項，我才答應下來。不料昨天的婚禮以後，惹得府上生了許多煩惱，看小姐的樣子也是不大願意。現在生米煮成熟飯，我們名份上已成夫妻，小姐這樣躲也不是個辦法。還是請小姐去和令尊大人商量一個妥善辦法，看看如何解決。」費小姐聽了沈北山的話，越發哽咽地不絕聲。隨行的丫鬟見情況不妙，趕緊悄悄溜到到費太太房中，將剛才聽到的話複述了一遍，費太太聽了眉毛倒豎，厲聲說道：「他第一天來就擺架子麼？」費念慈在一旁勸道：「太太，你不要發火，他的話也有幾分道理。」費太太說：「有屁的道理，都是你這個好老子給她挑的！」費念慈低聲咕噥道：「畢竟也沒有缺一個眼，短一個鼻子，不過清瘦些，少點英武的氣象罷了。」

接下來，是費念慈去給沈北山致歉，說了幾句不痛不癢的話，費小姐也「早早地回了房，一同睡了，洞房錦暖，錦被香濃，是否花開並蒂，帳結同心，誰也無從證明了。」

新婚的蜜月尚未過完，費太太就開始催促「豆芽菜」女婿，讓他趕緊回京城銷假上班。沈北山初嚐美女滋味，戀情依依，編織出理由搪塞。費太太催得急了，他便去找費小姐商量，可是得到的答覆卻讓他心灰意冷：「有什麼不捨的？你走了，我還會自由些了。」沈北山望著她乾瞪眼，也不再多說話，獨自踱步到後花園裏去溜圈子。

沈北山是個內向的人，幼年喪父，使他的性格更加孤僻。好不容易訂了劉家的親，那姑娘又患了白喉惡疾，魂歸離恨！回到江南，娶了蘇州望族費家的名媛，本以為是天作之合，卻不料這被嬌慣了的富家小姐，對他全無憐愛之情，才子佳人的夢想落空了，玉軟溫香只是他的一廂情願，沈北山越想越覺得傷心。墨子說：「亂何自起？起不相愛。」拿破崙說：

「失去了愛，生活就離開了軌道。」沈北山一生都缺少愛的滋潤，他覺得女人的心，像天上的雲，讓人捉摸不透。內向型的男人，大多數容易患憂鬱症，他的委屈一大，受不了刺激，精神免不了發生變態。沈北山當時的生活，確實像拿破崙所說的那樣：離開了軌道。

沈北山離開蘇州費家，悻悻北上。仍然是坐小火輪，途徑上海轉而搭乘海輪，在滬逗留期間，沈北山沉湎於花街柳巷，一擲千金，醉生夢死，有段荒唐不堪的生活。《轟天雷》中有誇張的描述，《清朝軼事》中也有記載：「路過上海，曾在薈香里，弋一雉妓，名小紅，沈見之，驚為天人，以英呋五千，謀一夕歡，後每托詠吟，以寄拳拳之心。」③

晚清時的上海，是座正值開放初期的新興城市，中式服裝，西式家飾，租界，教堂，小轎車和黃包車，組合成一幅光怪陸離的現代城市圖景，讓人感到怪異而又富有刺激。么二長三的上海妓女，成了引領時尚的弄潮兒，無論是思想上的追求自由個性，還是服飾裝扮上的古典清雅與標新立異，都足以吸引那些剛剛從困惑中走出的男子們。用張愛玲在評價《海上花列傳》一書中的話說：晚清的男子們往往在妓館中尋找愛情。因為舊時的婚姻一般都是「先有性再有愛，缺少緊張懸疑，憧憬與神秘感，就不是戀愛，雖然可能是最珍貴的感情。戀愛只能是早熟的表兄妹，一成年，就只有妓院這髒亂的角落裏還許有機會。」④

沈北山在上海逗留時的這段野鴛鴦譜，歷來被人們所諱言，但卻實有其事。曾虛白在〈先父與沈北山的一段情〉⑤一文中，詳細敘述了曾樸赴上海尋找沈北山的經歷，曾樸親眼見到了沈北山沉淪風月，神志顛狂的癡迷狀態，茲引述如下：

曾樸受了家鄉朋友們的委託，來到上海尋找失蹤的沈北山。有一天晚上，聽一個不相干的朋友說，沈北山在四馬路會樂里一帶的馬路上溜達，曾樸迅速趕過去，果然找到了他。「他還在那裏拿著大把鈔票，一張一張向那一帶站在門口拉客的『野雞』妓女手裏塞。這種反常的舉動當然引發很多好奇的人跟著看熱鬧，造成一團混亂。先父到時，一個巡捕剛拉住他在訊問，先父鑽進人堆，向巡捕交涉，保釋了他之後，不由分說，硬把他拉到客棧裏說明態度突變的原因。」

沈北山瞪大了眼睛，呆呆地望著曾樸，半響忽然傻笑道：「女人，女人，她們認得的，只有花花綠綠的鈔票！」說完哈哈大笑，語無倫次起來。曾樸知道這是他受了刺激後神經失常的現象，只有耐著性子慢慢撫慰，細訴心曲。經過第二天整整一天的規勸，曾樸才徹底弄清了沈北山婚後這一個月來的慘痛經歷。

在上海那家鴿子籠似的小客棧裏，曾樸與沈北山促膝而談，沈北山告訴曾樸，蘇州費家對外散佈謠言，說新姑爺發瘋了，再也不歡迎回去。聽聞這些傳言後，沈北山更是滿腔鬱悶，大有夢醒之後無路可走之感慨。曾樸幫他朋友把事情的前前後後認真想一遍，認為現在沈北山減輕痛苦的路只有一條，那就是遠離江南，到京都去，讓時間來幫助療傷。三天後，曾樸送沈北山上了海輪，繞道青島去了北京。

①孫希孟著、司馬丁標點：《沈北山冤案》〈附錄五・先父與沈北山的一段情〉，第二一七頁。

②參見高陽著《翁同龢》「沈鵬事件」一節；張鴻著《續孽海花》第五十五、五十六回，孫希孟著《沈北山冤案》第三回。

③轉引自高拜石：《古春風樓瑣記》（第肆集），第九頁。

④參見韓子雲著，張愛玲注譯：《海上花開》〈譯後記〉，第六三六頁。

⑤孫希孟著、司馬丁標點：《沈北山冤案》〈附錄五・先父與沈北山的一段情〉，第二一七～二一八頁。

江南才子苦戀孽海花

趁沈北山搭乘海輪北上的空隙，插敘一個故事，說說沈的好友曾樸。

曾樸（一八七二～一九三五），字孟樸、籀齋，號銘珊，筆名東亞病夫，江蘇常熟人。曾樸從小生活在一個充滿著現代氣息的家庭裏。父曾之撰，字君表，為時文名手，著有《登瀛社稿》，為一時圭臬。「先生在祖母篤愛，父母慈撫，諸姑姊妹圍繞著的大家庭裏，由孩提以迄成年，很享受些家庭的幸福」[1]。

生長在大戶人家的孩子，衣食無憂，又受全家寵愛，唯一感到苦惱的是「讀書」。最初讀《大學》、《中庸》，不知所以然，學到《論語》、《孟子》，更生厭惡。少年心中充溢了叛逆，滋生出一種反抗心理。倒是臨睡前老祖母講的《說岳傳》、《西遊記》等，能引起他濃厚的興趣和遐想。直到有一天，他偷偷進了父親的書房，發現了《紅樓夢》，貪婪地讀了起來，欣喜之情勝似哥倫布發現了新大陸。這之後，父親的書房成了他偷食禁果的伊甸園，博覽群書，使得他有了過人的才情。到十四五歲時，他的文采在常熟小鎮上很有幾分名氣了。

精神上早熟的曾樸，在他十六歲時遭遇了一場猛烈的愛情，那個姑娘讓他終生傾心愛慕，也成了他永遠的傷痛，到了暮年仍思念不已。五十多歲時，曾樸在上海創辦真美善書店，他寫作了一部小說《魯男子》，其第一部《戀》，講述的就是他與那姑娘的生死戀情。這部小說，可以算作他青年時期的自傳，也可以算作他晚年時的回憶錄。

姑娘名叫丁二小姐，比曾樸小一歲，是曾樸的一個遠房親戚。小時候，他們以兄妹相稱，周圍的大人們也常常戲謔地稱他們是「小夫妻」，將來成為真正的夫妻，是他倆共同的夢想。誰知有一天，丁二小姐的父親找到曾樸，神情嚴肅地向他宣佈：「你以後永遠不要再上門來找她了！」話說得忽然而且絕對，曾樸不解地問：「為什麼？」丁二小姐的父親說：「為什麼你自己還不知道？不要再問了吧！」曾樸彷彿遇到了丈二和尚——絲毫也摸不著頭腦。受此打擊後，曾樸晝不思食，夜不成眠，整個人像掉了魂似的，身體也日漸消瘦。

曾樸與丁二小姐分手的原因，《魯男子》第一部《戀》中是這樣交代的：有個名叫汪鷺汀的男子，與丁二小姐身邊的丫鬟阿玲相好，看見曾樸與丁二小姐熱戀，擔心丁二小姐一旦嫁給曾樸後，也會將阿玲帶過去當陪嫁，被曾樸收了房。於是汪鷺汀設計了一個圈套，他看見曾樸經常偷偷摸摸鑽進丁家閨房，與丁二小姐同枕共眠，便對丁父說了，安排少奶奶裝扮成二小姐躺在床上，等曾樸進入閨房，錯吻了丁家少奶奶時，親眼看見此情景的丁父終於發怒，這便有了上面的一幕。小說是虛構作品，當然靠不住，不能信以為實。真正的原因是丁父嫌曾樸太過孟浪，性生活放蕩不羈，在鄉鄰中間名聲傳得不太好。

曾樸在自己的日記中，對他這段感情經歷有過真實的剖析：「我幼年時，感情極為豐富，性慾也極為強烈，我與T（丁二小姐）談戀愛，由於我尊重她，所以始終保持純潔，不曾做過類似玷污她的事。這是真實的，只是我付出的痛苦是很大的。」[2]曾樸究竟付出過什麼樣的痛苦？他在日記中坦誠地交代，每次與丁二小姐幽會，男女擁抱在一起，青春的胴體緊緊依偎，精神總是處於失魂落魄的狀態。「請考慮一下，像那時性慾正盛之時，受了那樣的刺激，渾身如火在燒，怎能忍受得了？只得暫且效仿《西廂記》中用指頭消耗的方法來消散一下，但心中總也不滿足的。漸漸地開始考慮真正地嘗試一下了。」

他第一次「嘗試」的是個年輕的使女，她比曾樸大三歲，容貌並不漂亮，胖胖的圓臉，兩頰總呈深紅色，像兩棵熟透了的桃子。曾樸玩情色遊戲的勇氣比天還大，略微一兩次的誘惑，便把她拖下了水，一天清晨，他終於把她抱上了床。可是沒過幾天，事情被曾樸的母親察覺，給了幾個錢，將使女辭退了。接著，又是近鄰的一位女性，姿色較好，她有主動誘惑的意思，曾樸也來者不拒，照單全收。曾樸這些荒唐的性行為，丁二小姐後來也知道了（她是怎麼知道的？《病夫日記》中沒有說，估計有兩種可能：一是曾樸親口告訴的，二是聽到的傳聞），兩個人背後不知爭吵了多少次，不過丁二小姐的寬容和大度真是世間少有的，曾樸在日記中赤裸裸地寫道，「她能理解並同情我做的荒唐事」。

丁二小姐能夠理解寬容，但是丁二小姐的父親決不會理解寬容。丁父當面訓斥了曾樸，還在背後說了句惡毒透頂的話：「我家女兒如花似玉，怎麼能扔進那把夜壺裏?!」這句話後來傳到了曾樸的耳朵裏，除了傷心憤懣外，也是無可奈何。

轟轟烈烈的熱戀失敗之後，曾樸的精神極為頹唐，終日唉聲歎氣，過著愁夢光陰，折磨起自家身體來近乎自虐。父親曾之撰一來怕他闖禍，二來擔心他真弄出了病，派人把他送到北京，名義上是應順天鄉試，實際上是想幫他療治心靈上的創傷。

一進京城，安排住在常昭會館。有天傍晚，曾樸出門散步，偶爾一抬頭，忽見斜對門一個大宅子，門上貼著都察院徐的門條，從宅子裏走出個十五六歲垂髫的女子，手裏拿著個大信封交給了門衛，然後便站在門階上四處閒看。曾樸定睛一看，那個女子眉目如畫，膚色雪白，尤其一雙水汪汪的眼睛，竟有幾分像丁二小姐！那女子被曾樸看得久了，似乎產生了某種心靈感應，她把眼光瞟過來，一點也不避開，彼此對看了好一會，兩人都會意地笑了。從此，每天傍晚，曾樸總會站在門口等她，她也常常出來，見了曾樸便相視一笑。時間長了，相互間越來越熟悉，有時候他們還會站在門邊上講幾句話。

等到第二次進京城，曾樸再去探訪，門口的侍衛告訴他，那女子去年秋天害癆病死了。聽到這個消息，曾樸傷心地哭了幾天。這個多情種子到處打聽，終於弄清了那女子的真實姓名：她姓林，小名杏春。三十多年後，在創作《魯男子》第一部《戀》時，那女子被曾樸寫進了小說，化名叫阿玲，角色是書中女主角的貼身丫鬟。

光緒十九年（一八八九），是曾樸人生頗為得意風光的一年。先是遵從父命，南歸應縣試，考了個第一名。接著府試又得第二，秀才是抱穩了。跟著成名來的是成家，由晚清名臣吳大澂③做媒，介紹的女方為名門閨秀，是曾之撰莫逆之交汪鳴鑾的女兒。汪鳴鑾（一八三九～一九〇七），字柳門，浙江錢塘人。同治年間進士，翁同龢的得意門生，歷任陝西、甘肅、江西、廣東學政。汪家小姐名叫汪圓珊，知書明理，溫柔賢慧，也是百裏挑一的女子。可是曾樸此時仍深陷於失戀的痛苦中不能自拔，對婚姻之事不僅不熱心，而且採取的是抵制態度。成婚之日，曾樸藉酒逃避，一頓狂飲喝得酩酊大醉，親友們把這位濫醉如泥的新郎扶進新房，玉成了一樁好事。婚後，汪小姐對他百般溫存，曾樸一顆冷卻了的心，在她的溫柔撫慰下慢慢變暖，想到跟她到底沒有什麼仇恨，不由得生了憐愛的心思。不出半個月，一對小夫妻竟異常要好了。婚後不久，曾樸即赴蘇州應院試，獲第七名。既有「洞房花燭夜」，又有「金榜題名時」，人生美事湊在一起湧進曾家府宅，不知是何等花團錦簇的生活！

次年秋天，曾樸坐上帆船赴南京應試。不料船行至途中，忽然大病一場，吐瀉交作，體溫驟增，人到了南京，幾至病不能興。臨到考試時，他的病奇蹟般的好了，試卷發下，曾樸精神大振，頓時忘了四十度的高燒，振筆疾書寫了一個滿卷。成績優異，可是曾樸在登記表上填寫的年齡是十七歲④，考官看到這個年齡，驚呼：「這卷子定是槍手所為，三篇文字，變換三種體裁，豈是乳臭小兒做得到的！」於是將曾樸的名次從第十七名挪到了第一〇一名。

曾樸年少才雄，登第後，文名鵲起，意氣凌轢一世。不料造化弄人，在他最得意的時候，命運從背後給了一悶棍。更為悲慘的是，從南京回到常熟不久，夫人汪圓珊生下一女嬰，產後變病，半月不到竟成永訣！所遺女嬰，過了不到半年也跟著夭折。曾樸本是情感最濃郁之人，突然又遭此變故，猶如剛熬過了嚴冬的迎春花再遇倒春寒，心灰意懶，萬念俱滅，又重新走入頹廢的途徑。這一時期，曾樸寫下了大量紀念夫人汪圓珊的悼亡之作，均收錄在詩集《羌無集》和《雪曇夢院本》（四卷）中。

第二年春上，曾父又一次安排兒子去京城應考。經此命運跌宕，曾樸對功名的意興闌珊，興致全無。經不住父親反覆催促，只好倉促上陣。啟程那天，父親曾之撰將他送到上海，轉乘輪船，再三叮囑，目光中寄託著殷殷期望。可是，這一次進入考棚，卻掀起了一場軒然大波。據曾樸出考場時的口述是這樣的：那幾天情緒低沉，進場時突發咯血症，適有雲南何某獻殷勤，為他煎了一碗參湯送過去，不料行時匆忙，何某的大袖口把號板帶翻了，一壺松煙墨汁端端正正潑在了案卷上。何某情急之下，要代曾樸去換卷，卻被監考官拒絕了。曾樸也不再堅持，提筆在試卷上題詩一首之後，揚長而去。在這首題為〈赴試學院放歌〉一詩的開篇中他寫道：「丈夫生不能腰佩六國璽，死當頭顱行萬里，胡為碌碌記姓名，日夜埋頭事文史！」何等豪邁的氣派。然而在曾樸的自傳體回憶錄《像記》中卻說道：「若說什麼咯血症，雲南人何某送參湯，袖口帶翻墨壺之類，全個兒是屁話，是病夫先生虛構的謊言，是用來掩飾他一時的任性，無理由的情感衝動的！」按照這般說來，墨汁污損案卷事件，全然是曾樸故意的。

父親曾之撰聽說了考場風波，並沒有責備，反而斥資給曾樸捐了一個內閣中書的官，託人給曾樸帶信，讓他不必南歸，暫時就留在京城供職。這三年在京城做官的經歷，對曾樸一生影響比較大。當時曾樸寓居在岳丈汪柳門南池子的宅內，除了結識官場中的一幫青年才俊外，還有兩件事值得一提：第一件事，娶了沈梅生的第八女沈香生為繼室，續弦後夫婦間感情融洽，可是婆媳間的關係卻難以調和，這本是一般大家族中通常都會遇到的難題，曾樸夾在其中，感到異常痛苦，這也成了他中年後跳出家庭圈子，積極從事政治活動和社會事業的最初動機；第二件事，蘇州狀元洪鈞與曾之撰是義兄，又是曾樸的授藝老師，曾樸在京期間，時常出入洪宅，稱洪為「太老師」，恰逢此時洪鈞娶雛妓賽金花為妾，曾樸經常見面，稱呼賽金花為「小太師母」。這段生活經歷，為曾樸後來創作傳世之作《孽海花》埋下了種子，十年後這顆種子終於長成了參天大樹。《孽海花》以賽金花為主線，穿插了大量政壇官僚、社會名流、文人雅士的趣聞軼事，從一個側面反映了從同治初年到甲午戰爭失敗近三十年間的社會政治、外交、文化、思想狀況，位置當在清末四大譴責小說之首。

經歷了鴉片戰爭、甲午戰爭之痛，國人期望國家自強，辦實業辦洋務成為「顯學」，報考總理衙門謀職的人尤其多，如過江之鯉，類似於當今考研或出國熱的浪潮。曾樸不甘落後，束裝入都報考。主考官是總理各國事務大臣張蔭桓，廣東南海人，其當官經歷頗為奇特，捐納出身，卻能在官場上一順百順，並且很為光緒皇帝看重。張蔭桓與帝師翁同龢貌合神離，聽說曾樸是翁同龢的同鄉，且經常出入翁府，便悄悄使了個暗絆子。曾樸落第之後，張蔭桓笑臉對曾說：「你要進總理衙門，何必應試。事先打個招呼，我可以保舉你的。」曾樸歷來以名士自許，對張蔭桓的事後籠絡不屑一顧，憤然拂袖而去。連夜套車出京，悻悻之情，不能自已。

南歸回到故鄉的曾樸，對京城官場生活的興趣漸失，加之應試總理衙門受了打擊，遂決心捨棄仕途，另尋人生發展的路徑。恰在此時，其父曾之撰中風一病不起，撒手歸西了。多年父子如兄弟，曾樸和他父親感情特別深厚，遭此大故，他撫棺痛哭，昏厥數次。參加完了父親的喪事之後，曾樸來到上海，擬尋找一個發展實業的機會。

籌辦實業，是曾父留下的一個遺願。曾之撰生前，淞滬鐵路修建計畫已定大綱，吳淞口商埠面臨著巨大商機，曾之撰糾集親友，在吳淞口購地，準備大幹一場，淘第一桶金。無奈出師未捷身先亡，留下的這份事業，得靠其子曾樸來承擔了。來到上海後，曾樸積極聯絡社會各方人士，為即將草創的事業做準備，閒暇之餘，則泡在上海的堂子裏，成了煙花柳巷的一名常客。這期間曾樸迷戀上的妓女名叫花麗娟，她真名叫玉子，老家是揚州人，其父是衙門裏的皂隸（差役），品行卑污不堪。花麗娟有三姊妹，二個姐姐都曾被其父姦污，她的年齡稍長，也險遭毒手，有一次在家中織布，夜已漸深，其父喝醉酒後回家，見女兒還在織房裏，闖進去把她抱住欲施獸行。花麗娟大聲呼救，全家人聞訊趕來，她僥倖逃脫了這場災難。第二天，花麗娟乘船到了上海，因年齡太小，先做了幾年清倌人，正思量著找個有背景的人做靠山，便遇到了曾樸。

曾樸是花叢老手，三下五除二，很快就把花麗娟搞掂了。二人一起掉進溫柔夢鄉裏，綺麗鴦夢，情意纏綿，官場中的傷痛，靠情場上的甜言蜜語來撫慰。就在曾樸的生命之船即將改變航向時，一個不期而至的機遇，又將他拉回到政治漩渦之中。此時京城康有為、梁啟超等維新黨倡導新政，譚嗣同、唐才常、林旭、楊深秀等力主變革的仁人志士也都聚集滬上，這班人原本是曾樸的舊交，曾樸的思想同他們很合拍，於是朝夕過從，商量著團結各方力量，從事維新變法活動。為避人耳目，維新派利用曾樸的關係，借用花麗娟的寓所做他們的議事之所。曾樸和花麗娟熱情服務，應酬周到。不久，康、梁在京運動漸趨成熟，電邀上海諸同志入京共成大業。譚嗣同、林旭等人收到電報，立即動身。曾樸本擬跟隨北上，但因一來家父的後事尚未料理結束，二來花麗娟百般溫柔，二人正在商議婚娶之事，約定隔些時日後再赴京城。誰知譚嗣同、林旭這次進京，竟是滅頂之災，維新變法慘敗，光緒遭囚禁，康、梁連夜潛逃，六君子菜市口殺頭。陰差陽錯，未隨譚、林進京的曾樸逃過了一劫。

之後幾年，曾樸在家鄉辦過教育，在蘇州辦過實業[5]，在上海辦過書局，在兩江總督端方府中當過幕僚，進入民國後也擔任過參議院議員。一九一四年，北京召開全國各省財政會議，曾樸作為江蘇省代表出席，席間曾樸侃侃而談，直斥馮國璋挾軍隊武力坐食江蘇的不當，力爭減縮江蘇軍費負擔，袁世凱為之動容。在京城逗留期間，曾樸結識了青年將軍蔡鍔，常相往來，並為蔡鍔與小鳳仙撮合婚事。

說起來這又是一段逸聞舊事。

據《曾孟樸先生年譜》記載：小鳳仙原本住在杭州，是一個旗人姨太太的女兒，那旗人死了，姨太太不容於大婦，被從旗人家裏趕了出來。姨太太帶著一個老媽子和小鳳仙另立門戶，依靠以前的積蓄過了幾年苦日子。姨太太身體孱弱，精神上又連番遭受打擊，身患重疾辭別人世。臨死之前，她牽著小鳳仙的手，淚眼迷離，將女兒託付給了那個老媽子。從此老媽子以養母自居，小鳳仙稍有不服，開口就罵，動輒就打，小鳳仙不堪凌辱，來向時任浙江地方官的曾樸投訴（正好當時他們是鄰居，小鳳仙的家就在曾樸宅第對面），曾樸同情小鳳仙的遭遇，遂用八十兩銀子買過來，讓她在自己家中做婢女。小鳳仙年輕貌美，秀色可餐，曾樸近水樓臺先得月，沒過了多久，就將她梳櫳入懷，平生再添一樁風流債。不料此事被家妻張彩鸞察覺了，醋海翻起滔天波浪，大發河東獅子吼，曾樸無奈，贈送了一筆銀子，讓她離開曾家另找出路。小鳳仙從此流落花界，先在滬上下海，後來輾轉來到京都，沒想到竟成了八大胡同的一個紅倌人。

世界說大也大，說小也小，歷史往往比小說更有趣。曾樸在京城遇到蔡鍔，中間又牽連著小鳳仙這根線，真所謂無巧不成書。當時蔡鍔為了擺脫袁世凱，與雲吉班當紅妓女小鳳仙假戲真唱，眼看有希望湊成一宗姻緣。小鳳仙不懂政治，沒有傳說中的那麼矢志不渝，她對蔡鍔的感情，也並不像抒情電影《知音》中說的那麼美妙。倒是聽說曾樸到了京城，顯得尤為高興，她對曾樸當年的知遇之恩心存感激，情感上對曾樸仍然倚重。蔡鍔那時對小鳳仙已是迷戀至極，可是小鳳仙不冷不熱，並不肯輕易就範，蔡鍔說出了請曾樸做小鳳仙思想工作的意思，曾樸一聽哈哈大笑，他樂於成人之美，幫忙促成這宗姻緣。與小鳳仙一說，小鳳仙果真含情脈脈，頷首默許了。

再後來小鳳仙在雲吉班中擺酒慶生日，掩護蔡鍔從密探監視下悄然逃脫，經由天津繞道香港，輾轉回到雲南舉起義旗，袁世凱的江山像多米諾骨牌一推就倒，這一系列的傳奇故事，都與民國女子小鳳仙有著千絲萬縷的聯繫。而在小鳳仙的背後，還有曾樸這麼個人物，則是許多人所不知道的。歷史的細微之處，原來是如此婀娜多姿！

①曾虛白：《曾孟樸先生年譜》。轉引自時萌：《曾樸研究》，第二頁。

②參見時萌編著：《曾樸與虞山作家》第一四九頁，曾樸的《病夫日記》在該書中有節選。

③吳大澂（一八三五～一九〇二），字清卿，曆官廣東、湖南巡撫。曾樸母親姓吳，吳大澂是曾的母舅。

④據魏紹昌先生考述：科舉時代，凡是過了中年去應試舉人、進士，得中的機會較少。有鑒於此，考生每在第一次應考時先將年齡適當瞞幾歲，為將來預留地步。曾樸這一年的實際年齡為二十歲。

⑤據《曾孟樸先生年譜》記載，一九〇二年五月，曾樸和他的妹夫吳斯千應友人之約，去蘇州、無錫參觀繭行，瞭解絲繭市況，開始經營絲業。事實上，計畫盈絀，窺度商情，他既是外行，更非性之所近。結果絲業投資規模越來越大，危險也越來越深，最後因外絲大批傾銷，絲價一落千丈，卒至虧累甚巨，一蹶不振。一九〇三年夏秋間，曾樸以祖母病故為由，結束賬目，重返常熟故里。

沈北山四處碰壁之後的壯舉

前邊說過，沈北山從小家境貧寒，但是聰慧過人，為曾樸之父曾之撰所喜愛，接到曾家如同養子似的看待，因此，曾樸與沈北山的關係親如兄弟。沈北山第一次北上京都謀職，曾樸為他送行，言談之間，全是書生當熱血報國的高昂架式。沈北山北上之後，有一天，曾樸在常熟好友張鴻家中遊玩，偶爾看到了沈北山寄給張鴻的一封信，信中談及外省人在京都的苦悶、官場鑽營的方法和技巧，隱約透露出有想做官的意思。

讀了信，曾樸憤然而起，當天夜晚即奮筆疾書，給沈北山寫了一封信：「與子別四閱月矣，南禽返巢，時懷朔風，離索之感，積於陵阜。茲從張君映南處，得見手函，並諷妙句；固已撫千里之牘，而夢入長安，讀四愁之詩，而神馳西鄂矣……」[①]曾樸在信中除了敘舊外，更多的是責以大義，勸告沈北山讀書要做大事，不能為利祿所驅使，而轉移了遠大的抱負。沈北山很快回信，申辯自己並未改變初衷，但家貧如洗，受寡母勤勞撫育之恩，不得不求一官職以報答九泉。對於曾樸的勸告，他將銘記於心。「足下以摒除夙習，一志潛修為規我，可謂進苦口之藥石，鍼害身之膏肓，自當終吾之生請事斯語。」

光緒二十五年（一八九九），沈北山受不了妻子和丈母娘的窩囊氣，憤然離家出走，再次返還京都，這段時日他混得並不怎麼樣，可以稱得上「慘澹」二字。最關鍵的一條，是朝中大老翁同龢被罷官去職，沈北山失去了政治靠山，官場升遷也就自然而然走起了霉運。

最初是在常熟同鄉、守舊派大臣楊崇伊府中擔任家庭教員。楊崇伊的名氣不小，傳說戊戌政變的起因，即是因他向慈禧太后打了個小報告而發起的。楊崇伊有個兒子，名叫楊雲史，比他老子的名氣更大。此公是「江南四大公子」之一，十七歲時娶了李鴻章的孫女李道清為妻，曾經追隨岳丈出使英國，後來擔任大清國駐新加坡的領事。辛亥革命後由海外歸國，隱居在家鄉虞山築樓而居，取名為「江山萬里樓」。晚年的楊雲史沉淪於花叢中，在武漢迷戀上了一個叫做陳美美的名妓。老牛啃嫩草，往往最容易成為輿論媒體的關注焦點，武漢的狗仔隊紛紛出動，打探楊雲史、陳美美的秘聞豔史，連他們最私密的起居細節也不放過，在報刊上競相刊登。楊雲史寫了兩首打油詩給予回應。其一：「妓女千千萬萬，嫖客萬萬千千，輪我做了嫖客，便鬧得瘴氣烏煙。我也莫名其妙，任君聽其自然。」其二：「報是他出版自由，嫖是我個人自由，要怪他家家報館，先怪我夜夜春樓。只要風流不下流，這其間何必追究？」才子畢竟是才子，當了嫖客還這麼冠冕堂皇的文雅，也不簡單。

沈北山教的學生就是這個「江南公子」。楊崇伊是曾樸的姑父，沈去楊府執家教，即出自曾樸的推薦。可惜沒教多久，因「意見齟齬」，沈被楊家委婉辭退，他很快便失業了。事後沈北山感歎道：楊雲史本是可造之才，自愧學淺，未能將其琢玉成器。在寫給曾樸的一封信中他說：「北之嗜好與其家學相左，莘兄不以為然，弟又不能自改，意見齟齬，亦無如何之事也。」②

這之後，由岳丈費念慈的同年某人薦了一個館，是在英年府中當教書先生。清史傳本傳記英年出身云：「姓何氏，隸內務，為漢軍正白旗人。」此人以貢生考取筆帖式，會看風水，因而起家，任步軍統領右翼總兵，是載漪的黨羽。英年有兩個兒子，要學做八股文、試帖詩，請沈北山去教。沈是翰林出身，英年也不敢怠慢，還算看得起他。有時到書房中和沈北山聊天，談到宮廷裏頭的生活，不免提到光緒皇帝。英年屬於「后黨」，言語間對光緒皇帝很不客氣，今天說光緒如何病重，明天說光緒是天閹，不能生育，後天又說光緒天天躲在瀛台看春宮畫冊，沈北山聽不入耳，又不好公開頂撞，畢竟拿了工錢，是人家援請的西席。但是，有時候聽英年說得太過頭了，忍不住也起爭執。久而久之，終於又鬧了個不歡而散。

接下來沈北山又在張之洞幕府中做過幕客，可是沒幹多久，又被辭退。反覆遭遇失業，工作沒有著落，沈北山回到常熟，找恩師翁同龢求助。翁師傅此時已被朝廷譴責回籍，命地方官嚴加管束，泥菩薩過河自身難保，聽了門生的艱難處境，搖頭歎氣，表示愛莫能助。不過，翁同龢畢竟當過宰相，瘦死的駱駝比馬大，他暗自摸了摸「夾袋」，竟摸出一個人來。這次翁同龢介紹的是東家叫俞鍾穎，是翁同龢的一個遠房親戚，早年是總理衙門章京，翁同龢得勢時沒少提攜。俞鍾穎曾任翁家西席，兼任接待賓客之責，當時外放到湖北荊（州）、宜（昌）、（恩）施道任地方官。對於俞鍾穎，沈北山原來也是熟悉的，他樂顛顛地前去上任，可不知什麼原因，關係也沒搞好，在俞鍾穎處幹了不久，再次辭館而歸。

沈北山四處碰壁，雖說與失去政治靠山關係極大，但靜下心來一想，與他個人性格上的缺陷也有關。據沈北山的好友曾樸、張鴻、吳大澂等人分析：沈北山鬱鬱之意，溢於言表，此君素來多愁善感，友人常勸戒他，憂能傷人，不可無事憂鬱，可是他仍然如故。想必是少時家貧的環境所導致的性格變異。更深一層的原因，則與他失敗的婚姻也有關。一個性格內向的才子，遭到新婚妻子的冷遇和嫌棄，心中的自卑和自傲交替衝突，這種衝突轉化成對外部世界的反抗，像火山爆發似的一洩無餘。因此，與人相處也難以和諧。

他像飄浮在水上的浮萍，經歷了一連串的顛簸流浪，再次回到京都時，心靈已是遍體鱗傷。他把自己關在會館裏，草成了一篇長達三千餘言的奏稿，要進行一場絕地反擊。

有一天，張鴻從戶部衙門下班，回到會館，剛到門口就被沈北山拉住了。沈北山一臉嚴肅，略微還帶有點興奮，瞪著眼道：「我的辦法決定了，我的性命也不要了，請你看看我寫的這篇文章。」說著從胸前口袋裏掏出一卷白紙來。張鴻接到手匆匆瀏覽一遍，只見洋洋三千餘言，重點是參劾當時慈禧太后手下三大紅人榮祿、剛毅、李蓮英，奏請朝廷殺三凶以謝國人。對炙手可熱的權威人物敢於虎口拔牙，張鴻不由得肅然起敬，向沈北山作了一個揖道：「佩服，佩服，我們一班朋友中，出了你這麼一個人，真是榮幸非常，榮幸至極！」

沈北山請張鴻對奏稿提點意見，張鴻也不推辭，拿回到會館裏刪繁就簡，將三千字的原稿改成了一千多字，稿成清繕，便想要請一位御史代為轉呈。首先想到的是楊崇伊。這位常熟籍御史，思想觀念雖說守舊，但畢竟是同鄉，沈北山又在楊府中任過西席，不看僧面看佛面，想必總會買賬。楊崇伊看了奏稿，口頭答應代轉。可是回到會館，沈北山將這事和幾位友人一說，朋友們大搖其頭，道：「楊崇伊是什麼人啊？他可是告發六君子的大惡人，請他代轉奏稿，豈不是自投羅網？」沈北山想了一想，憤然道：「我寫這份奏稿，就準備了拋頭顱灑熱血，追隨六君子之後，以死諫勸慈禧歸位，本是我的初衷。」

不知什麼原因，楊崇伊終究沒能代呈這份奏稿，沈北山心中悻悻。他性情憨直，心中想到的事，無論如何也要執意去辦，請楊崇伊代轉受阻，他又想到了一個人。此人姓徐名桐，是個有名的保守派大臣，反對變法，反對廢除八股文，嫉新學如仇敵，他經常搖頭晃腦地說：「時文五百年不廢，必有大道理，只是我輩參不透而已。」徐桐住在東交民巷，此地是外交使館聚集地，他對那些洋樓洋人仇恨至極，常常自稱「與鬼為鄰」，每逢出城拜客，不走正陽門的近路，而是繞道由地安門出去，寧願繞再多路，也不願見到洋人洋樓。這麼個老頑固，自然更不可能為沈北山轉呈這份激進的奏稿，不僅不願意代為轉呈，還指著沈北山一通大罵，認為沈背後有人指使，並吩咐門衛，將這個瘋子趕出去，不要讓我再見到他。

京城這邊吵鬧得沸沸揚揚，遠在常熟的翁同龢耳線靈通，早已知道了這事。他久居朝廷中樞，政治鬥爭經驗豐富，深切明白這份奏稿將意味著什麼，翁同龢不能看著這個被情感弄得有些癡呆的門生闖禍而坐視不管。此時翁家在京城諸事，由翁同龢的遠房侄孫翁炯孫照料，翁同龢託人給翁炯孫帶信，囑他制止沈北山的癡狂，不能讓奏稿轉呈上聽，並設法將他帶回老家常熟。

兩次請人轉呈奏稿均告失敗，沈北山並不罷甘休，又挾上奏稿來到翰林院，悶著頭硬往衙門裏闖，無論如何也要將奏稿呈遞上去。在張鴻的《續孽海花》中，關於當時的情景有很精彩的描述。沈北山快要走到翰林院門口時，前來阻止的翁炯孫正好趕到，見了沈北山，不由分說，一把揪住沈的衣袖，道：「我家叔祖一心栽培你，你難道要恩將仇報？要送掉他的一條老命？」沈北山道：「我做這件事，才算對得起他老人家呢！蘇東坡歷經幾次危機，才不愧為歐陽文忠的門生，你懂得什麼？」就這樣一個拉，一個扯，地下一滑，兩人便滾到了泥土中，沈北山情急之下，用嘴咬住翁炯孫的手指頭，竟咬出了滿口鮮血來。

接下來《續孽海花》中寫道：張鴻正好打此經過，看到這一幕，趕緊上前勸架。沈北山和翁炯孫嘴上還在喋喋不休，張鴻看見翁炯孫衣服上血跡斑斑，又看見他右手小指頭似斷非斷的懸在那兒，急忙就近找了戶人家，取水洗淨，又擦了些藥油，用白紗布包紮起來。翁炯孫差點被咬斷了手指，怒氣仍然未消，憤然說道：「你的奏摺有什麼用？現在老夫子正在危險的時候，你是想斷送他麼？」沈北山道：「我這個老夫子決不像你們這樣貪生怕死。如果都像你，歷史上還有什麼可傳的人物？」翁炯孫道：「你要做不怕死的忠臣，儘管去做，只要不連累我們翁家便是了。」沈北山道：「你是管不了我的。只有老夫子來阻止我，我才會答應。匹夫不可奪志，你要奪我的志，你配麼！」你來我往一句頂一句爭執，終究也不會有結果，最後由張鴻提議，給老夫子翁同龢發個電報，徵詢他的意見再作決定。沈北山這才不再吵鬧，小聲嘀咕道：「等老夫子回電了，他說讓我怎麼樣，我就怎麼樣。」

過了不幾天，翁同龢那邊很快回了電報：「北山事已稟明，諭令墊資，派人婉勸回常，並諭達北山速回為盼。」沈北山看了這封電報，再沒有話說，只好認了，答應跟翁家人離京南歸。

①孫希孟著、司馬丁標點：《沈北山冤案》〈附錄五・先父與沈北山的一段情〉，第二一六頁。張映南即張鴻。

②同上，第二一九頁。信中的「弟」是沈北山的自謙，「莘兄」指楊崇伊（楊崇伊字莘伯）。

③同上，第二一九～二二〇頁。

官場遍地布陷阱

然而誰也沒有想到，就在沈北山同意跟隨翁家人南下還鄉，途經天津，等候搭乘海輪之前，卻又忽遭意外。

負責陪送沈北山回常熟的，是翁炯孫的姨父葉茂如。他們從天津車站下來，住進附近的紫竹林鴻升旅館。葉茂如出去找了幾個朋友，回到旅館對沈北山說：「旅途寂寞，今天晚上有人請我們吃花酒，到時候一起去散散心。」沈北山點頭道：「很好。」到了傍晚，朋友果然如約而來。經葉茂如介紹，那人名叫王修植，是直隸候補知府的身份。

見了沈北山，王修植顯得格外親熱，熱情中透著恭敬，對沈北山作了一個長揖，道：「兄弟最近聽說老兄奏摺參劾三凶，真是朝陽鳴鳳，欽佩得很！」

沈北山道：「書生愚見，算不了什麼，況且也沒有上達，承閣下提及，慚愧得很。」

王修植道：「這篇文章，也不在乎上達不上達，只要天地間留得正氣和公論，就足夠了。老實說，這事決不能實行的，何妨在報上發表一下，叫世上有心人都來拜讀才痛快的。」

坐在旁邊一直沒吭聲的葉茂如，趕緊制止：「那可是萬萬使不得的，我這次伴送他回鄉，就是怕他再闖禍。」

王修植聽了，向著沈北山一笑：「這事不提……」

當天晚上，王修植在天津侯家巷名妓賽金花處宴客。酒過三巡，王修植舊話重提，又說起了參劾三凶的奏稿一事：「北山先生的稿子，能讓我們拜讀一下嗎？」

沈北山道：「兄弟出京時，修改好了的那份奏稿，被他們幾個怕事的拿去燒了。」

王修植皺了皺眉頭，連聲歎息：「可惜，可惜。」

沈北山隨手向身上一摸，道：「不過，我這裏還有個底稿，有點冗長臃腫，太不成文字了。」說著將幾張揉得皺巴巴的紙遞過去。王修植接到手裏，眉宇間舒展一笑，道：「酒後不能細讀，讓我帶回去，同仁中要先睹為快的不少，我們看過了就送還。」說著就要往口袋裏放。沈北山道：「不祥之物，也無留存的必要，儘管拿去好了。」

葉茂如想要阻攔，可已經來不及，只好半笑著叮囑道：「你們《國聞報》上千萬不要登出來，我要負責的呢。」王修植也笑著應道：「作者不著急，怎麼你反而著急了？」葉茂如道：「他是預備做忠臣的，我是預備做飯桶的，不要把我的飯碗打破了，叫我怎麼不著急呢？」眾人哈哈一笑。酒闌客散，各人分別回去。①

喝花酒時說的話許的諾，並不能太當真。第二天，沈北山的奏稿便在天津《國聞報》上全文刊登，一時間朝野譁然。其造成的嚴重後果是：沈北山厄運臨頭，翁同龢險遭毒手。當然這些都是後話。

如果弄清楚了王修植的政治背景，一切都會迎刃而解。那麼先來看看王修植其人。

王修植（一八五九～一九〇三），字菀生，號儼庵，浙江定海人。光緒十六年（一九九〇）的翰林，榮祿統領北洋時，王是他手下辦洋務的文案要員。眾所周知，榮祿與翁同龢是晚清政壇上的一對冤家，王修植在榮祿手下做事，對翁同龢的態度可想而知。

《國聞報》是嚴復在天津創辦的，但王修植是其中的一個關鍵人物。王一直暗中支持維新黨，卻能保持低調，辦報宣傳維新變法，自己並不出面，請人當老闆。然而實際上的幕後操縱者則是王修植，報紙的許多重大編務事宜，都是在王家商定的。將沈北山的奏稿在《國聞報》上發表，明顯隱含有禍心。文章在報紙上一曝光，有可能置沈北山以及他的恩師翁同龢於死地。往深處再追究，這恐怕也並非是王修植的本意。那麼王修植的本意何為？一來沈北山參劾三凶，如果在影響頗大的《國聞報》上發表了，可以壯維新黨的聲威；二來也是向翁同龢射出了一支暗箭，能贏得榮祿的歡心。政海複雜險惡，官場遍佈陷阱，其暗處隱藏的重重殺機，讓人不寒而慄。

順便再說幾件王修植的軼聞趣事。

頭一件值得說說的事，是王修植與袁世凱的關係。袁世凱從朝鮮回國後，被朝廷任命為溫州道台，但一直未上任。袁積極謀劃的事，是組建一支新式陸軍，聽說王修植是個人物，便多次登門拜訪。當時天津侯家巷的名妓有賽金花、沈四寶、林枝笙等，袁世凱早年泡過妓館，對這套行規熟悉精通，遂與王修植、孫寶琦、張錫鑾等結拜成兄弟，終日泡在侯家巷，既是生活上的嫖友，也是政海中的密友。據說，袁世凱的練兵條陳，就是王修植幫他擬定的，並且通過王修植認識了榮祿，袁世凱打通關節，命運中出現轉折性的好運。袁世凱得道後，也沒忘這位小兄弟，提攜王修植為北洋大學堂的總辦。

第二件事，據說與王修植後來的死因有關。戊戌變法失敗，康、梁從京城逃脫，經天津乘船去上海，慈禧太后吩咐榮祿派人捉拿。榮祿所派之人，即為時任直隸知府的王修植。

據說，王修植追捕康有為的情景是這樣的：王帶著役使登上一條正要起航的外輪，迎面碰上裝扮成伙夫模樣的康有為，役使要檢查伙夫的身份，王修植上前將康往邊上一推，大聲吆喝道：「滾開，不要在這裏擋路！」兩人原本認識，目光對視一下，康有為立即閃身躲開，彼此心照不宣。事後，王修植向朝廷復命：捉拿無果。

梁啟超能夠死裏逃生，傳說也與王修植有關。政變發生後，梁啟超逃往日本駐華使館，當天深夜，由日本領事護送上了小火輪。次日凌晨，追隨而至的王修植發現了這艘小火輪，曾經上船檢查，當時梁啟超已剪去髮辮，改穿日本和服，王修植雖然看出來了，仍不說破，敷衍一番後即離去。梁啟超得以逃脫，遠走日本。

王修植放走維新黨首領康、梁，是一樁歷史疑案，至今仍真偽難辨。後來王修植的死，又給疑案蒙上了一層神秘的帷幔。

傳說中的故事結局頗有傳奇色彩：放走康有為、梁啟超之後，王修植很是害怕，從此一病不起。家人請來了著名的老中醫，老中醫連連搖頭，說王被嚇破了苦膽，無法醫治。再去請外國洋醫，來的是個日本醫生，給王打了一針便匆匆離去。過了兩三天時間，王修植就莫名其妙地死了。有人分析說，日醫是有人派來的殺手，此說沒有任何證據。與王修植關係密切的嚴復，在此後幾年與朋友的書信中多次提到過王修植的情況。據浙江定海的地方史料記載，王的繼母病死後棺梓還鄉，王修植曾經回過定海。照這麼說來，王修植的死應與追捕康、梁毫無關係，那只是一段饒有風趣的野狐禪而已。

話題有點扯遠了，回來繼續說沈北山奏稿的事。

奏稿在《國聞報》上全文發表，像是捅了個馬蜂窩，朝野為之震動，朝廷的當紅大臣榮祿、剛毅等，下令嚴厲追查。言路上的事，與翰林院脫不了干係，何況沈北山原本也是個翰林，掌管翰林院的大軍機徐桐，心裏早已慌了神，尤其擔心事情牽連到自己，趕緊具折奏參，請將沈北山革職監禁，並飭地方官嚴密查訪是否有同黨。

消息傳到常熟，沈北山倒也並不慌亂。此時他也沒有找到什麼好工作，臨時在好友曾樸家擔任家庭教師，有一天，常熟知縣派人來到曾府，說要請沈北山去衙門裏「喝茶」，想詢問某些事情。曾樸一聽，感到情勢嚴重，忙問沈北山，是否在北邊有什麼事瞞著他？沈北山這才吞吞吐吐，將他在天津放的那一聲轟天雷合盤托出。見好友已經站到了懸崖峭壁上，曾樸也無可奈何，無從援助，只能聽任衙門役使將他帶走。

沈北山被帶走後，曾樸一直如坐針氈，好友生死不明，也不知後頭還有什麼災禍。過了十來天，沈北山從獄中託人帶來一張便條，上面寫道：「鵬已有密查訊辦之說。為皇上死分也。不能復歸，已一力擔承，並不牽連一人。乞告鵬家知之，囑勿哀痛（或目前不告亦可）。非鵬之不幸，先人清白所留貽也。白刃臨頭，一笑而已。否則隱默偷生，轉學難安方寸。」[②]禍到臨頭了，仍然豪氣干雲，也是可敬可愛。

這件事情必然要牽連到他的恩師翁同龢。沈北山入獄不幾天，常熟知縣遵奉上司指令，親自出馬，來到翁家彩衣堂詢問。翁家將他們在京城阻撓沈北山遞奏稿，翁炯孫差點被沈咬斷了手指頭等情況，遂一稟明，並叫來了翁炯孫，讓他將受傷的手指亮給縣官看。知縣本來是照章辦事，再說小小地方官也沒有得罪前朝中大老的理由，也就順水推舟，連聲打哈哈，頗有禮貌地告辭退出。事後，知縣將他偵知的情況添枝加葉，逐級向上報告，失意的政壇大腕翁同龢，這才得以倖免一場更大的災禍。

再說沈北山入獄之後，畢竟是個當地翰林，縣衙門也沒有太難為他，好飯好菜伺候，生活有幾分優裕，與他入獄前的流浪境況相比，甚至可以說更安穩。知縣也是書生出身，無事喜歡舞文弄墨，常與沈北山討論書籍碑帖，也是一樂。就這麼在監獄裏蹲了一個多月，省府又來密件，要將沈押到省城監禁。在省城監獄中，得知了義和團亂起，八國聯軍攻入京都，兩宮西狩的消息，這名政治犯的激情又上來了，在獄中詩興大發，題寫了一首〈聞西狩有感〉的七律：「回首長安感慨多，宸躬消息更如何？半年縲絏思金闕，一夕煙塵渡玉河。算我無能空歎息，逢人多淚自滂沱。聖朝恩澤知無限，應有遺臣夜枕戈。」

沈北山坐牢期間，其岳家為避禍，對這名想做忠臣的女婿，視同陌路。話說回來，即使他們有心想搭救，恐怕也無從著力。

在監獄中蹲了幾年，直到辛丑和議，清廷大赦，沈北山才得以出獄。遺憾的是，此時他的神經深受刺激，出獄時已經瘋了，歸居在城北家祠裏，整天沉默不語，見到有人來，便露出滿臉傻笑，有時候在街上遇見穿花衣裳的女子，便揮拳作咆哮狀，攆得人滿街亂跑。

岳家對這樣的瘋女婿，自然是再也不會搭理了，費念慈倒還能放得開，但是費家的兩位女子——費太太和費小姐，每當一提到這段傷心事，便忍不住淚流滿面。回憶先前的愛情故事，彷彿是隔著無數個朝代的陳年往事，似乎與自己毫無關係，但是靜下來一想，心又好似針扎般的痛。「官場與情場，說穿了都像是張愛玲筆下的西湖，月色越好越照出齟齬。」（董橋語）需要用心去分辨，才能體會出其中的別樣滋味。

①參見張鴻：《續孽海花》，第四〇一～四〇二頁。

②孫希孟著、司馬丁標點：《沈北山冤案》【附錄五】〈先父與沈北山的一段情〉，第二二二頁。

本章主要人物：端方／孫毓筠／楊崇伊／李經方

第五章

桃花運、官運與命運

隨著咱老百姓生活質量的提高，國內旅遊業方興未艾，自助遊自駕遊徒步遊古鎮遊美食遊等等，眼花繚亂，目不暇接。筆者去年到黃山旅遊，走過老鷹石不多遠有個岔路口，同伴告訴說，左邊是代表走桃花運的一線天，右邊是代表走官運的鼇魚洞。站在岔路口略作沉吟，官運向來與本人無緣，不如去走一遭桃花運，結果朝左邊去了一線天。事後證明這純粹是一個「忽悠」，旅遊結束至今快一年了，不僅桃花運沒撞大門，反倒是在「桃花」問題上觸了不少霉頭。

還有更加神奇的，據說西安某旅遊景點，有尊石獅子特有靈性，想當官摸它的頭，想發財摸它屁股，想走桃花運摸它肚子，旅遊景點生意特別好，商家也猛發了一筆，遊客們一下車呼呼啦啦直往那兒奔，滿臉虔誠圍著那隻光禿禿的石獅子摸來摸去，石獅子的頭、肚子和屁股已被摸得賊亮，尤其獅子頭更是被摸得光可照人，誰都知道，只要走了官運，其他一切都會隨之而來。

不知道那些摸了石獅子的人運道究竟如何，但有句充滿哲學意味的話可供參考：「情場得意賭場失意」，另一個說法叫做「熊掌和魚不可兼得」。既要走官運，又要走財運，還想走桃花運，天下好事讓一個人占全了，哪有這等便宜可占？

凡事皆有例外，比如晚清政壇八面威風的袁世凱，赴朝鮮任「小欽差」，辦理朝鮮交涉通商事務，既升官又發財，還走了桃花運，朝鮮國王李熙為了巴結這位清朝「小欽差」，一連給他送去三個美女，全部被袁世凱照單沒收，納為小妾。

這個事實只能說明一個古老的道理：人的運氣來了，門板也攔不住。

不過袁世凱的故事純屬例外。人在官場混，處處是陷阱，江湖險惡，如果整天老去想什麼桃花運，官帽子掉了也不知道怎麼回事。前些年，湖北出了個「五毒書記」張二江，論文憑是研究生，不可謂不高；論能力他精通關係學，對搞活地方經濟深有心得，即使到了法庭上仍然咆哮公堂，振振有詞地說：「我認為在中國進入共產主義之前，如果沒有老領導、老朋友、老同學、老同事這些關係，很難搞活一個地方的經濟。」仔細品味，張二江確實諳熟中國國情的潛規則。官運亨通，張二江並不滿足，他還想走桃花運，玩情人一連玩了一百零七個，真可謂貪得無厭，窮兇極惡。這樣的人玩掉官帽子實屬正常，弄得不好還會玩丟腦袋呢。

張二江是罪有應得，官場上有些人因走桃花運而成為倒楣蛋，卻是運氣不佳。比如在本章中出現的主角端方，即為典型一例。

滬上一場綺麗春夢

「北京旗下三才子，大榮小那端老四。」這是晚清官場流行的一句民謠，三才子指的是滿清權貴的三顆政治新星，分別是榮慶、那桐和端方。

榮慶（一八五九～一九一七），字華卿，蒙古正黃旗人，十八歲入京中進士，從此步入官場。起初仕途艱澀，一八九九年任山東學政，結識了山東巡撫袁世凱後才出現轉機，擔任過刑部尚書、管學大臣等職，是晚清主持教育改革的一把好手。那桐（一八五六～一九二五），字琴軒，內務府鑲黃旗人，授軍機大臣，奕劻成立皇族內閣，任內閣協理大臣，是晚清時中央核心機構成員。

以上二位，當官大小倒在其次，關鍵是思想新觀念新，和那些死抱「祖宗之法不可變」的滿清大臣相比，大大進了一步。

不過在端老四面前，大榮小那都只是小菜一碟。

端方（一八六一～一九一一），字午橋，滿洲正白旗人，戊戌變法時期，此人積極參加維新黨，支持光緒皇帝變革，變法失敗後，幸得榮祿保護，才免去一場牢獄之災。端老四滿腦子的新思想，由此可見一斑。不僅思想新，言行舉止也愛標新立異，追新潮，趕時髦，哪裡有熱鬧，哪裡就有端老四的身影，既是京劇票友，又是舞林新秀，還是嫖壇老手，拿端方的收藏來說，他的收藏品中既有中國古玩字畫，也有西洋舶來品手錶、座鐘、音樂盒等，和那些只知道收藏國粹的土老鱉相比，仍是大為不同。

說到收藏，有件趣聞值得一提，早先端老四對收藏並無興趣，一次官場聚會，眾官僚搖頭晃腦品評古董，他插了幾句話，被人搶白「你懂什麼？」那人說著還朝他翻白眼。端老四認為此乃奇恥大辱，從此發憤收藏，尤其是後來在陝西布政使任上，搜集到大批珍稀古董，終於嗜古成癖，一發而不可收，成為海內外著名的大收藏家。他的收藏面很廣，中國士大夫收藏的各種門類，如青銅器、碑刻、古印、古磚、泉範、書籍，甚至井欄、田券、木雕等，只要有文字飾紋或考訂價值者，皆兼收並蓄。

這樣的新潮人物，在晚清官場上並不多見，尤其是在滿清權貴中，更是鳳毛麟角。光緒三十一年（一九〇五），清政府受立憲運動影響，決定派五大臣出洋考察憲政，人員名單為載澤、戴鴻慈、端方、徐世昌、紹英。五大臣登上火車尚未出發，革命黨人吳樾在車廂裏丟了一顆炸彈，吳樾當場斃命，五大臣中雖說只有一人受了點輕傷，但是看到遍地血跡斑斑，還是免不了心有餘悸。

按照清廷計畫，出洋考察仍然進行，不過將徐世昌、紹英換成了李盛鐸、尚其亨，出訪方式也由大張旗鼓變作秘密啟程。十二月七日，端方和戴鴻慈率領代表團三十三人，從秦皇島乘「海圻號」軍艦出發，途經上海中轉，赴日、美、英、法等十國考察憲政。沒有料到的是，在滬上逗留十二天，端老四掉入情場漩渦，做了一場綺麗春夢。

被端老四看中的那個女子原名叫陸金寶，江南松江人，父親是個泥瓦匠，家境十分貧寒，八歲時到李皮匠家做童養媳，李皮匠的生意也不好，遂到上海支起一間皮匠店鋪謀生。此時陸金寶已有十一、二歲，一枝梨花帶露開，姣好的姿色引人注目。有個人販子叫朱僕，設了個圈套，勾引陸金寶脫離李皮匠家，送到揚州進行妓女知識專業培訓，陸金寶結業時，對妓女業務比較精通了。十三歲那年，她被富紳張嶺梅「破瓜」，正式進入了妓女隊伍，取了個藝名叫林黛玉。

這個林黛玉，雖說比紅樓夢中的林妹妹身體素質好，命運卻也是淒婉動人。在妓館幹了沒多久，便得了性病，那時候醫療措施不發達，醫治性病的廣告不像如今這樣遍地皆是，林黛玉不敢聲張，悄悄找了個江湖遊醫治療，性病是治好了，然而不幸得很，面頰上留下了疤痕，眉毛也幾乎掉光了，即使濃妝豔抹，也沒有幾個嫖客願意入港。皮肉生意前景暗淡，眼看著面前大把鈔票撈不到手，林黛玉黯然神傷，她是個聰明人，不得不另闢蹊徑。

林黛玉在揚州住過妓女班，經歷過嚴格的訓練，一本嫖經背得滾瓜爛熟，深諳嫖客心理，用今天的話說叫做「基本功扎實」。她聽從某個嫖客的建議，順應上海繁華奢侈之風氣，首先從改革服裝入手，不再拘泥於蘇杭女子素雅的古典美，而是大膽標新立異，身著男子西服，頭戴禮帽，且出手豪爽大方。這樣另闢蹊徑，林黛玉的芳名不脛而走，成為上海灘妓女界的新潮領袖，登門造訪者絡繹不絕。

除此之外，林黛玉還有另一個殺手鐧，一張嘴巴特別能說。據史料記載，此妓「善談論，妙語詼諧，舉應為神怡」，「風流放誕，雄才大略，頗有歷史上名妓風韻」。[①]靠了這張巧嘴，清末名流易實甫、沈硯傳、鄭叔問、張子芯等聚集在她周圍，大有眾星捧月之勢。

其時，維新黨領袖梁啟超在上海辦《時務報》，帶動滬上辦報熱潮，形成一股旋風，一大批消遣性報紙應運而生，寫《官場現形記》的作者李伯元，也創辦了《遊戲報》，躋身於熱鬧的報業界。為了追求發行量，李伯元常常在報紙上搞點花邊風月，開花榜捧妓女，即為炒作手段之一。

李伯元的報館裏有個人叫袁祖志，是清代著名文學家袁枚的孫子，研究女人也算有家學淵源，這個風流才子起草了一份選秀方案，名為〈遊戲報花榜凡例六條〉，大致內容如下：

一、滬上登記註冊的妓女三千多人，萬紫千紅，誰能閱遍？此次開花榜，採取公平原則，憑選票定勝負；

二、特設一等獎三名，二等獎三十名。滄海遺珠，知不能免，掛一漏萬，閱者諒焉；

三、已出名的妓界明星如賽金花、謝湘娥、花玉田等，不在推薦入選之列；

四、嗓子好的歌星，不在評選之列，擬另開武榜選拔歌壇明星；

五、嫖客推薦的花榜名單及評語，悉數擇要照登，報館不發表觀點，以免影響評委；

六、四方嫖客同志寄來的詩詞、聯語、序跋等文字，因限於篇幅，容日後安排刊登。

「凡例六條」在《遊戲報》上刊登之後，引起了讀者的濃厚興趣，平時涉足妓館嫖客們，更是開始了拋擲金錢的大比拼，紛紛寄上「推薦表」，將心中的當紅妓女分為清品、奇品、麗品、雅品等三六九品，背後自然少不了行賄塞銀兩，選秀黑幕歷來都有，不算稀奇。

《遊戲報》花榜開榜之時，評選出了滬上花界「四大金剛」，林黛玉榮登榜首，也不知道她背後有哪位大款在撐腰，其餘三位分別是陸蘭芬、金小寶、張玉書。「四大金剛」評選出來後，李伯元的炒作並沒有結束，又組織她們到張園、愚園等地四處遊玩，類似於今天的超女巡迴演出。這樣一來，林黛玉想不紅都不可能了。

經過一番炒作和包裝，林黛玉迅速紅得發紫，可是這個當紅妓女有個毛病：喜歡養小白臉，而且在小白臉面前異常慷慨，花錢如流水。每當她行囊空空時，就找個大款去嫁掉自己，換回一些銀兩，維持她與小白臉的日常開支，等到錢用光了，又去物色待嫁的大款。如此周而復始，嫁人竟達十七次之多。

試舉一例。

有個南匯縣官叫汪蘅舫，除了做官外，也經常愛到妓館風流。有一天，他在林黛玉的房間裏喝得酩酊大醉，醉臥花叢，一夜定情，不由得癡性大發，非要納林為妾不可，不僅幫林黛玉還清了債務，還斥鉅資專門為她建造了一幢漂亮的房子。汪縣官公務在身，不常住在上海，林黛玉耐不住寂寞，就邀丹桂戲園的著名演員李春來一起姘居，李春來如同主人，林黛玉如同主婦，小倆口出雙入對，拿汪縣官的銀子，胡天胡地亂花一氣。

等到汪縣官回到滬上，發現李春來鳩占鵲巢，盛怒之下拍案大罵：「今日不治伶人，誓不為人！」小白臉李春來臉色發青，不知道該往何處躲身，卻見林黛玉一聲冷笑，對李春來說：「你不用怕他，讓他叫官來，要治罪一起治罪，老娘我倒想看看，他身為在職官員，挾妓酗酒，風化自敗，又該治什麼罪？」李春來聽情人林黛玉這麼一說，膽子忽然間變大了，跑到廚房裏去抓起一把菜刀，就要來砍汪蘅舫，口裏嚷道：「你是什麼東西？竟然跑到我的寓所來撒野，還敢拍我家的桌子，今天非要讓你認得爺爺！」君子鬥不過小人，汪縣官雖說不是君子，在撕破了臉面的潑皮癟三面前，也是莫可奈何，再說礙於自己縣官的身份，也不便公開張揚，只得乖乖敗下陣來，吃個啞巴虧了事。

可是汪縣官想就此了事，林美女卻不答應，她對養小白臉的工作樂此不疲，厭倦了李春來後，又戀上新玩伴路三寶，此人也是丹桂戲園著名旦角。等到銀子花光了，林黛玉來到汪蘅舫所在的南匯縣，租下一幢房子，門上掛個招牌：「南匯縣正堂汪公館」，平時乘轎出門，僕人提的燈籠上寫著個大大的「汪」字，招搖過市，鬧得汪縣官難堪至極，很沒面子。最後只好託人求和，答應付給一筆重金，林美女這才同意脫離關係。事後有人問林黛玉為何這樣做？林黛玉嘛著嘴唇，回答得振振有詞：「千金難買我願意。」

端方出洋考察，途經上海，聽說有這麼一位花界領袖，很想見識一下。有個道台名叫蔡乃煌，自告奮勇穿針引線，將林黛玉帶到端老四的行轅。未等端方開口，林黛玉搶先說道：「大人是御命之人，也敢挾妓？」蔡乃煌在一旁直皺眉頭，連忙斥責道：「這是京城來的大人，小女子休得放肆……」蔡乃煌還要繼續說，卻被端方攔住了話頭：「咦，你讓她說就是了——」原來，端方身居高位，身邊的女子一個個服服貼貼，像籠子裏的金絲鳥兒，哪裡見過如此野性的女子？何況此人還是「四大金剛」之榜首呢！

連續三天，端老四每天都將林黛玉接入行轅，除了飲酒聽歌之外，便是拈弄詞章，旦夕吟哦。林黛玉真不愧為花壇妙手，時而西服高領、新潮時尚；時而雲鬢蓬鬆、淡然典雅。尤其是從她口中流出的連珠妙語，既詼諧生動，又十分得體，天生一個妙人兒，讓端方大動凡心，何不將林黛玉納為如夫人，幫自己去交際場上周旋應酬呢！

端方有個心腹幕僚叫夏壽田，清末榜眼出身，是國學大儒王闓運的門生，聽端方說了要納林黛玉為妾的想法，極力反對，書生脾氣大發，當面說了句不中聽的話：「只怕那個林黛玉口袋裏又沒錢了，要找冤大頭墊背吧。」端方心裏頗為不悅，此事又不好多作解釋，只好打官腔說：「女人嘛，都是水做的，也不能把她們想得那麼壞。」

第二天，夏壽田搜集了一大摞材料來找端方，將林黛玉十七次嫁人的經歷逐一抖出，端方邊聽邊搖頭，兩道眉毛緊鎖，故事講得差不多了，夏壽田憤憤說道：「最可恨的是，這個壞女人竟不知羞恥，把每次嫁人都稱作『出浴』，戲稱那些冤大頭的大款是她的浴缸。」聽到這裏，端方忽然拍手哈哈大笑：「這個女子，還真有一套，幸虧你調查摸底，我可不願意當她的浴缸噢。」從此以後，端方再也不提納林黛玉為妾的事。

①陳無我：《老上海三十年見聞錄》，第一四九頁。

三角戀愛與暗通款曲

妓女是塊臭豆腐，聞起來臭，吃起來香。這塊臭豆腐，不僅舊官僚喜歡，革命黨也喜歡。

有個同盟會員叫孫毓筠（一八七二～一九二四），字少侯，安徽壽縣人，叔祖父孫家鼐是清末大學士，曾當過光緒皇帝的老師。孫毓筠家境富裕，早年考中秀才，又加碼捐了個三品道台，清末時興留學熱，儘管此時孫毓筠已經成婚，妻子汪玨是知書識禮的宦官小姐，並為他生了一子，但家裏仍然湊足一筆銀子，送他去日本讀書。誰知他一到日本，讀書之事便拋到腦後，報名參加了同盟會，聽說桐城人吳樾刺殺出洋考察五大臣的消息，不禁又熱血沸騰，搭乘海輪回到國內，將妻兒送去日本，決定也要去搞政治暗殺，一舉成名天下知。在京城逗留良久，並沒有找到下手的機會，相反革命意志逐日消退，沉溺青樓，竟迷戀上了八大胡同。

孫毓筠看中的妓女名叫江錦雲，小名喚作錦兒，此女原為江南秦淮河上的大紅人，她的舊相好中，有個姓金的老嫖客被打破了醋缸，糾結一幫混混兒大鬧妓館，搞得江錦雲很沒面子，又聽說賽金花在北方花界暴得大名，遂轉戰京城，到遍地豔幟的八大胡同來尋碗飯吃。聽說孫毓筠是南方富家子弟，巴結之外又多了一份鄉情，一來二去，兩人迅速打得火熱，孫毓筠忽然覺得，以前要為革命拋頭顱灑熱血的想法是多麼幼稚，腦袋如果真的掉了，哪裡還能享受得到愛情的綺麗風光呢？

八大胡同是北京城著名的紅燈區，成天人來人往，車水馬龍。江錦雲所在的妓館位於胭脂胡同，取名「江南好」，老鴇是天津人，滿肚子生意經，打出「江南好」的招牌，意在借重南方粉脂的名氣淘金，其實妓館裏並沒有幾個南方妹，因此對貨真價實從江南來的江錦雲，自然格外逢迎，專門讓她獨佔一個小院，房屋裏擺設一律按江南風格，除了雕花的紅木傢具外，還在牆壁上掛了幾張江南名士的字畫。孫毓筠在這麼一個優雅的環境裏，春宵一刻值千金，常歎良辰美景夢短。

日子愈長，孫毓筠與江錦雲的感情愈深，終於到了談婚論嫁的地步。聽說孫毓筠要納自己為妾，江錦雲滿心歡喜，卻又佯裝不高興當小老婆，臉上掛起一團烏雲，噘著嘴唇不吭聲。天下的男人全都一個樣，為了把心儀的美女弄上手，什麼樣的保證也敢誇海口。孫毓筠答應這事以後慢慢解決，一定要讓江錦雲轉正，但得有個過程，需要給他時間，江美女這才破涕為笑，撲到孫毓筠懷裏撒嬌，發誓要將愛情進行到底。

但是沒過多久，孫毓筠發現事情有點蹊蹺，每當二人在房間裏飲酒聊天興致正濃時，都有個小丫頭鬼鬼祟祟溜進來，然後錦兒就玩失蹤，讓孫毓筠一個人在房間裏坐冷板凳。萬般冷清寂寞中，孫毓筠的腦細胞變得活躍起來，聯想到錦兒的神秘行蹤，不覺驚出了一身冷汗。看來，妓館裏頭有陷阱，自己所鍾愛的錦兒，另外還有追求她的嫖客躲在暗處！

瞅住一個空子，孫毓筠說出了自己的疑惑，錦兒笑著說：「看你想到哪裡去了，怎麼會呢。」孫毓筠堅持他的看法，口氣硬得像石頭，錦兒見再也瞞不下去，愣在那裏，欲言又止的模樣，眼看著一顆眼淚就要滾落下來。孫毓筠又心疼了，上前撫著她的肩頭，要表現一下俠骨柔腸。誰知道他這一碰，卻把江錦雲噙在眼窩的淚水碰落下來，她把頭扭向一邊，抽出繡花荷包裏的那塊綠手絹，邊擦眼淚邊說：「做人咋個就這麼難呢？」孫毓筠在一旁嗔怪道：「我也沒說你，你哭個什麼勁？」這一來錦兒哭得更凶了：「不干你的事，我自己覺得委屈，心裏難受，我是哭我自己命不好。」

幾經周折，江錦雲這才吞吞吐吐說了個名字，躲在暗處的嫖客終於浮出水面，孫毓筠一聽大驚失色，三角戀愛的另一方，原來是京城三才子之一的端方。

當愛情遭遇到權勢和金錢，竟然如此不堪一擊，孫毓筠黯然神傷。其實他的無盡煩惱這才開了個頭，發現江錦雲背後有個第三者後，孫毓筠鬱悶至極，有幾天沒去「江南好」妓館，一星期後，再去「江南好」時卻吃了個閉門羹，推門一看，屋子裏已另換了一個主角，此妓名字叫作「小桃紅」。孫毓筠木然地問：「她呢？」小桃紅嫣然一笑：「哪個她？」孫毓筠正要再問，老鴇扭著水蛇腰過來了：「還說呢，錦兒回江南老家也不打個招呼，我正要到派人去蘇州，尋著她了要好好理論理論。」

這顯然是個現編的謊話，孫毓筠悻悻退出，在京城裏託人一打聽，江錦雲果然是被端方一乘轎子接入督署後花園了。論權勢，孫毓筠這個名臣之後雖說捐了三品官，但是拿銀子捐來的官明顯含金量不足；論財產，孫毓筠的家庭在江南也是富甲一方，但是同京官新秀端老四相比，立馬相形遜色；論才幹，端老四在官場周旋的功夫堪稱一流，孫毓筠卻只是晚清官場上跑龍套的配角。比來比去，孫毓筠自覺慚愧，寫了首〈無題〉詩，嗟歎執著為情情何堪，藉以聊寄悵惘。

經過這一次打擊，孫毓筠的精神面貌又為之一變，轉而研究佛學，整天閉門讀《楞嚴》、《圓覺》諸經入迷，一心要出家去當和尚。孫家得知了此一消息，趕緊給在京城做大官的孫家鼐捎信，讓他好生勸勸孫毓筠。孫家鼐歷來以家庭管教嚴厲著稱，派人把侄孫孫毓筠叫來狠狠訓斥，大講了一通佛經大解脫的道理，然後正色說道：「男子漢要軒昂奮發，出世一場當以了事大英雄相砥，升沉顯晦，安意聽之，鉛槧文字，竹帛勳名，只是浮雲飛霧而已。」孫毓筠似有所悟，不再執意要去出家當和尚，而是去了日本，繼續留學深造。

光緒三十二年（一九〇六），孫中山擬在國內策動起義，消息傳到東京，孫毓筠又為之心動。柏文蔚是他加入同盟會的介紹人，又是安徽壽縣老鄉，關係一直極好，兩人相約，去南京刺殺新任的兩江總督端方，舉行武裝起義。孫毓筠為之擊掌，國仇家恨，新賬老賬一起算。

攜帶一筆活動費，從東京轉到南京，又回了一趟老家，買掉故居的兩間房子，籌集了一些銀兩，孫毓筠以前捐過三品官，這會兒擺起闊道台的排場，與晚清官場酬酢往來，同時掩護革命黨積極準備起事。誰知炸彈還沒丟成，就有人告密了，起義計畫暴露，柏文蔚事敗急走東北，到吉林屯田營擔任起管帶。孫毓筠沒有逃跑，他一心想當殉國的烈士，坐在大堂上等著清兵來抓捕，就這樣被帶到了總督衙門的巡捕廳。

抓捕了孫毓筠，等於是拿到了一個燙手的山芋頭，吃也不是，扔也不是。

端方顧忌的是孫毓筠的叔祖父、大學士孫家鼐，此人是朝廷重臣，在皇帝面前可以直接說話，可謂一言九鼎的人物。於是，第二天便有一封加急電報進京，詢問孫家鼐，孫毓筠是他什麼人？孫家鼐接到電報，感覺像是一個笑話，孫毓筠同他什麼關係兩江總督難道不知道？明知故問，分明是想賣個人情。做官多年，孫家鼐也成了官場上的老狐狸，偏偏不領他這個情，回了封電報：「此子生性頑劣，忝列麾下，務請嚴加管束。」

拿到這封電報，端方知道該怎麼辦了。

第二天晚上，有個滿臉紅光的中年人悄然來訪，一進巡捕廳就對孫毓筠說：「好生生的，造個什麼反？幸虧遇到了愛惜人才的端午帥，不然後果不堪設想。」孫毓筠抱定了當烈士殉國的打算，依然端坐在那兒像尊木雕，懶得起身搭理，來人有點尷尬，自我介紹說他姓何，叫何平齋，是江寧城的道員，此番探監是受兩江總督端方的委託，端午帥有意為之開脫，口供時千萬不可提「種族革命」四個字，不然那可是不好玩的，真有掉腦袋的危險。孫毓筠不置一辭，「哼」地一聲冷笑。何平齋看看再說下去也沒有什麼意義，遂起身告辭，臨走時丟了一句話：「端午帥純粹出於憐才考慮，不可誤會成他同情革命。」

派何道員當說客只是一個試探，端方真正的殺手鐧還在後頭。

第三天何平齋又來了。第二次相見，已是熟人，何平齋眯縫眼睛一笑，頗有點意味深長，見孫毓筠仍然端坐不動，點頭笑道：「倒是沉得住氣，可是有人快要為你急死了。」孫毓筠回過頭來，眼神中充滿疑惑不解。何平齋不慌不忙，從袖口裏抽出一張桃紅色浣花信箋，遞到孫毓筠面前，展開一看，迎頭見到署名「錦雲檢衽」幾個字，孫毓筠不由怔住了，瞬間眼睛變得潮濕，只見信中寫道：「客冬一別，不圖伯勞飛燕，遽爾分飛；似海侯門，相見何日？乃聞羈身囹圄，憂心如搗；鐵窗風味，憔悴何如？當竭力營謀，藉酬舊誼，至盼樂天知命，勉抑愁懷；努力加餐，再圖良會。」

孫毓筠生得一張苦瓜臉，這會兒更難看了，眼睛轉向何道台，輕聲問道：「能否見她一面？」何平齋頷首微笑，此時的笑容對於孫毓筠來說，相當於一顆速效救心丸。當天傍晚，何平齋帶了一個人進到巡捕房，昏暗的燈光下，江錦雲眉心微鎖，雙眼紅腫，比先前更加楚楚動人。沒等孫毓筠開口，江錦雲撲上前來，伏在他胸口前低聲抽泣。何道台見兩人漸漸入港，趕緊知趣地閃開了。

到了受審之日，孫毓筠便鬆開了牙關，根據何道員安排的供詞照本宣科：「我早就想做和尚，端午師如要保全我，我絕對做和尚到底，妻兒財產一無留戀，任何黨派概不聞問。」交代完態度，又提供情報：「革命有兩個源流，一是政治革命，即不問政府是滿人還是漢人，只求改良政治，富國強兵；一是種族革命，由孫文和黃興等領導。黃興是條不怕死的角色，他們仇視午帥最力，一心要殺午帥。黃興的黨羽多數是湖南人，所以請午帥對湖南人要特別注意……」

端方看了呈上的供詞之後，極表滿意，將何道台著實表揚了一番，又替孫毓筠開脫了「大逆不道」的殺頭罪名，表面上判刑五年，實際上比取保候審還優惠，每天在總督府的後花園裏讀書，還安排有服務員端茶遞水，更讓人愜意的是，江錦雲隔三差五過來約會，二人在葡萄架下暢開心扉，吐露心曲，別有一種情韻。

從這件事可以看出，端老四玩政治還真有一套，不服不行。首先，在對付革命黨的問題上，他並不把事情做絕，而是暗通款曲，為自己留了一條退路。其次，此人大局觀強，成功使用美人計，讓美女為充分政治服務，至於個人榮辱，端老四很想得開，他早已熟讀嫖經，懂得風月場上的套路：想得穿、看得破、提得起，放得下。

御史在江南

前邊說過，還在京城當官的時候，端老四是個維新派。雖說沒和康有為、梁啟超他們一起混進核心層，仍稱得上周邊組織的成員。光緒變法失敗，起關鍵作用的是楊崇伊。此人與端方後來的命運息息相關，談端方不能不談他。

楊崇伊，字莘伯，江蘇常熟人，與清末大老翁同龢有鄉誼，但是政治主張卻大不相同。楊崇伊是有名的守舊派御史，看見不入法眼的人，就要給朝廷上奏摺彈劾，被他舉報的官員一大串，其中著名的有文廷式，是翁帝師眼皮底下的大紅人，而且內有珍妃作奧援，等於光緒皇帝的大半個屁股坐到他那邊了。這個五品官銜的楊崇伊，硬是通過幾封檢舉揭發信，把二品大員文廷式扳倒了，不得不讓人刮目相看。

戊戌變法顛峰時期，已經退位的日本改革派領袖伊藤博文來華訪問，通過戶部侍郎張蔭桓的安排，光緒皇帝準備接見，據說，還有聘請伊藤擔任政治顧問的打算。楊崇伊得知了這個消息，連夜乘火車趕到天津，去向北洋大臣榮祿舉報。因事涉皇帝，榮祿不敢輕易表態，給楊出了個主意，叫他走慶親王奕劻的門路，直接將情報捅給慈禧太后。

楊崇伊屁顛顛回京，向奕劻直接說明來意，奕劻聽了面有難色，搖頭說道：「這個摺子我不能代轉。」楊崇伊話中有話說：「此摺榮祿王爺已看過，他深表贊同，在這種大事大非的事情上，相信慶親王不會糊塗，如日後鬧出了什麼大亂子，王爺不能推諉不知道啊。」奕劻沉吟片刻，這才答應帶楊崇伊去見太后。到了頤和園，太后正在園子裏溜圈子，聽說有人上奏摺，嘀咕了一聲：「閒著也是閒著，拿來看看吧。」拿到手上一看，頓時大驚失色，立馬召集眾大臣開緊急會議，戊戌政變正式啟動。

戊戌政變後，楊崇伊自以為舉報有功，等待朝廷論功行賞，引頸期盼良久，也沒有官場人事變動的音訊。不僅如此，連原先和他關係還不錯的榮祿，也漸漸和他斷了往來，看樣子是在逃避，於是，落寞之感油然而生。此時正好遇到他母親病故，要回籍丁憂守制，遂告別京城回到了江南。

有意思的是，楊崇伊的老家明明在常熟，他卻寓居到了省城蘇州，這裏頭有個難與人言的秘密。前幾年遭貶回籍的帝師翁同龢也是常熟人，因政見不同，二人在京城政壇彼此不和，關係形同水火，倘若楊崇伊也回常熟原籍，勢必有可能碰面，難免尷尬。即使不碰面，相互間聽到對方的消息，也會猶如芒刺在身，何苦來哉？

蘇州是江南著名的魚米之鄉，小橋流水，風光如畫，恰如現代一句廣告詞所形容的，是最適合人類居住的地方。楊崇伊寓居蘇州，並沒有安心為亡母守制，而是四處活動聯絡，天天往社交圈子裏跑，諸如能撈錢的江南漕運、蘇商會館，以及勾欄瓦肆，甚至於下三濫的煙館妓院，都成了楊御史經常出沒的地方。

有一天，楊御史和幾個朋友從虎丘風景區遊玩回家，遇到在元和縣開妓館的本家兄弟王阿松，趕緊讓進廂房，吩咐僕婦倒茶迎客。王阿松坐下後皺眉說，最近心情有點煩。楊崇伊問其緣故，王阿松歎氣說，如今生意不好做啊，妓館裏前不久新進了兩個雛妓，好不容易找好顧主，準備梳籠開苞，沒料到東窗事發，有人到縣衙門告了一狀，知縣吳熙派人將兩個雛妓抓去訊問後，定下兩條罪狀：一是雛妓無照營業，擾亂妓業秩序，且影響本縣花捐稅收；二是妓館老闆虐待性工作者，有雛妓大腿上被燙傷的疤痕為證。

聽王阿松講完情況，輪到楊崇伊皺眉頭了：「本家兄弟啊，不是我說你，怎麼能做出這般難堪的事呢。」王阿松心想，不是難事也不會來求你了，嘴裏卻說：「想來想去，這件事只能仰仗楊御史出面，人家才會給面子。」王阿松厚著臉皮說，事成後以二千兩銀子酬謝。楊崇伊御史出身，彈劾大官已成習慣，養成了一付天下事大包大攬的派頭，何況還有白花花的二千兩銀子，當即答應下來。

王阿松走後，楊崇伊動開了腦筋。丁憂守制，喪服在身，此事他也不便出面，須得找個替手幫忙。楊崇伊找的替手叫吳韶生，此人蘇州世家出身，是嘉慶狀元吳延琛的孫子，本人雖只做過一任縣學訓導，但他的胞兄吳郁生卻是京城翰林，任內閣學士。讓這個人去當說客，元和知縣吳熙必定會買賬。

為了說服吳韶生，楊崇伊現編了個愛情故事：有兩個寒士，與妓館中的佳人情投意合，私訂鴛夢，正在寒士將要為她們贖身之際，佳人被縣衙門抓走了，那兩個寒士急得如同熱鍋上的螞蟻……。吳韶生本是書生，聽完這個故事，惻隱之心大發，當即給元和知縣吳熙寫了一封信，一番問寒噓暖後，直奔主題，說那兩個雛妓原是他家的使女，請求吳知縣高抬貴手，大事化小，小事化了。

按慣例，像這樣的案子，對妓女誤導幾句之後，一般都要交還家屬，吳知縣見有人說情，正好樂得做個順水人情，次日便將兩個雛妓放了。

楊崇伊得知放人的資訊後，指派心腹家丁去取銀票，王阿松一臉茫然，問道：「人呢？」家丁反問：「人……不是放了嗎？」這才發現情況並不那麼簡單，人是放了，卻是放回了吳韶生家，王阿松只好再走一趟——去吳韶生家取人。

吳韶生接回兩個雛妓後，才發現事情並不像楊崇伊說的那樣，有什麼寒士在等佳人。正在屋子裏生悶氣，聽說王阿松前來取人，又聽說是妓館老鴇，吳韶生更是氣不打一處來。家裏此時也鬧成了一鍋粥，兩個雛妓雙雙跪在吳老太太面前，泣不成聲，寧願在吳家當「粗做丫頭」，死也不肯再回妓館那個火坑。吳韶生不用多想，毫不猶豫地回絕了王阿松的放人要求，王阿松還想糾纏，被吳家的一幫僕人連推帶搡哄出了大門。

楊崇伊沒想到有此結果，對吳韶生滿肚子怨氣，言而無信，讓他一張老臉往哪兒擱？這天晚上十點多鐘，楊崇伊坐一頂素轎，轎子裏放一管洋槍，乘著月光直奔吳府而來。到得吳府，乒乒乓乓一陣擂門，吳家僕役湊在門縫上一看，見為首的楊老爺提一管洋槍，滿臉怒色，趕緊去稟報自家主人。吳韶生聽說有槍，嚇得不敢露面，只見楊御史揮揮手，說了一聲「搜」，他帶來的一幫打手一擁而上，毫不費事找出了兩名雛妓，正躲在門扇背後簌簌發抖。楊崇伊大獲全勝，看著打手們將兩名雛妓連拖帶拽，走出了吳府，這才步行押隊，親自斷後，連轎子也顧不得坐。

沒等他去找王阿松，王阿松主動上門來了，卻並不與楊崇伊見面，交給門僕二百大洋，酬謝「楊老爺費心費力」。楊崇伊接過銀子追問：「他人呢？」門僕回答：「早已走遠，他叫我給老爺捎話，人不要了。」楊崇伊將手中銀子使勁一摔，只聽「嗆啷啷」亂響，滿地滾滿了白花花的大銀錢：「真是混帳王八蛋！」他跳起腳來罵道。

其實王阿松的想法也不難理解，他開妓館畢竟是賤業，不得不考慮公眾輿論，如今這事兒在社會上傳得紛紛攘攘，他必須有所顧忌。如果將事情鬧到官府，就不再是兩個雛妓的問題，關係到妓館還能否辦得下去，甚至怕有牢獄之災。兩害相遇取其輕，他只好抽身而退。

然而對於楊御史而言，不僅損失了兩千塊大洋，而且將兩個雛妓放在家裏，究竟算個什麼事呢。思前想後，越想越覺窩囊，追溯事情的起因，都是因為吳韶生不肯將人交給王阿松，才導致出眼下亂糟糟的局面。楊崇伊多年養成了大老爺的霸道脾氣，這一口氣無論如何也嚥不下，叫了蘇州街頭一群地痞流氓，提著洋槍，再次來到吳韶生府上，見人就打，見物就砸，一場打砸搶正進行到高潮，忽聽有人喊：「吳大老爺來了！」

來人是元和縣知縣吳熙，接到報警，匆匆乘坐轎子而來。勘驗現場只是走過場，有被打傷的人為證，還有被砸壞的桌椅為證，有理無理是明擺著的事，楊御史偏偏還要辯解，說吳家養了一群惡奴，對他圍攻毆打，欺人太甚。知縣吳熙也是個有個性的角色，停下步子問道：「是這群惡奴把楊老爺拖到吳府來的？」只一句話，就將楊崇伊問噎住了。

由於吳家「惡奴」防衛過當，楊崇伊身上被打青了幾塊，窩著一肚子火，現在只能悻悻而退。倒楣的事還在後頭。半個月後，楊崇伊收到一張傳票，告狀的人明裏是吳韶生，幕後指使的則是知縣吳熙。

楊崇伊是京城御史，在告與不告之間，吳熙也曾猶疑，正在躊躇之間，收到藩司（副省長）衙門送來的一紙公文，拆開一看，只見上面寫道：「本司訪聞本月十六、十七兩日，有丁憂在籍的江浙候補道楊崇伊，持搶率眾，夜入三品封職前江寧縣學訓導吳韶生家逞兇情事，該縣諒有所聞，應即查報。」話中的意思很清楚，這就無須躊躇了。趕緊準備材料，提取原始口供筆錄，要將這樁案子辦成鐵案。

時任江蘇藩司的是瑞瀓，此人是鴉片戰爭時期大名人琦善的孫子，爺爺被世人唾罵了幾十年，到他這裏忽然再度發跡，原因是娶了鎮國公載澤的胞姐為妻，官場上有了大靠山，從此青雲直上，官運亨通。瑞瀓與楊崇伊無冤無仇，原本也不想插手，只因他上頭有個兩江總督端方，聽說楊御史鬧出了這麼一樁醜事，非要治他的罪不可。瑞瀓能力一般，但是官場上的規矩他還是懂的，下級服從上級，上頭決定了的事，認真照辦就是了。

端方的幕僚早已替瑞瀓將奏摺寫好了：「本司查楊紳崇伊，身為道員，又當守制，乃於登堂妓女，插身干預，復敢兩次尋釁，帶領家丁，夤夜持槍滋事，實屬目無法紀，不顧名譽。且在省會之地，竟敢如此肆惡，是其在常熟原籍，遇事生風，鄉人側目，人言亦屬可信。雖吳紳韶生年老畏事，不願深求，本司查得既詳，未敢玩法容隱，專案詳情奏參。」以下續寫事情經過，將楊崇伊好好鄙薄了一番，「該道楊崇伊聲名本劣，此次橫行不法，竟與地痞流氓無異……不惟滋害鄉里，且貽羞朝廷，此而不懲，必將日益兇橫，無惡不作。」接下來提出處理意見：「相應請旨，將丁憂在籍前浙江候補道楊崇伊，即行革職，永不敘用，不准逗留省城，交常熟地方官嚴加管束。如再不收斂，及干預地方一切事務，即按所犯劣跡，從嚴究辦，以懲兇悍，而保治安。」

楊崇伊栽了這麼個大跟頭，從此在晚清政壇上偃息旗鼓，政治生命基本完結。但是百足之蟲，死而不僵，他和端老四因此結下了樑子，一旦有機會，就會瘋狂報復。

凡事皆有因果

三個故事，一副藥引，開出的配方竟是一劑泄藥，最後硬是要了端老四的命。細分析一下，端方的病根在於，既想走官場還想走桃花運，無奈此公命犯桃花，一旦沾上了「女色」二字，命運之曲線直線下滑。

端方在擔任兩江總督期間，還有這麼幾件事，因為和他後來的命運有關，值得一敘。

第一件事，是幫了袁世凱一個大忙，自然也得罪了晚清官場另一個大腕。此腕名為岑春煊，慈禧太后眼皮底下的大紅人，為配合老袁扳倒岑春煊，端方讓其手下通過新式照相技術處理，將岑春煊和革命黨梁啟超拼湊成一張照片，使慈禧太后看了惱羞成怒，直接導致岑春煊官場失勢。這個故事本書其他章節有詳述，此不贅言。

第二件事與晚清大臣那桐有關。

端方在兩江總督任上，不僅和北洋大臣袁世凱度過了一段政治蜜月，與南洋大臣張之洞關係也打得火熱。是時南洋新軍需要大批軍械，端方和張之洞相互援手，換背擦癢，把這樁大肥差當作端、張兩家的自留地，煞費苦心經營，成效彰顯，搞得腰包脹鼓鼓的。

身在京城的那桐也想從中插一槓子，先是將端方之子調入外部，補為參事，暗示交換條件，順便提出他在上海有個商人朋友，以後可能會少不了添麻煩，請多關照。誰知道端老四故意裝糊塗，給那桐發了封電報，除了對那桐安排其子表示感謝外，對代辦槍械之事閉口不提。一股無名火直竄心頭，那桐再發電報，直截了當地開口，說上海那個商人朋友想代辦南洋軍需槍械，請多幫忙。端方回電報說，最近沒有添置軍需槍械的計畫，等以後有了機會，自會多加留意。

就在收到端方的電報後不久，上海的那個商人朋友寫信來了，言辭間充滿憤懣，說他遵囑前往總督府拜訪，一連三次都吃了閉門羹，端總督根本不買那相國的帳。信中又說，就在前幾天，雲貴總督李經羲還託端方採購軍火二百萬兩，端方另找了商人議購，不理他的岔。讀了這封信，那桐心裏的滋味可想而知。

第三件事其實是件小事，但在某種關鍵時刻，小事也會成為壓垮駱駝的最後一根稻草。榮慶與端方是兒時的朋友，兩人關係一直不錯。在端方任兩江總督時，榮慶聽說了風流公子的一些桃色緋聞，出於好心提醒了幾句，端方大不以為然，反過來好一陣奚落，把榮慶說成是落後於時代大潮的老古董，搞得榮慶心裏頭很不舒服。

第四件事，就是上頭敘述的楊崇伊江南搶雛妓事件。

宣統元年（一九〇九），端方調署直隸總督，一般人都認為他將要漸致大用了。豈料福兮禍所倚，就在端老四躊躇滿志時，厄運從天而降。

端老四出洋考察時，從美國帶回了一台照相機，愛不釋手，不分場合到處顯擺，像七、八十年代穿喇叭褲的中國牛仔手提日本三洋答錄機逛大街——目的不在於聽音樂，更多在於炫耀。這麼一來，攝影愛好者端方又結識了一批藝術圈的新朋友，其中有個尹紹耕，是天津東馬路福升照相館的老闆，給端老四惹出了一場大禍。

慈禧太后駕崩後，靈柩安於東陵，擬舉行「奉安大典」，尹老闆敬業精神強，很有搶新聞鏡頭的商業意識，計畫將奉安大典全過程拍成系列照片，留下珍貴的歷史記憶。端方感覺這個想法太有創意，自然要鼎力相助。大典那天，尹老闆邀集一幫攝影青年，拉上全部照相器材，沿途抓場景搶鏡頭，舊時的照相機特好玩，只聽一聲聲「蓬蓬」過後，平地騰起團團白煙，「百官咸集，萬目共睹，莫不詫異」，正拍得起勁，幾個兵丁持洋槍上來，將尹老闆等一干攝影青年拘捕入獄。

這是一起荒唐的大冤案。尹紹耕和他的胞弟尹滄田被判處監禁十年，其餘幾個攝影青年分別被判三年五年不等，負責陵園警衛的直隸戈什哈也跟著倒楣，被判終身監禁。醉翁之意不在酒，真正要攻擊的目標是端老四，尹紹耕兄弟和戈什哈冤枉當了犧牲品。

參劾端方的人是李國杰，此人是李鴻章的孫子，清末任農工商部左丞，娶的妻子是楊崇伊的大女兒，即才女作家張愛玲筆下的那個「大奶奶玳珍」。岳父大人在蘇州遭致端方羞辱，鑄就了官場上的又一段恩怨，碰到這麼好的機會，豈有不報仇雪恨的道理？

連夜寫好奏摺參劾端方：陵園砍樹破壞了清廷風水，照相更是攝走了皇室的魂靈，且乘坐轎子橫衝神路，頤指氣使，不可一世。為了把戲演得更逼真，李國杰跪在隆裕太后面前伏地哭述：「剛剛經歷了國觴，幼主新立，而疆臣跋扈至此，這個人壓根沒把太后和幼主放在眼裏。」在處理時政大事上，隆裕太后比起慈禧太后來差遠了，聽說有人沒把她放在眼裏，積壓已久的怨氣像點燃的火苗立馬升騰上來，發話「交部嚴議」，要給端老四一點顏色看看。

朝廷裏的幾位大臣，這會兒一個也不肯幫端老四說話，榮慶跪在地上連連叩頭，嘴裏迭聲道：「太后聖明！太后聖明！」不發表意見就是贊同，官場的高妙之處就在這兒。另一位大臣那桐佯裝同情狀：「這個端老四，如何糊塗至此，連老祖宗的風水也不放在眼裏……」隆裕太后見端方的兩位好友是這個態度，處理起來更是毫不手軟，一擼到底，將正二品的直隸大臣降成了一介平民，讓端方到旁邊涼菜去了。

一頂倒楣的烏紗帽

宣統三年（一九一一），清廷氣數已盡，端方的故事也接近了尾聲。

這一年的政壇大事記有這麼幾筆：一是革命黨發動的黃花崗起義，一是聲勢洶湧的保路運動，尤其後者，使大清王朝的基業搖搖欲墜。

四月初十，清廷詔令裁撤軍機處、會議政務處等機構，頒佈新訂內閣官制，設立責任內閣，任命慶親王奕劻為內閣總理大臣。內閣成員中，滿族九人（其中皇族六人）：奕劻、那桐、善耆、載澤、載洵、溥倫、壽耆、蔭昌、紹昌；漢人僅有四人：徐世昌、梁敦彥、唐景崇、盛宣懷、內閣名單公佈後，國內輿論譁然，外間譏為「皇族內閣」。

端方被貶下臺休息了一年多，鎮日去戲園子裏聽聽京劇、逛逛琉璃廠古玩市場，日子過得淡出個鳥來。責任內閣的成立，給端老四提了一把虛勁，尤其是他滿族出身的身份，更是給仕途復出增添了一枚砝碼。

於是，晚清的官場上，又經常閃現出他那微胖的身影。

走動最密切的是早年嫖友載振。這個倒楣的貝勒官運不暢，自從發生了楊翠喜案後，宦途大門永遠關閉了。不過，他老爸奕劻是「皇族內閣」的掌門人，憑藉這層關係，官場上的朋友們都特別樂意與他結交。載振早年曾出訪過德國，和端老四一樣，也是西洋文化的熱心追隨者，二人有許多共同語言。載振少不了在他老爸耳邊嘀咕，誇讚滿族的這位青年才俊，有哥們載振從中說項，又有徐世昌敲邊鼓，端老四的復出之路走得很順暢。

不久，端方東山再起，被朝廷授命為粵漢、川漢鐵路大臣。

當初端方被罷官，除了以上列舉的原因外，暗地裏還有機緣：與他和袁世凱結交把兄弟不無關係。慈禧和光緒病故後，攝政王載灃掌國，欲置袁世凱於死地，幸虧有張之洞等大臣說情才保住了腦袋，放袁以足疾為由回籍養病。對於袁的把兄弟端老四，自然不會輕易放過，正好有陵園照相的一碼事，端方順勢被攆下臺，由此可見官場鬥爭的複雜性。

端方出京南下赴任途中，經過河南彰德，專門下火車去拜訪袁世凱。此時老袁雖說仍在洹上村當「隱士」，但是朝野上下希望他復出的呼聲越來越高，袁世凱出山只是個時間問題。這次會晤，賓主雙方是在十分愉悅的情形下進行的，袁世凱還專門安排了一場電影——這在那個年代是十分少見的。除了談論時局和對策外，兩家還訂了兒女姻親：端方的獨生女兒陶雍嫁袁世凱五子袁克權，這樁婚姻對於雙方來說都是慎重的考慮，把兄弟加政治盟友再加兒女親家，足見袁世凱與端方關係之不一般。

端方要了頂官帽子，但是他並不想去四川。鐵路收歸國有後，川、粵兩地當初投資鐵路的官紳們群情激憤，保路運動鬧得風起雲湧，四川尤為激烈，此時前往甚至會有性命之憂。然而留在湖北，湖廣總督瑞瀓卻不高興，疑心端方是來搶奪他的總督官位，便旁敲側擊催促端老四快快動身。端方說，手下無兵，再容延緩幾日。瑞瀓慷慨撥出第八鎮步兵第三十二標，不夠，又從各協撥出一批人馬成立一標，稱為三十一標，全都交給端方統領。人家做到這個份上了，端方再也賴不下去，只好乘輪船經宜昌溯江而上。

船越往上遊行，端老四心裏越沒有底，四川總督趙爾豐是個官油子，此時的心態也和瑞瀓一樣，擔心端方來搶奪官位，故意將保路同志會的滿腔怒火往端方身上引，此時滿清權貴入川，意味著矛盾將進一步激化。朝廷大概是知道了這個情況，又緊急下達了一道諭旨：任命岑春煊為四川總督，原四川總督趙爾豐回任川滇邊務大臣。可是岑春煊也很機靈，知道這個時候進川形同玩火，是拿生命在玩一齣危險的遊戲，因而再三請辭，理由也堂而皇之：身體有病，不宜進川。於是清廷又想到端方，再補發一道上諭：任命端方為四川總督。

就這麼走走停停到了資州，端方忽然發現四周全都是保路同志會的人，自己猶如坐在一個炸藥桶上，隨時都有被炸飛的危險。在瑞瀓送給他的第三十一、三十二標中，如江國光、單道康、邱鴻均、梁維亞等數十人皆是革命黨激進分子，當隊伍開拔到宜昌時，就曾有過殺端方祭旗起事的想法，革命黨首領人物居正認為，武昌起義尚在準備中，殺了端老四暴露目標對起義不利，這樣端老四才暫時保住了一顆腦袋。

到了資州，殺端的呼聲又起，暗潮湧動，只是端老四不曉得。恰逢其時，有人假託滿清新貴粥良的名義致電端方，說北方革命黨起事，京都危急，兩宮已經向山西疏散了，請端方迅速入陝勤王。這天，端方召集兩標高級軍官開會，透露開赴陝甘擴編成軍的消息，並向自流井鹽場商借銀子三萬兩，作為隊伍的開拔費用。

兩標官兵多半是湖北人，背井離鄉，遠征跋涉，已是心有不甘，現在聽說還在開赴陝西，更是怨氣滿腹。革命黨乘機秘密開會，認為武昌已舉義旗，兩標義士因隨端老四赴川，失去了參加武昌起義的榮耀，留在武昌參加起義的，現在都成了革命功臣，而他們還要跟隨這個旗人進入陝、甘，豈不是辱沒祖宗？即使將來回到湖北，也會被人恥笑。眾人越議論情緒越激昂，最後得出了一個結論：不殺端方，無以明心跡。

這個秘密會議的內容被端老四偵知了，更是寢食不安，肝病也趁勢發作。手下的親信給他出主意：乘船經宜昌返回武漢。端方搖頭，長江沿線已被革命黨掌控了，走這條路線相當於自投羅網。又有人向他密陳，願出死力保他出川，但條件是只允許端方一個人與他同行。端方用警覺的眼光看了那人一眼，搖了搖頭。

就在這急亂之中，他忽然心生一計：數年前曾有傳說，端方的生母是大臣陶澍家中的一個婢女，陶暗中把她收了房，肚子大了，太太吃醋，硬將她逐出，才歸了端方的父親。端方實際上不是滿人，而是漢人陶澍的兒子。在這個傳說中，人們還列舉出他的名號「陶齋」為證。關鍵時刻，端方寄希望於這個傳說能幫他的忙。十月初五，端方殺豬宰羊，大張盛筵，召來三十一、三十二標排長以上的軍官，還請來資州地方富商名紳作陪，酒喝到七分，端方宣佈他恢復陶姓，改名陶方，和滿人劃清界線，並拿出一疊「陶方」的名片當眾散發。

眾軍官中，對他姓端還是姓陶不感興趣，最關心的是隊伍將來往哪裡開拔。端方不敢以實相告，嘴上支吾一番，急得眼淚直往下掉，很快被密密匝匝的士兵團團圍住了。端方的胞弟端錦出來解圍，對士兵許諾說：只要保護他們哥兒倆至西安府，願出白銀四萬兩犒賞。站在前排的士兵聽到了許諾，站在後排卻沒有聽清，還在大喊：「愛錢就不要命，要命就不愛錢，就是當官的答應了，老子們也放他不過！」端方兄弟眼看如此情景，知道軍心已變，回到營中，二人相抱大哭。

殺機已動，端老四性命就難保了。十月初七凌晨，端方兄弟二人密備了兩乘小轎，將兩隻行李箱繫在轎後，正準備趁著星夜逃遁，才行出數十步，突有數十個提搶的軍人衝出，將小轎團團圍住。端方見勢不妙，跳下轎來要逃跑，卻被一把刺刀攔在胸前。

「你們這是幹嘛？」端方聲音發抖地問。

「請大帥升天！」隊官劉鳳怡大聲說。

連推帶搡，眾刀齊下，砍了六刀之後，端老四一顆血淋淋的腦袋滾落到了地上。其弟端錦見此慘景，萬分悲痛，大喊一聲「四哥——」轉折身來，大罵那幫兵丁「混帳王八蛋」，有個叫賈志剛的兵丁衝上來，照準端錦的頸脖就是一刀。端家兄弟的首級割下後，被當作戰利品裝入鉛箱，放入石灰，沿途示眾，最後拿到武昌去報了功。據說，黎元洪見了這兩顆人頭，不由得連聲歎息，讓人暫存在武昌洪山禪寺，這支隊伍，被黎元洪編為「教導團」。

端方、端錦兄弟的無頭屍體，被端方的幕僚夏壽田（此人後來成了袁世凱的重要幕僚）收殮後放入棺木，一路護送北歸，輾轉回到京城。端方被清廷贈以「太子太保」，予謚「忠敏」。次年，袁世凱當了大總統，派人把端方兄弟的頭顱從洪山禪寺取出，與屍身連接起來，重新予以厚葬。

本章主要人物：奕劻／載振／段芝貴／楊翠喜／瞿鴻禨／岑春煊

第六章

轟動朝野的性賄賂

女人一旦和政治沾上關係，話題就會迅速大眾化，變得特別敏感和刺激，像溢出深巷的酒香勾起酒徒的濃厚興趣，那氣味硬是往你的鼻子裏鑽。也許流芳百世，也許遺臭萬年，桃色事件中男女角色的命運像一枚銀幣的正反兩面，翻轉到哪一面時掉落在地上，既取決於個人運氣，也取決於國運時運以及民心。

比如四大美女之首的西施，原是越溪邊的一個普通浣紗女，養在深閨人未識，她的天生麗質沒有幾個人欣賞。但是忽然間降臨了一場國難，戰敗的越國得向吳國稱臣，戰爭是殘酷的政治，佈滿了圈套與陷阱，越國的國王和大臣雖說不甘心失敗，也沒有什麼辦法，只好韜光養晦，臥薪嚐膽。范蠡是個富有眼光的大商人，他從牢獄中逃出來，在越溪邊見到了美麗動人的西施，心中頓時生了一個計謀，投資一筆小賭注，將來會有巨大的收益，然而在這個計謀中，需要一名美女作出犧牲，西施這個時候被派上用場了，淡淡妝，天然樣，把吳王迷惑得無心國事，眾叛親離，美人計終於得逞了，越王勾踐如願奪回了江山，令人豔羨和同情的西施，也在歷史上留下了濃墨重彩的一筆。

古代兵書上的這個美人計，發展到今天有了個新名詞：性賄賂。性賄賂自然也是一種腐敗，說到「腐敗」二字，拆開來看，一邊是「肉」，一邊是「貝」，也就是說搞腐敗的人也會變換花樣，有時貪污金錢，有時貪戀女色，看起來像玩文字遊戲，仔細思考又會發現中國漢字充滿著無窮奧妙，不得不佩服老祖宗造字時的智慧，真是無比高明。

表面是床第之歡，背後是權力交易，政治權力與性權力相互纏繞、緊密交織，編排出一幕幕人間悲喜劇，上演的場所無處不在：宴席上、戲場中、官宦的客廳、八大胡同的深巷……行賄者利用或者租用一個大活人去實施賄賂，說白了就是「以性易權」。

肉體資源也是分作三六九等的，用現代話說叫做「車子越高檔，裏面坐的女人越漂亮」。《紅樓夢》中有句話：賈府裏的焦大，不會愛上林妹妹，也是同一層意思。比如一個領導幹部準備接受性賄賂，還得看對方的身份和等級——包括那顆「性炮彈」的內在質量，幽靜的環境必不可缺，保密程度高低更是關鍵，總之是要冒最小的風險獲取最大的利益，從這個意義上說，性賄賂也是講規則的，切切不可亂來。

下面要解剖的這起發生在晚清政壇的性賄賂，轟動朝野，路人皆知，前臺演員只有那麼幾個，卻能牽一髮而動全身，引起大清朝廷上下巨大不安，從而引發了一場排山倒海式的政治浪潮。看起來一團混亂，實際上潛藏有序，其中蘊含的深義至今仍值得玩味。

新政粉墨登場

經歷了八國聯軍攻進北京、兩宮像一群野鴨子被攆得向西逃躥、李鴻章簽定喪權辱國的條約等等一系列恥辱之後，慈禧太后總算重新回到了北京。

皇宮人馬行至保定，留在京城的朝廷大臣們前來迎駕，作為直隸總督的袁世凱大動腦筋，想出了一齣新招：在通向火車的站臺上鋪了迎賓的紅地毯，組織一支軍樂隊演奏《馬賽曲》，在莊嚴熱烈的樂曲聲中，慈禧著實體會了一次太后的尊嚴，對那些洋鼓洋號饒有興趣，袁世凱趨前一步，討好地建議說：「老佛爺，世界各國都有國歌，咱們大清也該有國歌，以後老佛爺出巡或是碰上國家大典，軍樂隊奏起大清國歌，才叫威風呢！」慈禧吩咐人賞銀子，一邊順口說道：「是嘛，趕明兒叫幾個人作一支歌唱唱。」

慈禧太后也僅僅這麼一說而已，大清朝直到滅亡，仍然沒有自己的國歌。不過，此次不久，清政府即開始推行新政。慈禧這個以強悍著稱的女人，到生命之燭行將燃盡之時終於從內心裏承認了自己的虛弱，經過她精心策劃、鄭重推出的這次新政，歷經了差不多十年時間，實施的新政措施超過了百日維新，改革的觸角延伸到了政治、軍事、商業、法制、教育等各個領域，一九〇五年甚至廢除了科舉制度，這幾乎是清政府與過去一刀兩斷的政治宣言。

隨同新政一起粉墨登場的還有一批政治新貴，載振就是其中之一。載振能夠躋身於政治新貴之列，完全仰仗他父親慶親王奕劻。與八國聯軍和談時，奕劻代表清政府簽訂投降條約，對保住慈禧太后的地位大有關係；另外，各國外交使節對奕劻普遍有好感，也使得慈禧太后在考慮辦外交事務時要將奕劻作為一顆重要的棋子。因此選派第一批大臣出洋考察，載振就成了慈禧太后親自定下的領銜人物，隨行人員有參議官梁誠，參贊官任大燮、楊來昭、黃開甲、唐文治、陶大均等九人，這一行人在國外歷時半年多。

載振這段時間最著影響的是那本《英軺日記》，四冊十二卷，光緒二十九年（一九〇三）由上海文明書局印行，自稱仿顧炎武《日知錄》體例，於記事之餘略參己見，記錄出訪法國、比利時、美國、日本等國的外交禮節和沿途隨感，以及各國的商務、學校、工藝、議院、法律、規章制度等，有時也觸景生情，抒發一些個人感受。據載振的兒子溥銓回憶：「其實，我父親只是粗通文墨，不擅寫作，更未見他寫過日記或與親友吟詠賦詩。《英軺日記》一書，聞係由隨行參贊唐文治整理，出版後載振分贈親友。」①

這一年載振二十六歲，正值英年勃發之時，雖說是在以奢華著稱的慶王府長大，又久居京城權貴圈子，難免沾染紈絝子弟遺風，可一旦被推上政治舞臺，載振還是很想能有所作為。作為有清一代對西方社會有所見聞的人，既有父親當權柄國之聲勢，又有袁世凱等洋務派支持，這個年輕小夥子本來前途無量，他的仕途前方，也亮起了一盞盞綠燈，回國之後，緊鑼密鼓籌設成立商務部，一九〇六年被清廷任命為商務部尚書，同年奉旨赴吉林督辦學務，誰料到途經天津時栽了個大跟頭，一樁風流韻事迫使他的命運發生了大逆轉。

①溥銓：〈我的家庭「慶親王府」片斷〉，載於《晚清宮廷生活見聞》，第二七三頁。

最難消受美人恩

讓載振掉進粉色陷阱的詳細經過，下一節再敘述，本節先說說事件中的女主角。被當作性炮彈呈獻的「禮物」是個京劇名伶，名叫楊翠喜，北京通縣人，生於光緒十五年（一八八九），原姓名不詳。十二歲時義和團鬧事，她家遷往天津居住，家境貧窮，迫於生計，父母把女兒賣給了一個姓陳的土棍，陳某又將她轉賣給鄰居楊茂尊，這樣她便成了楊姓。

晚清時，津沽一帶賣藝之風極為盛行，鄰村有個叫陳國壁的人收有兩個養女，一名翠鳳，一名翠紅，以演唱為生，每月能掙三四百元大洋，楊翠喜的父親見了十分眼紅，和陳國壁一商量，遂讓他女兒跟著翠鳳、翠紅學戲，取名楊翠喜，沒想到這個楊翠喜天性聰慧，學戲的悟性極高，迅速成為紅極一時的京劇名伶。

在古代中國，女子演出的場所稱作教坊，至唐代始設置，專管雅樂之外的音樂、舞蹈、戲劇的排練、教詞、演出等事宜，明清時期，設立了一個從九品的女官專門負責管理她們。

女伶地位低下，兼有優與娼的雙重身份，明代甚至規定這種人不得自拔為良民，到清雍正年間才改過來，允許從良。

楊翠喜也是兼有優與娼雙重身份的一個名伶。十四歲時起，她就在天津協盛茶園、大觀園、福仙、景春等戲園唱戲，戲目有《拾玉鐲》、《賣胭脂》、《青雲下書》等，她唱花旦，嶄露頭角，成為一顆冉冉升起的新星。捎帶說幾句，廣東音樂中的有些樂曲取材自歷史人物，如《昭君怨》、《貴妃醉酒》等，其中有首《楊翠喜》，琵琶彈奏，宛如空谷流水，聽後讓人纏綿悱惻，足見楊翠喜當年的影響力。

用現在的眼光看，她的養父楊茂尊頗有經濟頭腦，在楊翠喜迅速躥紅的時候，主動當起了她的經紀人，帶著十六歲的楊翠喜遠赴哈爾濱等地走穴開演唱會，腰包裏撈足了一大筆銀子。重新回到天津，已經成了當紅明星的楊翠喜，更加受人追捧，身邊自然不乏大把的追求者，一度沉醉於聲色的李叔同就是其中之一。

李叔同，祖籍浙江平湖，出生在天津一個官宦富商之家，工詩，善畫，懂音律，他的早年，是個博學多識的風流才子。每天晚上，他都要到楊翠喜唱戲的劇場去捧場，看著舞臺上那個旖旎美豔的奇女子，每每止不住心旌蕩漾，散場時，他提著燈籠在後臺守候，一直等到那朵名花卸完了妝，再提著燈籠，充當護花使者，護送她回家。

平時的日子，李叔同也是和楊翠喜情緣投合，他不只是為她解說戲曲歷史背景，還指導她唱戲時的唱腔和身段。對楊翠喜而言，李叔同是她亦師亦友的至交；在李叔同看來，也以為兩個人這輩子可以締結鴛盟，共度一生。儘管楊翠喜所置身的演藝界歷來是險惡之地，充滿了多方勢力的爭鬥，但李叔同仍然期望她能夠出污泥而不染，成為一株既嬌羞又高潔的蓮花，然而李叔同的美好願望落空了。

在一次因事赴上海之後，回到天津時楊翠喜已投身他人懷抱，李叔同一腔癡情化成了夢魘，萬念俱空，往昔種種一刀兩斷，毅然皈依佛門：李叔同已死，弘一法師方生。一代名伶楊翠喜的「戲子無情」，反而促成了一代佛法大師弘一法師的誕生，對楊翠喜，說不清是該譴責還是該感謝。即便是譴責，恐怕該受到譴責的也不是一個楊翠喜。

倚翠偎紅

人怕出名豬怕壯。楊翠喜成了名角，捧她的客人，不知幾凡，但論貴則段芝貴，論富則王錫瑛。有此兩人護法，他人便只好望而卻步了。段芝貴是袁世凱手下的一員大將，時任天津警察局總辦；王錫瑛是天津著名鹽商，富得流油。一個有權，一個有錢，楊翠喜被這麼兩個人掌控在手裏，即使不是心甘情願，也不會有什麼怨言。

隨同晚清政壇新貴載振一起到天津的是翰林徐世昌。此人字卜五，號菊人，曾協助袁世凱創辦過北洋軍，是北洋系的重要軍師。有他陪貴公子出遊，等於幫北洋系埋下了眼線，載振的一切行動全都盡收眼底。有天晚上，按天津地方官員的安排，在上天仙戲園看戲，當色藝雙全的楊翠喜登臺亮相時，載振眼睛一亮，這之後他的目光始終沒有離開臺上那個佳人，戲演完了，載振似乎還捨不得離開戲園，神情一臉悵然。

在一般人眼中，這也許只是個茶餘飯後的笑料；但是到了擅長投機的政客手裏，就成了一個有特殊價值的情報。類似的情報，段芝貴手中已抓了一大把，最重要的一條，是載振透露的黑龍江巡撫新近空缺待補的資訊，論官銜品級，段芝貴只是個正四品的道員，要想搏取從二品的巡撫一職，等於跳級升遷，難度自然不小。不過也不是沒有可能，官場上的事充滿變數，往往傳說張三升遷，最後的結果卻是李四升遷。

段芝貴就想做這個「李四」。占了東道主的位置，無論他對載振的接待多麼排場，都只是在盡地主之誼，不會顯得過分。段芝貴是個很會來事的官人，見風使舵，插諢打科，極盡全力同載振套近乎，無可奈何的是載振儘管全套接收，卻依然沒見他顯出特別的親熱，看來他與載振之間還有一層薄薄的窗戶紙沒能捅破。有了徐世昌的情報，段芝貴鬆了一口氣，感到機會總算送上門了，忽然想起舊小說中的「肉紅」一詞，為了謀官，把家中妻妾送去巴結上司，以妻妾的肉體換來頭上的紅頂子，「不怕頭巾染綠，須知頂戴將紅」，轉念至此，段芝貴會心一笑。他得趕緊謀劃，要用楊翠喜這顆「性炮彈」去炸開那層薄薄的窗戶紙，炸出一條通往黑龍江巡撫的陽關大道。

先需要把「性炮彈」的思想工作做通，段芝貴沒有親自出馬，而是派手下小嘍囉楊以德出面，此人原名楊以儉，是個守更敲梆子的，被段芝貴物色來當了一名員警，他哥哥楊以德曾經捐過一個同知銜，當官心切，遂頂替了哥哥的名字，好在官場上求個進階。楊以德果然不負上司期望，一天之內，以十萬元贈奩名義獲取了楊翠喜點頭應允，第二天傍晚，香豔嫵媚的楊翠喜被送進載振行館。

徐世昌與載振同住在一排上房裏，中間只隔著一間堂屋，那天徐世昌在房裏讀書，忽聽外屋人聲嘈雜，心裏便有了數。過一會，載振那邊傳來男女相互問答的竊竊私語，心中不由暗喜，小兄弟段芝貴的巡撫一職看來有希望了。第二天上午，徐世昌準備了千兩銀票，進到剛做了新郎的載振房裏，連聲叫著道喜，載振有些臉紅，對徐世昌說：「小弟荒唐，讓大哥見笑了。」徐世昌嘴一撇：「這話說的有些見外，算得了什麼，快別說了，我是來道喜的。」載振於是將內房裏的楊翠喜叫出來，向徐世昌行禮謝恩。

一幕精心編導的戲，上演得天衣無縫，蒙在鼓裏的是載振。不過他也意興勃勃，想得到的就得到了，看著眼前這位可人兒，心裏冒出的念頭是：這一趟天津之行值得。過了幾天，載振、徐世昌公事完畢返京，和楊翠喜分手時戀戀不捨，載振口口聲聲許願：「不用急，等安排好了我會來接你的。」楊翠喜戲演得好，現實生活中表演也不遜色，微微一點頭，眉目顧盼間流露出千媚百態的嬌羞，好生叫人愛憐！

載振說的是真話，此次回京，就是要徵得家人（尤其是父親老慶王）的同意，通過明媒正娶將楊翠喜娶進門來。父親老慶王奕劻一聽，不禁面帶慍色，將兒子載振叫到房裏猛一頓訓斥，原來，三年前載振曾因為沉湎於女色鬧出過事，幾個王公貴族召了一群名妓侑酒，釵橫鬢亂，觥籌交錯，其中有個叫謝姍姍的被人灌醉了，群芳叢中嬉謔無度，用脂粉塗抹到在座幾位公子官人臉上，驚起陣陣歡笑。這事傳到外界，被御史張元奇參奏了一本。多虧父親奕劻多方周旋，既說好話又送銀子，才把這事遮掩過去，只給予了一個警告。奕劻曾對貝子載振繩以家法，罰令長跪，正巧碰到徐世昌前來慶親王家有事，碰到了這麼尷尬的一幕，趕緊為好友載振排解，為之泣涕陳詞，陪著流了一把眼淚，這事才算了結。如今載振又鬧出了新名堂，急著要娶的新福晉，竟是天津衛的一個戲子！

在惱怒的父親面前，載振不敢吭聲，像條夾著尾巴的狗，老老實實聽父親繼續數落：「你們兄弟幾個，鬧得越來越不像話了，好端端的家，非得敗在你們手上不可！」載振心裏清楚，父親發火還另有原因。

慶親王奕劻有六個兒子，三、四、六子均早歿，餘有長子載振，二子載搏、五子載倫，另有格格十二人。其中二公子載搏，對政治毫無興趣，一門心思寄情於聲色犬馬，在兄弟三人之中最為揮霍無度。他天性嗜賭，經常泡在天津的英商跑馬場以及其他豪賭場所，曾經創造過一夜輸掉兩所豪宅的紀錄。不過他的大方也是有名的，有一次，他在天津英商跑馬場賭馬，先向幾個朋友表示，如果贏了，就把馬場道鋪成柏油路面，結果真的贏了，贏的錢不夠鋪路，他便另外掏出了一筆錢，兌現了事先的承諾。這事在賭徒中傳為美談，載搏也很自鳴得意，特意牽著馬站在新鋪的柏油馬路上，讓新娶的姨太太為他拍照紀念。

如此一個紈絝子弟，鬧出什麼樣的荒唐事都不會讓人意外。就在前不久，載搏混跡於風月場，看中了一個叫「紅寶寶」的絕色女子，整天迷戀得如癡如醉，不惜重金託人說媒，將紅寶寶娶回家做了姨太太。誰知在溫柔鄉裡浸泡了沒幾天，載搏又看上了天津租界的一朵交際花，名花叫蘇寶寶，是個金黃頭髮的混血兒，妖豔之態與柔美的紅寶寶相比，又是另一種不同的味道，載搏意欲一圓鴛夢，蘇寶寶卻不肯輕易以身相許，非要嫁到載搏家去當姨太太，載摟只好再求老爸慶親王拿出一筆銀子，將蘇寶寶也娶進了家門。兩個寶寶聚到了一起，性格脾氣各不相同，鬧出了許多矛盾，載摟夾在兩個絕色美女中間，不敢幫任何一方，一個風流倜儻的公子哥，少了往日的威風。

看著家裏亂成一鍋粥，慶親王奕劻氣不打一處來，卻也無可奈何，最要命的是風聲走漏，家庭醜聞被人捅到了報界，以此事為發端，鋒芒直指奕劻，咒詛奕劻貪贓枉法、驕奢淫逸、昏庸誤國，有好事者還改竄了一幅諧聯：「兒自弄璋爺弄瓦，兄曾依翠弟偎紅」，捎帶著把老爺子奕劻「弄瓦」的舊事也抖落出來，極盡嘲諷之能事，讓慶王府好好出了一回醜。更讓慶親王感到不安的是，隱隱有風聲傳來，他的政敵瞿鴻禨正在緊鑼密鼓謀劃一場陰謀，攻擊的主要目標是奕劻。官場政治的複雜和殘酷在於表面的男女私情背後往往潛伏致命的危機，一旦被人抓住把柄，就很容易翻船。

老慶記公司

光緒末年，最為慈禧太后倚重的是慶親王奕劻。在領銜軍機之前，他雖然也是督辦軍務大臣，但因權位不尊，不太被人注意。光緒二十九年（一九〇三），慈禧所最親信的權臣榮祿死了，奕劻頂替榮祿的位置，坐上了領軍機大臣的寶座，情勢就完全不一樣了。

奕劻的貪名，早就傳佈在外。

有個故事是這樣的：早在慶親王入軍機之前，袁世凱探聽到了消息，派手下擅長理財的楊士琦帶了十萬兩銀票去見奕劻，奕劻見了銀票，懷疑自己老眼昏花看錯了，再仔細看，確實是十萬兩！他對楊士琦說：「慰亭太費事了，我怎能收他的？」楊士琦回答得很妙：「袁宮保知道王爺不久必入軍機，在軍機處辦事的人，每天都要進宮伺候老佛爺，而老佛爺左右許多太監們，一定向王爺道喜討賞，這一筆費用，也就可觀。這些微數目，不過作為王爺到任時零用而已，以後還得特別報效。」慶王聽了，不再客氣，不多幾時，榮祿死了，慶王繼任。「入軍機之後，楊士琦的說話，也不含糊，月有月規，節有節規，年有年規，遇到慶王及福晉的生日，唱戲請客及一切費用，甚至慶王的兒子成婚、格格出嫁、慶王的孫子彌月周歲，所需開支，都由袁世凱事先佈置，不費王府一錢。那就完全仿照外省的首府、首縣伺候督撫的辦法，而又過之。」①

除了按月接收袁世凱孝敬的銀兩外，奕劻對其他官員送的銀子，一概照單全收，據費行簡《近代名人小傳》載：「其所御案上，置篋累累，皆銀券鈔票金條之屬，亙十日則計某賄某人進，某人已放某缺，然後列薄而移券鈔等入內庫。」桌案上的簍子裏裝滿了銀券金條，還專門備了小冊子，記錄官員們送錢後升遷的情況，這樣的舉動在今天的官場看來恐怕太過大膽，由此也足見當時慶親王的權勢熏天。

奕劻之貪婪世人皆知，其賣官鬻爵行徑舉不勝數，人們將慶王府戲稱作「老慶記公司」，上海、天津等地的報紙，也常常拿慶親王奕劻的家事說事。「老慶記公司」開張之後，一直生意興隆，門庭若市，經常出入慶王府的有袁世凱、徐世昌、鐵良、梁敦彥、唐紹儀、朱家寶、楊士琦、楊士驤等，其主要業務是拿官帽子換銀子。在官場上，送銀子也需要有技巧，一般逢迎邀寵之徒為避賄賂之嫌，會在慶親王拂曉上朝之前悄悄把銀票送到王府，更有高明的官員平時就很用心，同慶親王巴結上個門生、乾兒子之類的名份，那就不用為官場升遷發愁了。所以，奕劻的門生、乾兒子滿天下。考究其間關係，門生不如乾兒子，奕劻的乾兒子之中堅人物，則為二陳。

其一為陳夔龍。說到陳夔龍，得先說他的夫人，他夫人姓許，幼小時即拜慶親王為義父，於無形中為陳夔龍搭起了一乘進身的階梯。陳夔龍同慶王府混熟了以後，又拜奕劻做了乾爹，乾兒子加乾女婿，使得他的身份更顯特殊，迅速躥成奕劻身邊的紅人。陳夔龍的老婆——許氏夫是個很會來事的女人，成年累月住在慶王府，伺候義父極敬孝道，問暖噓寒，無不投其所好。傳說奕劻每天上朝，都是這個乾女兒為他親手掛上朝珠，遇到冬天太冷，則必先將朝珠放入她胸前焐暖和了再為乾爹掛上。如此孝順的乾女兒，乾爹自然喜歡得不得了。

陳夔龍任直隸總督期間，收入的一半全拿去巴結乾爹，每年冰敬、炭敬數萬，其他綢緞、藥材、古玩等不計其數。慶親王對他說：「太費心了，以後還須省事為是。」陳夔龍答道：「區區薄禮，略表兒婿心意，又何勞大人操心？以後乾爹就不要管這等小事了。」這才叫做會說話，一席話說得老慶王開開心心，從此對這個乾兒子更是疼愛有加。

陳夔龍無子，心裏想娶一房姨太太，無奈夫人醋意太重，這個話一直不敢開口。有一次乾爹奕劻向他提到這件事，陳夔龍搭拉著腦袋，只是搖頭歎氣。這種事在慶王府裏完全算不上什麼，慶親王年輕的時候，曾經和一個女僕發生關係有了孕，按照清制，宗室王爵的私生子，宗人府不給入宗籍。於是奕劻就讓福晉用棉布墊高腹部假裝懷孕，同時將女僕關進東廂房不讓見人，後生下一女，對外即說是福晉所生。此女就是慶王府的大格格。這件事陳夔龍也曾聽說過，此時聽慶親王親口講出，大感意外。

在於慶親王，含有拉攏他與乾兒子關係的意思。男人之間，沒有什麼話不能說透的，只要捅破了那層窗戶紙，有些話才能談得深入。果然，再往下說就用不著遮遮掩掩了，陳夔龍說出了的內心的苦衷：早有不少好友介紹了姨太太，都被推掉了，夫人那道關通不過。慶親王當場打下包票，讓他去做工作試試。第二天，奕劻去當說客，剛一開口，陳夫人便哭了起來，無論乾爹怎麼解釋，都沒有用，說急了，拿頭往牆壁上碰，口口聲聲嚷著不想活了。慶親王一臉苦澀，沒想到乾女兒醋意如此之重，從此再也不敢過問這件事。

慶親王的另一個乾兒子是陳璧。此人字玉蒼，福建閩縣人，歷任禮部鑄印司員外郎、湖廣道監察御史、戶部侍郎等職，官場未曾發達，家境也不寬裕，想送厚禮也囊中羞澀，何況也還沒摸到送禮的門檻。陳璧有個善於經營的親戚，在京城一家金店裏謀事，常常出入慶王府。有一天，他幫陳璧出了個主意，陳璧一聽，連連點頭。

依照事先的謀劃，這位姓陳的親戚弄到珠寶、瑪瑙、鼻煙壺等幾樣禮物，找了個機會送到了慶親王之手，親王問：「什麼價？」陳姓親戚一笑，說道：「沒有價，我是受人之託，來向慶親王呈獻這幾件禮物的。」親王問：「何人所送？」陳姓親戚說出了陳璧的名字和官職，慶親王不解：「素昧平生，怎能收他的禮物？」陳姓親戚說道：「慶親王請笑納，那個人仰慕親王已久，不敢造次來訪，您老人家收了禮物，人家才敢來上門請安。」有這位靈活的親戚牽線搭橋，陳璧官運亨通，沒過多久就升任為郵傳部尚書。

和陳夔龍的無妾相比，陳璧稱得上妻妾成群，除了正房夫人外，還娶了六個姨太太，其中尤以五太太最為美豔。五太太原是洋學生出身，喜讀書，愛談時務，懂外國語言，陳璧有個侄子曾留學日本，回國後在陸軍部供職，同五太太很談得來，倆人有空就在一起嘰哩哇啦說日文，關係相處十分親密。陳璧有個管家對五太太的美色饞涎已久，見那留學生有後來居上之勢，妒忌心大發，向陳璧告了一狀，陳璧暗中觀察，情況果真像管家所說的，恨心驟起，找了管家當幫手，月黑風高夜殺了那個侄子，棄屍於一口古井中。

侄子所供職的陸軍部見陳侄數日沒來上班，不知什麼原因，派人來陳家詢問，家人回答說不知道。一個大活人失蹤得蹊蹺，陸軍部向檢察廳報了案，檢察廳派了幾個辦案人員一察，竟在古井中發現了死屍，用法驗之，顯然是先被他人殺死、然後拋屍井中的。這樣一來，陳家所有人都難脫干係，陳璧花了不少銀子打通關節，才免去了牢獄之災。

有眾多門生和乾兒子供奉錢財，慶王府短短兩三年便富得流油，除了袁世凱的北洋公所按月送呈的三萬兩銀子外，門生和乾兒子每年都少不了冰敬、炭敬，凡有外官進京，京官外放，都必須謁見慶親王，每日其門如市。錢多了得想法找地方存放，就像今天的貪官想把錢存進瑞士銀行，認為那才保險。清末瑞士銀行還沒有進入中國，奕劻的辦法是將錢分開存進外國銀行，其中有筆六十萬兩銀子的款項，被分存到了日本在天津開設的正金銀行，後來覺得還不保險，又轉存到資格最老的英國滙豐銀行。

按說這已經萬無一失了，誰知在財富面前總是有貪腥的魚，即使丟了性命，也要冒險一試。這個人叫蔣式瑆，字性甫，直隸玉田人，在南城當御史，御史又稱「都老爺」，是窮京官。向來御史有邪有正，正派的御史心憂天下，潔身自律，風骨讓人敬重；走邪路的御史大不相同，手中的筆只與銀子發生關係，只要有人給錢，立馬參奏一本！這在晚清官場有個說法，叫做「買參」。

蔣式瑆有個續娶的妻子姓王，原是天津一金銀飾店老闆的千金，出嫁時帶來的嫁妝豐厚，本指望找個官場有錢的丈夫過富日子，哪料到蔣式瑆大手大腳慣了，用度浩繁，進項又不多，不多久家境告罄，蔣夫人美麗的夢想落空了。大戶人家的千金，從來沒吃過什麼苦，哪裡能忍受這般衰敗，天天纏著蔣式瑆吵鬧，日子再也難得安生。

正巧英國滙豐銀行有個買辦叫王竹軒，因為嫖妓與載振在妓館裏發生了衝突，被打得住進了醫院，出院後伺機報復，找到蔣式瑆，置酒密談，問：「想不想弄幾十萬兩銀子花花？」蔣式瑆天天為錢發愁，一聽這話眼睛發綠：「四哥，不說幾十萬兩銀子，就是幾十兩，我也願意用頭上的這頂烏紗交換。」王竹軒說：「銀子是有，不知你有沒有哪個膽量。」蔣式瑆一拍胸：「只要有銀子，參誰我都不怕。」

兩個人把話說得透徹，接下來的事情就好辦。回到家裏，蔣式瑆湊著油燈寫了一份奏摺：「戶部設立銀行，招商入股。臣風聞上年十一月慶親王奕劻將私產一百二十萬送往東交民巷英商滙豐銀行收存。奕劻自簡任軍機大臣以來，細大不捐，門庭如市。是以其父子起居、飲食、車馬、衣服異常揮霍，尚能儲蓄鉅款。請命將此款提交官立銀行入股。」[2]

御史上摺，名為「封奏」，直達御前，皇帝看過，不作任何表示，原件用黃匣子裝了，送呈慈禧太后。由於蔣式瑆聽了王竹軒的教導，有意將存款數目加了一倍，數目大了，慈禧太后也不覺動容，同皇帝商量了幾句，馬上召見軍機大臣，將奏摺發了下去。領頭的奕劻一看摺子上的內容，嚇得臉都黃了，跪在地上叩了兩個響頭：「請皇太后、皇上徹查。」

於是即刻擬旨，著派左都御史清銳、戶部尚書鹿傳霖，帶同該御史蔣式瑆，即日前往滙豐銀行查明實情。幾乘轎子直達東交民巷，銀行的鐵門關著，向玻璃窗中望進去，只見兩名工役正在擦拭燈具，一問才知道，原來這天是禮拜天，所有洋行都關門休息。

也正是有了這個禮拜天，慌了神的奕劻才來得及派人做手腳。找的關係仍然是與載振結過怨的王竹軒，見面免不了一番賠禮道歉，再幫襯一些銀票，王竹軒答應不計前嫌，肯幫慶王府這個忙。可是洋行有洋行的規矩，如果提款，就不能銷帳，可是帳不能銷，徹查起來還是脫不了干係。載振急得團團轉，這時候王竹軒開口了：「按洋人的意思，尊款只需改個戶名，仍舊存在滙豐銀行，至少存三個月，那麼原來『慶記』的戶名，保證銷得全無痕跡。」載振想了想，也只好同意，第二天，王竹軒送來一本「安記」的新存摺，帳上的銀子依然是六十萬兩，不過要三個月以後才能支取。

一場風波安然度過，存款分文無損。禮拜天過後，清銳、鹿傳霖等人一行人再到滙豐銀行去徹查，帳上並沒有慶王府的蹤影，情況據實上報，慈禧太后便也放了心，批下一道上諭，斥責了蔣式瑆一頓：「言官奏參事件，自應據實直陳，何得以毫無根據之詞，率臆陳奏，況情事重大，名節攸關，豈容隨意污蔑？該御史著回原衙門行走，姑示薄懲。」③

蔣式瑆「著回原衙門行走」，即是仍回翰林院去當編修，雖說等於降調，不過他沒有絲毫不高興。王竹軒的密謀已經得逞，六十萬兩銀子到手了，為了保險起見，他腳底開滑，到上海另謀了一份差事。臨走之前，此人還算講朋友意氣，把蔣式瑆叫到酒館裏撮了一頓，當場分給他二十萬兩銀子。有了這二十萬，蔣式瑆心滿意足。

倒楣的是慶親王，存款三個月到期後，再也不敢續存，派人去滙豐銀行取錢，卻被告知存款被人取走了。「這怎麼可能？」奕劻不解地問。「怎麼不可能？」洋行職員耐心給他解釋，銀行存摺憑印鑒支取，如果別人有存摺又有圖章，支取起來方便得很，慶親王存摺上的銀子早已沒有了。讓他更這氣憤的是，當初王竹軒交給他的那個存摺，竟是已經被人掛失了的廢本本！而這個廢本本，他一直壓在箱子底層，當寶貝似的保管著。

在眾人面前真是有口莫辯，吃了個啞巴虧，也不敢聲張，奕劻暗心中暗想，在錢財上吃點虧也還不算什麼，怕的是在政治上吃虧。轉念至此，他似乎感覺到隱隱有風吹過，不由得打了個冷噤，骨子裏有點透涼。

①劉厚生：《張謇傳記》，第一二八頁。
②趙爾巽等著：《清史稿》（三）。
③趙爾巽等著：《清史稿》（三）。

從情場到官場

慶親王奕劻感覺到要出事，但為時已晚，兒子載振被那顆迷人的「性炮彈」襲擊之後，高興得心花怒放，已經給人家兌現了支票：短短幾個月內，段芝貴由道員一躍而成巡撫。這件事成為晚清政壇的轟動性新聞，被傳得沸沸揚揚，有羨慕的，有不屑的，也有激烈抨擊的。其中有個奏摺引發軒然大波，導致了一場政治浪潮。

寫奏摺的人叫趙啟霖，字芷蓀，長沙湘潭人，監察御史，此人一輩子不沾煙酒，性情耿直，又頗具新思想，屢屢上書論改革官制、禁煙、練兵、辦學堂，聞知段芝貴送伶買官，且居然如願高升，滿腔憤懣油然而生，如同魚刺梗喉，不吐不快。

奏摺從東三省改設督撫開始說起，「朝廷銳意整飭，本來是好事，不料段芝貴乘機運動，攀附親貴，逢迎載振，無微不至，以一萬二千金於天津大觀園戲館，買歌妓楊翠喜，獻之載振，遂得置理黑龍江巡撫。」筆鋒一轉，矛頭直指奕劻父子，「以親貴之位，蒙倚畀之專，唯知廣收賂遺，置時艱於不問，置大計於不顧，尤可謂無心肝。」奏摺最後，將京城官員對這件事的看法簡單提了一筆，「旬日以來，京師士大夫晤談，未有不首先及段芝貴而交口鄙之者！若任其濫綰疆符，誠恐增大局之阽危，貽外人之訕笑。臣謬居言官職，緘默實在有所不安，謹據實糾參，應如何懲處，以肅綱紀之處，伏候聖裁。」

奏摺封奏，直接送達慈禧太后手上，老太太提起朱筆，毫不猶疑批了兩個字：「徹查」！按「徹查」的老規矩，得交軍機處先議一議，奕劻已聽說這個事，草草看了看趙啟霖的奏摺，主動請求迴避，於是，瞿鴻禨順理成章成了牽頭負責人。經請求太后，他擬了兩道上諭，一道是：「撤去段芝貴布政使銜，勿庸置理黑龍江巡撫」；另一道是關於段芝貴獻伶買官案，「著派醇親王載灃、大學士孫家鼐確實查明，務期水落石出，據實覆奏。」

事關重大，奕劻絲毫不敢馬虎，馬上找到幕府商量如何處置。「先得將天津那邊的事情處理好。」有人小心提醒。這個不難，叫門人通知徐世昌，乘火車迅速趕到天津，去和袁世凱商議。袁世凱的意見是，段芝貴剎那間成了著名丑星，不能再出頭露面了，辦理這事合適的人選是楊以德，這個打更敲梆子出身的嘍囉，天生是塊當員警的料，此時已升任津榆鐵路總稽查，兼任探訪局總辦，是袁世凱的鐵桿心腹。

楊以德果然有絕招，先找到鹽商王益孫，叫他出來承這個頭，幫貝子載振扛一把。聽到有這種好事，等於無形中撿了塊金元寶，王益孫高興得嘴合不攏，連連點頭應承。趕緊與載振那邊聯繫，讓他們把楊翠喜直接送到了天津鹽商王益孫家。

京城派人前來「徹查」時，手腳早已經做好了，何況對前來「徹查」的人，奕劻也吩吋悄悄打點了銀子，再說天津這邊袁世凱也安排得高明，整個查案的過程就是一次玩樂的過程，一樁性賄賂醜聞被掩蓋得天衣無縫。過了幾天，查案之人「據實」向朝廷稟報：「卑職到天津以後，即訪歌妓楊翠喜一事……當時天津人皆言楊翠喜為王益孫買去。當即面詢王益孫，稱名王錫瑛，係兵部候補郎中。於二月初十間，在天津榮街買楊氏養女名翠喜為使女，價三千五百元，並立有字證。再三究問，據王錫瑛稱，現在家內服役。」

事出有因，查無實據，這份徹查報告送到軍機處，奕劻早已心裏有數，神情淡然，瞿鴻禨面子上卻有些尷尬，御史趙啟霖是他的門生，又有鄉誼，參劾這樁送妓買官案本來應是勝算，不料對方彌補得也很巧妙，現在丟臉的反而是他了：「言官固然應當言事，但不能摭拾浮言浪語，污蔑親貴，此風不可長。」說話時，臉上隱約有憤懣之色。按瞿鴻禨的意見，對御史趙啟霖，要實行革職處分。

瞿鴻禨是要把事情鬧大，這一招施的是「苦肉計」，非此不足以逼迫載振去位，拿一個監察御史交換一個尚書，在瞿鴻禨看來是很合算的買賣。一道上諭發下來，將趙啟霖嚴厲譴責了一通：「該御史於親貴重臣名節所關，並不詳加查訪，輒以毫無根據之詞率行入奏，任意污蔑，實屬咎有應得。趙啟霖，著即行革職，以示懲儆。」

瞿鴻禨想要的效果，果然達到了，被革職的御史趙啟霖打點行裝，準備起程還鄉。他出京回籍時的送行場面十分風光，原因是輿論對他的勇敢行為都十分欽佩，自認有氣節的士大夫更相率餞別，既為趙啟霖增添行色，也為自己增加聲光。餞別的地點在南城外的龍樹寺，贈別之詩盈篋，其中最令人注目的一首，作者是蔣式瑆。蔣式瑆也是御史，同樣參劾過奕劻，但那只是為了撈點銀子，同御史趙啟霖的行為相比自然低了一層，因此他在詩中寫道：「三年一樣青青柳，又到江亭送遠行。我亦懷歸歸不得，天涯今見子成名。」言下之意，對趙啟霖因參劾奕劻而得享大名，十分豔羨。

有趙啟霖這樣的榜樣在前頭引路，效仿者紛至遝來，對此事處理尤為不平的是鐵面御史江春霖，字仲默，福建莆田人，以敢於參劾權貴而著名，與趙啟霖、趙炳麟一起被並稱晚清官場上的「三菱公司」。此人十分敢說話，經常對同僚說：「平生志不在高官，能為御史，盡言責，素心足矣。」這位直言敢諫的御史上了一道奏摺，就親王載灃、大學士孫家鼐之「徹查」疑竇及供詞之支離恍惚，指出其中有六點可疑：

買獻歌妓之說起於天津報紙，王益孫是天津富商，楊翠喜是天津名妓，如果是二月初即買為使女，如此大事，近在咫尺的天津報館何至於誤登？這是疑點一。天津購買使女的身價，只有數十金，至百金已極少見，而王益孫用三千五百元買一使女，比常價高出幾十倍，愚不至此，不合情理，可疑者二。楊翠喜乃天津當紅名妓，正在走紅賺大錢，如何肯屈身當使女？可疑者三。據王益孫稱，他購買的楊翠喜只是普通人家的養女，而楊翠喜則自稱在天仙茶園唱戲，二人供詞互相矛盾，不知信誰，可疑者四。名妓楊翠喜脂粉不去手，羅綺不去身，明明是擺在廳堂供人欣賞的花瓶，可是王益孫卻稱將其買回家服役，不知所役何事？可疑者五。坐中有妓，心中無妓，這等境界豈是一個鹽商富豪能夠達到的？而曰買為使女，內可欺，天可欺乎？可疑者六。

奏疏的結尾，江春霖對天津鹽商王益孫嚴厲參劾：「伏查《大清律例・戶律》內載，『凡官吏娶樂人為妻妾者，杖六十，並離異。』兵部候補侍郎中王益孫，以職官而納歌妓，顧獨逍遙法外，未免落人物議。若非照娶樂人律科斷，不惟國法未申，實無以塞都人士之口。」這一段話很機智，王益孫本來只是一鹽商，為了攀附權貴，出錢買了個官名，沒想到清律中有凡「官吏娶樂人為妻妾者，杖六十，並離異」的條款，正好被鐵面御史江春霖抓住了把柄，要想不遭懲罰，須得如實供出真相。這種策略，實質上是逼迫王益孫就範，進而將那把從情場燒到官場的火，引進奕劻的慶王府內。

事情到了這個地步，也只好丟卒保車。載振倒也知趣，頗識時務，寫了份辭呈的奏摺，先是對鬧得沸沸揚揚的歌妓楊翠喜一事主動作檢討，將自己狠狠責罵了一通，然後寫道：「思維再四，輾轉徬徨，不可為臣，不可為子，唯有仰懇天恩，准予開去御前大臣、農工商部尚書要缺，以及各項差役。願此後閉門思過，得長享光天化日之優容……」。慈禧太后看了這個摺子，也還滿意，遂開缺了載振的各項差役，讓他去閉門思過。

對於江春霖的奏摺，慈禧也沒敢掉以輕心，她知道這道奏摺背後潛藏著一股政治勢力，這股勢力以軍機大臣瞿鴻禨為龍頭，包括了一大批敢於參言的官員，針砭時弊，批評權貴，是慈禧所認可的諍臣，對維護大清王朝的統治大有補益。認真看過奏摺後，思考再三，還是以皇帝的名義發下諭旨：御史趙啟霖官復原職。

上諭、奏摺以及幾篇時評文章在天津報紙上刊登出來，關注這一事件的目光更多了。主辦報館的負責人叫汪康年，字穰卿，浙江錢塘人，政治主張與瞿鴻禨較為接近，在官場上走的也是瞿鴻禨的路子，少不了幫著搖旗吶喊。對這件事，當時有人這樣評論說：「以翠喜一身，時而台榭，時而官府，時而姬，時而伶，時而妾，時而婢，極卻曲迷離之況……以一女優，而於一代興亡史上居然佔有位置，而牽動一時之政局者，當數楊翠喜矣。」一時間，由楊翠喜案引起的政治暗潮波濤洶湧，奕劻成了眾矢之的，忽喇喇大廈將傾，心中甚為惶悚。誰都看得出來，夾雜在諭旨、奏摺中的那些文字，隱隱含有慈禧太后對慶親王不滿的意思，奕劻失勢於太后，也就意味著他政治生命的完結。

屠官之官

老慶記公司多年經營，形成了一個龐大的體系，其中尤以袁世凱的北洋派最為顯赫，勢力不可小視。瞿鴻禨想扳倒奕劻和袁世凱，以一己之力顯然不夠，政治上需要有奧援，他所挑中的人選是屠官之官岑春煊。清末政壇有「三屠」：袁世凱動輒殺戮，時稱「屠人」；張之洞花錢如水，時稱「屠財」；岑春煊性好參劾，時稱「屠官」。

岑春煊，字雲階，廣西西林人，此人來頭不小，是名臣之後。其父名叫岑毓英，同治、光緒年間是個頗為有名的人物，原本是西林縣的一個秀才，咸豐六年（一八五六）時統率鄉勇赴雲南助剿回匪叛亂有功，由縣丞升至知府，自此發跡，官至雲貴總督，光緒十五年（一八八九）卒，贈太子太傅，賜諡襄勤。岑春煊年青時，在京城結交權貴子弟，習尚紈絝之風，黃金結客，車馬盈門，與瑞澂、勞子喬並稱「京師三惡少」。戊戌變法期間，岑春煊聞訊趕赴京城，與維新派人士康有為等諸多往還，曾上書條陳變法事宜，受到光緒激賞，任命為廣東布政使。陛辭時，年輕的皇帝再三叮囑他「到任後切實整頓吏治，肅清盜匪，如有其他意見，盡可隨時陳奏，不必顧忌觸怒總督，凡事俱可有我與爾作主。」

布政使俗稱「藩台」，主管一省財賦與民政，明代中葉以後，各省添設巡撫，到了清代，巡撫之上又設總督，藩台的地位愈益低落，成了夾在總督、巡撫之下的戴亮藍頂子的正三品官員。岑春煊的頂頭上司是兩廣總督譚鍾麟，此人字文卿，湖南茶陵人，年青時頗有勤能之稱，只是他出任總督時年已老耄，子弟用事多通錢財，加上廣東素有膏腴之稱，天高皇帝遠，更多了許多見不得人的事。按照官場通行規則，下級對上司一般都是唯諾恭謹，看上司的眼色行事，生怕越雷池半步，岑春煊卻不是這樣，他生性孤傲，敢作敢為，加上有京城臨行前皇帝的一番話，更是壯了膽子，上任不久，就與譚鍾麟發生了衝突。

《樂齋漫筆》是岑春煊晚年寫的一本回憶錄，在這本書中，他將自己與總督譚鍾麟相抗的情形敘述得十分生動：時有道員王某，素為總督譚鍾麟所信任，但此人向來貪贓枉法，魚肉百姓，有因索詐而斃命者，百姓苦不堪言，懾其氣焰，皆不敢作聲。岑春煊上任後，親自查實王道台的惡行，寫了報告呈送給譚鍾麟，要求嚴懲。譚總督搖頭不允，指責岑春煊：「你是新官上任，不可亂來。」岑春煊歷數王某罪狀，說道：「今天非得撤了他的官不可！」譚鍾麟一聽，氣得臉色通紅，拍著桌案怒吼起來，不料氣憤過頭，慌亂中碰掉了價值不菲的名貴金絲眼鏡，掉落地上摔成了碎片，這樣一來，譚總督更是火冒三丈，身子也發起抖來。岑春煊絲毫也不怯陣，也拍著桌子大吼：「藩司乃朝廷大員，所言乃公事，即有不可，總督也不應無禮至此！」說罷將那頂鑲嵌亮藍頂子的烏紗帽摘下，往桌上一丟，拂袖而去。第二天，遞了個請病假的報告，在家休息不上班了，這叫政治病。

譚鍾麟畢竟是塊當官的料，事後一想，這樣處置似乎不妥，委託臬台上門，做岑春煊的思想工作，話中隱含有道歉之意，岑春煊卻不買帳，一門心思抗到底。上下級關係處理不好，工作難以開展，朝廷只好將岑春煊調到甘肅任布政使。岑春煊到任之後，依然抓住這件事不肯放手，一告到底，沒過多久，譚總督終於丟了烏紗，告別官場回家養老。

對上司即能如此，參劾手下的官吏更是不留情面。有個南海縣官，呈報上來的監獄案犯數量不符，岑春煊找他談話，他竟然回了一句：「各省都是這麼做的，也不是我一人如此。」岑春煊一拍桌子：「你這是什麼話？別人這麼做得，你就這麼做不得！」二話不說，將縣官撤職，讓他休息三個月看後果。又有一次，岑春煊想參劾一個官員，偏偏有個叫李准的道台不識時務，站出來小聲為被參的官員說了幾句話，岑春煊一瞪眼：「他是罪大惡極，你幫他說話，也要小心你的腦袋！」李道台驚惶失措，連連說：「下官該死，該死。」

據史書載，岑春煊為官自律，以肅貪懲腐聞名於世，是清末清流派後期的重要成員，但是他脾氣暴躁也是有名的。他為官的風格是遇事敢於負責，很少推諉躲閃。比如岑春煊後來擔任兩廣總督期間，廣東北部發生教案，在近代中國，每發生一起中國人殺死外國人的事件，總要引起重大的外交風波，清政府方面，往往以撤換地方官、重懲案犯、巨額撫恤外國死難者而息事寧人。如四川酉陽教案、雲南浪穹教案、廣西西林教案等。廣西連州教案發生後，岑春煊給連州知府下令，把已經判了死刑的十餘名案犯關押起來，聽候處置。又下令充當洋人文案翻譯的溫宗堯，會同英國領事前往辦理斬殺盜犯。事後，英國領事為了得到中方更多賠款，竟然矢口否認所斬殺的盜犯是真凶，與溫宗堯糾纏。事情鬧到總督府，岑春煊大發雷霆，指著英國領事的鼻子吼道：「當初那些盜匪都是經你指認了的，你胡亂指認兇犯，錯殺無辜百姓，要賠款也是先賠中國人的款！」洋領事遇到這麼個硬總督，也不敢再鬧，此案就此了結。

真正讓岑春煊得到慈禧太后厚愛、從而走上中國近代史舞臺前排的，是光緒二十六年（一九〇〇）爆發的義和團事件。庚子難起，慈禧太后狼狽向西安逃竄，時任甘肅布政使的岑春煊帶領一千騎兵前來迎駕，誰知道還有個比他更先一步來拍馬屁的，此人叫吳永，原是懷來縣的一個縣官，因救駕及時加上為人殷勤而被慈禧看中，臨時任命為西行的糧台會辦。岑春煊原來比吳永官大幾級，現在忽然間成了共同伺候太后的「同事」，免不了心理失衡。碰到看不慣的地方自然破口訓斥：「我非參你不可！」沒想到吳永是個不怕事的，有慈禧太后撐腰，腰桿子也很粗：「有本事儘管去參，本人在此恭候。不過別忘了，我也奉旨專折，同樣可以參你。在官場上我一身清白，你累累罪狀，看誰厲害！」岑春煊一聽大怒，躥上去揪住他衣領揮拳要打，想到此地不宜動武，無奈又放下了。不過後來岑春煊還是走李蓮英的路子，用調虎離山之計將吳永派到兩湖去催解糧餉，一樁公案才算草草了結。

岑春煊接手糧台會辦，以他大膽潑辣、敢於任事的行事風格，確實比吳永得力許多。糧台會辦，是兩宮向西安逃跑時臨時設置的一個官職，其名曰「辦理前路糧台」，兩宮大駕啟行之前去沿途州縣打前站，準備糧草。然而一路西行，所經過的地方儘是些偏僻窮困的小縣，加上正值國難，兵慌馬亂，要在大駕到達之時備辦數千人食宿所需的柴蔬鹽糧，實在困難重重，吳永以前只是懷來縣的一個縣官，其權威也遠遠不夠，何況此人性情淳厚，有儒雅之風，應付起這等事務來，很難得心應手。

岑春煊上任就不同了，大權在握，等於是欽差大臣，「岑自得督辦名義後，沿途即大肆威福，對於地方供應官吏，往往非法凌虐，恣睢暴戾，氣焰至熏灼不可近。」[1]山西天鎮有個縣官，聽說兩宮到了前方不遠的宣化縣，趕緊備好筵席，畢恭畢敬迎接大駕光臨。誰知道慈禧太后忽然不想走了，發下話來，讓人馬在宣化多住幾天，那時節天氣正熱，苦的是天鎮縣那個縣官，備好的筵席食品全都腐臭，只好撤席，等他剛剛撤了酒席，兩宮又從宣化出發了，臨時再準備談何容易？縣官急得團團轉，碰到新上任的糧台會辦岑春煊，不管他說什麼理由都沒用，下命令當天必須準備幾千人的飯菜，縣官被逼得走投無路，喝了毒藥一死了事。再往前走是山陰縣，又遇到類似情況，山陰縣的縣官膽小怕事，跪在地上直流眼淚，岑春煊只管訓斥：「糧草不辦好，看你有幾個腦袋！」

岑春煊得到慈禧太后的恩寵，據說源於一件小事：西狩途中的慈禧太后，穿一身普通村婦的服裝，一路神情淒然，惶恐驚悸，自從有岑春煊率馬隊前來護駕，心神才稍稍安寧。有一天夜晚，慈禧一行夜宿在破舊的寺廟裏，夢中忽然驚醒，披衣而出，月光下，有人站立著像座山峰，只聽那人朗聲說道：「岑春煊在此保駕，太后不用怕！」慈禧大為感動，到達西安後仍念念不忘，對岑春煊說：「這次西狩，你是竭誠扈從的大功臣，將來有一天回到北京，也不會相忘。」

岑春煊任兩廣總督，被他參罷過大小官員多達一千四百多人，有的下獄，有的免職，提到岑春煊的名字，官場上的官吏個個提心吊膽，生怕哪天被「岑屠夫」參劾到頭上，烏紗帽和腦袋都有可能保不住。岑春煊的性格，和持事穩沉的瞿鴻禨完全不同，如果不是要聯合對抗奕劻、袁世凱，他們倆人無論如何也走不到一起，但是為了一個共同的目標，瞿、岑結成了政治上的統一聯盟，成為意氣相投的同黨。

對慶親王，岑春煊以前曾交過手，他在擔當廣東藩台時，所參劾過的南海知縣裴景福，誰都知道是慶親王暗中的錢庫。岑春煊也足夠膽大，不管裴知福有什麼樣的後臺，來了個先斬後奏，派人先將裴景福抓了，關在衙門裏看管，然後再向上稟報。裴知縣果然有些手腕，過了沒幾天上頭打了個招呼，將他悄悄放了，用現在的話說叫做「保釋」吧。出獄後，裴景福做賊心虛，也是怕岑春煊再找麻煩，竟偷渡潛逃到了澳門。這一來反而授人以柄，等於不打自招，岑春煊幾番交涉，澳門方面閃爍其辭，一怒之下，派出兵艦前往，非提回裴景福不可！結果將裴引渡回廣東，奉旨充軍新疆。

瞿鴻禨要援引岑春煊入京，最為擔憂的還是奕劻，他明白瞿鴻禨葫蘆裏賣的什麼藥，擅長屠官的岑春煊一旦真進了京城，不知將有多少頂烏紗落地，他頭上的紅頂子只怕也很難保得住。正在思量之時，傳來雲南又鬧邊患的消息，於是奕劻以軍機領袖的身份向慈禧太后建議：非得調派得力的大臣去鎮守不可！慈禧問他派誰合適，奕劻推舉了岑春煊這個人才。對岑春煊，慈禧太后素有好感，又是為顧及邊防的安全，自然點頭同意。

幾道上諭發下：原任雲貴總督的丁振鐸調任閩浙總督，原任閩浙總督周馥調任兩廣總督，原任兩廣總督岑春煊調任雲貴總督，幾個總督大換班，有人高興有人愁，清代各地總督，以直隸總督地位最高，兩廣總督缺分最肥，陝甘和雲貴則是總督中最窮最苦的缺分。岑春煊從最富的總督調任最窮最苦的總督，滿肚子怨言淤積胸中，然而卻又無從發洩，調令是朝廷發下來的，即使天大的不滿也不能抗旨。

靜下心來仔細研究上諭，岑春煊看出了更多端倪。原任閩浙總督的周馥是袁世凱的兒女親家，兩廣總督讓給他，無異於將兩廣收入了袁世凱的勢力範圍。更為蹊蹺的是結尾的那句「均著毋庸來京請訓」，顯然有人在其中做了手腳，企圖阻斷他與慈禧太后（實際上是朝廷）的聯繫，藉此疏遠太后對他的眷顧。在從廣東開往上海的輪船上，岑春煊懷揣滿腔憤懣，船一到上海，他的政治病又犯了，給朝廷寫了個奏摺，要留在上海養病。

這一病就是半年多。雲南片馬方面的民眾抗英事件愈演愈烈，而岑春煊仍然沒有病癒銷假的徵兆，朝廷也感到此事不能再拖了，遂將四川總督錫良就近改調雲南，準備讓岑春煊調補四川任總督，多少也算一個安慰。就在岑春煊將要動身之際，接到軍機大臣瞿鴻禨寄來的一封密信，希望岑春煊以奏請入京覲見為名，途經武漢時忽然進京，爭取贏得慈禧太后的重新賞識，留在京城，與京中反慶、袁力量配合，一舉攻倒奕劻，扭轉朝局。

天氣還是早春二月，片片雪花輕曼飄落，夾雜一絲絲寒意。雖說乍暖還寒時節，卻有一股暖暖的春意直往岑春煊心頭上湧。火車開動了，出站時拉響了一聲汽笛，年近五旬的岑春煊像壯士出征，這位在上海閒居了半年多屠官之官，彷彿是憋足了勁的一個皮球，滿腔的政治抱負驅使著他，急於到晚清官場的舞臺上去盡力施展。

①吳永：《庚子西狩叢談》，第七十五頁。

落紅滿路無人惜

在岑春煊晚年撰寫的《樂齋漫筆》中，談到了他在覲見慈禧太后時的情景：進宮面見太后四次，說到時局不如人意，太后也流下了眼淚。本人向太后直言稟報，近年來親貴專權，賄賂成風，以致中外效仿，紀綱掃地，這一切都由慶親王貪贓枉法、昏庸誤國導致。太后聽了悚為動容：「好久沒聽見你的聲音了，沒想到政事竟敗壞如此！」

岑春煊對奕劻的攻擊，雖然沒能讓他直接倒臺，顯然也動搖了太后對奕劻的信心。同時，在慈禧心中，岑春煊依然是個值得依賴的忠臣，因此幾次覲見之後，他被留在了京城，任命為郵傳部尚書。岑春煊在慈禧太后面前表示，他願意當好太后和皇帝御前的看家狗，為朝廷清掃貪贓枉法的腐敗份子，讓大清王朝呈現出新的生機。

果然，到任第一天，岑春煊這條看家狗就狠狠咬了奕劻、袁世凱一口。「余既奉旨，尚未謝恩，先請見太后，而劾本部侍郎朱寶奎……」①朱寶奎早年曾入盛宣懷門下，被盛視作親信，擔任上海電報局總辦，後來他看中了盛家的一個婢女，勾人魂魄，心旌蕩漾，請求盛宣懷賞賜給他，未得到許可，與之反目。袁世凱對盛宣懷掌管的鐵路、電報、招商三局窺覬已久，一直無從下手，正好有了朱寶奎提供的內部情況，遂向朝廷參奏，一舉掀翻了盛宣懷，將富得流油的鐵路局、招商局、電報局奪到手，分別交由親信死黨唐紹儀、楊士琦、吳重熹看管，而立下頭功的朱寶奎也被保為郵傳部侍郎，成了袁世凱的門下走狗。

朝廷中有慈禧太后這個大後臺，岑春煊的狀一告就靈，「太后首肯，始謝恩退下。是日特旨褫朱寶奎職，都人士群相驚告，詫為異事。」[2]之所以被京城大小官員「詫為異事」，有兩個原因：第一，按清代官制，尚書與侍郎為同一部的「堂官」，侍郎並非尚書的下屬，而且也從未聽說過有同一部中的尚書參劾侍郎的事情；第二，劾罷朝中上層高官，必須有實際罪狀，侍郎官居二品，今只因岑春煊奏劾而遽予罷斥，未免駭人聽聞。《清德宗實錄》中記錄如下：「諭內閣：據岑春煊面奏，郵傳部左侍郎朱寶奎聲名狼藉，操守平常，朱寶奎著革職。」此一案件給人留下的感覺是，岑春煊氣焰囂張，實在太可怕。

岑春煊這一著棋，看起來固然大快人心，實際則犯了輕躁妄動之大忌。針對岑春煊這隻看家狗的狂咬，奕劻、袁世凱的反擊也迅猛有力，奕劻利用一次與慈禧太后獨對的機會，狠狠告了岑春煊一狀，說岑春煊與維新派人士走得很近，有可能要翻戊戌舊案，輔助光緒皇帝奪回政權。這些話正是慈禧最忌諱的，聯想岑春煊前前後後的一些表現，慈禧不免在心裏起了猜疑，防患於未然，遂起了疏遠之心，將岑春煊調出京城，讓他仍回兩廣去當總督。官場中的政治鬥爭殘酷無情，其過程千變萬化，其結果無法更改。在改變歷史的大事件背後，往往還有一些偶然因素，像隱秘的路徑，使歷史在這裏忽然拐一個彎。奕劻、袁世凱與瞿鴻禨、岑春煊之間的較量也正是這樣。

應該說岑春煊進京之後，形勢迅速朝著對瞿、岑有利的方向發展，但是奕劻利用獨對的機會說了岑春煊的壞話，致使岑春煊又被調出京城，天平兩邊的砝碼再度趨向平衡。此時發生了一件事，一個微妙的細節，導致事情遽然發生了變化，彷彿向前賓士的一列火車猛地被一種力量制止，原地喘幾口氣，然後掉轉了方向。

一次上朝之後，慈禧太后把瞿鴻禨留下來單獨談話，說到慶親王奕劻，慈禧太后臉上表情複雜：「他是我一手提拔起來的，這幾年我看他也是足了，可以叫他休息休息吧！」聽太后這麼說，瞿鴻禨心中暗喜，回道：「太后聖明，如罷其權，正所以保全其晚節。」太后說：「我自有辦法，你等著看吧。」下朝之後，瞿鴻禨還是忍不住滿心歡喜，正好有個門生汪康年來訪，言談間說到這事，不禁透露一二。汪康年是個新派人物，早年同梁啟超一起創辦過《時務報》，將這一消息捅到報上，引起外國公使普遍關注。有個英國公使夫人，和慈禧太后關係不錯，有一日，應邀進宮聚會，向太后問詢有沒有準備罷免慶親王這回事？太后大驚，問公使夫人消息從何而來？公使夫人拿出了那張報紙，慈禧太后無話可說，自言自語道：「瞿鴻禨混帳！」

官場如戲場，驟然間風雲忽變，剛才還是東風，轉眼吹成了西風。慈禧太后本來準備罷免慶親王奕劻，不料因為瞿鴻禨操之過急，致使慈禧發怒，倒是他自己反被率先摒出軍機。一幕喜劇迅速轉換成悲劇，叫人哭笑不得。岑春煊到京以及隨後不久離京的這段時間，晚清政壇局勢發生了一些什麼樣的變化？臺灣文史作家蘇同炳先生的《中國近代史上的關鍵人物》一書中作過歸納，錄抄如下：

三月二十一日，岑春煊在陛見後奉旨補授郵傳部尚書，留京供職。

三月二十五日，御史趙啟霖奏參新任黑龍江巡撫段芝貴夤緣無恥，先則以購獻歌妓楊翠喜迎合貝子載振，繼從天津商會王竹軒處措銀十萬兩饋獻慶親王奕劻，因此得授為黑龍江巡撫。得旨，段芝貴撤去布政使銜，毋庸置理黑龍江巡撫；所參事件，交由醇親王載灃及大學士孫家鼐查復。旋據參稱，所參並不實在。趙啟霖因此被革職，載振亦引嫌辭去御前大臣、領侍衛內大臣、農工商部尚書等各項差使。

四月十七日，有旨命兩廣總督周馥開缺，調郵傳部岑春煊為兩廣總督。岑春煊奏稱病尚未痊癒，請求收回成命，不准，仍飭迅赴新任，所請賞假之處，亦毋庸議。

同日，以度支部右侍郎陳璧為郵傳部尚書，以軍機大臣候補侍郎林紹年為度支部右侍郎。林紹年奏請開去軍機大臣兼差，奉旨毋庸前往度支部到任，仍任軍機大臣。

五月初七日，因翰林院侍讀學士惲毓鼎奏參軍機大臣兼外務部尚書瞿鴻禨懷私挾詐等罪，請予罷斥，奉旨：「瞿鴻禨著開缺回籍，以示薄懲，所參事件，交孫家鼐、鐵良查復。」旋據奏請毋庸置議，報聞。

七月初四，有旨，兩廣總督岑春煊久病未痊，員缺未便久懸，岑春煊著開缺安心調理，以示體恤。

同日，調軍機大臣林紹年為河南巡撫。

其中，四月十七日前後的政壇動靜甚為關鍵。上諭中的「有旨命兩廣總督周馥開缺」，事後看來是個煙幕彈，周馥是袁世凱的兒女親家，毫無疑問是奕、袁派的力量，但是生於一八二〇年的周馥此時年頗老矣，早有離別官場、告老還鄉的願望，況且他占著的兩廣總督的位置如果不騰空，也不好安排岑春煊的去處。犧牲一下耆耆老者周馥，能將咬人惡狗岑春煊調出京城，在奕劻、袁世凱看來是划算的，而且此舉看上去更像是正常的人事調動。至於「岑春煊奏稱病尚未痊，請求收回成命」，卻並沒有能再次得到慈禧太后的恩准，甚至連賞假的特權也沒有了，「所請賞假之處，亦毋庸議」。岑春煊只好離開京城，距離他雄心勃勃進京的時間前後不到一個月，心情之沮喪可想而知。

同一天，調奕劻的乾女婿兼乾兒子陳璧到郵傳部任尚書，頂替了岑春煊的位置。關於林紹年調任度支部右侍郎，也是演的一齣礙眼法。林紹年是瞿鴻禨推舉進軍機的，是瞿鴻禨關係網中的重要一員，調出軍機，有削弱瞿鴻禨力量的意思，當天又「奉旨毋庸前往度支部到任，仍任軍機大臣」，實際上等於位置沒動，微妙的一個動作意味深長，對瞿鴻禨來說，其中蘊含著的既有薄懲又有撫慰。

後來瞿鴻禨不慎走錯了一著棋，導致全盤皆輸，等到瞿鴻禨這桿大旗砍倒了，下一步的計畫就是猛攻岑春煊。這一次奕劻沒有出馬，全由袁世凱一人操刀，所用的手法與扳倒瞿鴻禨的手法如出一轍，只不過更加歹毒。袁世凱叫人弄了張康有為的照片，利用照相技術中的顯影法，將岑春煊與康有為這兩個毫不相干的人拼成了一張合影，眾所周知，慈禧太后生平最痛恨的人就是康有為，見到岑春煊居然和她的仇敵如此親密，恨得咬牙切齒，岑春煊的官運也就走到頭了。因此，有了那道上諭，「七月初四，有旨，兩廣總督岑春煊久病未痊，員缺未便久懸，岑春煊著開缺安心調理，以示體恤。」

行文至此，一樁由情場牽涉到官場、進而引爆晚清政局劇烈震盪的大案，已基本梳理完畢。剩下的事，是對本章中幾個主要人物的結局作點補充。

瞿鴻禨。十年以後，瞿鴻禨以清室遺臣的身份病死上海，宣統小朝廷對他十分軫悼，恤贈以外，更賜謚曰「文慎」。

岑春煊。丟了官職之後，仍寓居上海，交友作詩，寫寫回憶錄，藉以打發日子。直到慈禧太后與光緒相繼去世，奕劻、袁世凱失勢，才由於載澤、盛宣懷的薦舉，被攝政王載灃重新起用，至民國初年，岑春煊也還有所作為，但那已是後話。

奕劻。利用陰謀扳倒政敵瞿鴻禨之後，奕劻自知已在慈禧太后面前失去了信任，曾主動提出辭呈，想體面地退下來。因慈禧在公使夫人曾經「闢謠」，不便讓奕劻馬上就退，又在這個官位上多待了幾天，但是慈禧對奕劻恩眷漸衰，他的權勢大為削弱。辛亥革命爆發後，奕劻保舉袁世凱，然而袁世凱意在借用革命軍來和清政府談條件，一旦大權在握便加緊了逼宮步伐，並最後使清政府退位。奕劻在皇室中被視為出賣祖宗，自親貴以至宗室，無人不加詬罵。奕劻雖有家財萬貫，晚境卻過得很平淡，平常時日，大抵不過是邀聚幾個福晉、格格打麻將，其籌碼大為收束，以百計不以千計，每日飯後，以四圈或八圈為度。打完牌後，福晉、格格等各自散去，奕劻也意興闌珊。不過畢竟是經歷過大風大浪之人，當他的幾個兒子採取類似抄家的方式，將全部家產洗劫一空之時，面對氣憤至極的門人，他只淡淡說了一句：「他們拿去，也就罷了。」從這句話中，大致能窺探出慶親王奕劻晚年時的心境。

載振。楊翠喜一案之後，載振主動辭官，過起了平民生活。不過日子過得也十分悠閒，在北京、天津兩地分別置有別墅，曲徑通幽，竹樓山石，頗具園林盛景。父親奕劻去世後，載振被封為慶親王，繼承王爵。晚年時，在一張與家中三個姨太太合影照片的背後，題寫了一段文字：「人生若夢，往事如煙，花殘易落，別易見難。循環有數，了卻夙願，天空地闊，渺渺茫茫。」旁邊注有說明：「此幀念五年前余四人往於怡園所照，乃最後一幕豔美時間，不幸於十數載之間，伊三人均先我而去，余今已七十二矣，回憶今年丁亥夏，係四側福晉五旬冥壽，今冬又為三側福晉六十冥壽，撫今追昔，則有落花流水春去也，天上人間之感耳。丁亥仲夏聊以數言自書以記之。」[4]這段文字是他晚年生活的真實寫照。

段芝貴、**楊翠喜**。對於段芝貴來說，晚清那段歷史只是拉開了他政治生涯的序幕，真正串演角色是在辛亥革命以後。武昌起義槍響，袁世凱篡權成功，有功之臣段芝貴封官受爵，被任命湖廣總督。此時楊翠喜才二十幾歲，一朵名花開放得正嬌豔，轉眼也成新貴的段芝貴豈有不採摘的道理？從此以後，這名美少婦成了段芝貴手中的一張牌，逢到盛大喜慶場合，必得由楊翠喜登臺演出拿手好戲，一舉手，一投足，無不讓眾人為之傾倒。由此看來，女人一旦沾上了政治，也會愛不釋手，因為政治確實能給她們帶來切身利益，天下熙熙攘攘，皆為利來，即使絕代美女，也概莫能外。

①岑春煊：《樂齋漫筆》，載於《岑春煊文集》，第四三四頁。

②溥銓：《晚清宮廷生活見聞·我的家庭慶親王府片斷》，第二七三頁。

本章主要人物：岑春煊／張岐鳴／張之洞／蔡乃煌

第七章

風月場中官官相護

少年輕狂是生活中的一種常態，不足為奇。一個人的少年時代，多點輕狂實屬正常，隱含有青春期的反抗和叛逆，比之「穩沉」、「圓滑」、「諳練」之類，來得更加真實可愛。這甚至還包括一度迷失的風月性愛。

王書奴的《中國娼妓史》中有個故事：唐朝時，出身名門的杜牧考取進士，被時任揚州淮南節度使的牛僧孺看中，召為幕僚。揚州是著名的煙花風月之地，說不盡的繁華富貴，數不清的粉黛胭脂，杜牧很快掉進了溫柔夢鄉。唐代官員愛嫖娼是有名的，宦海中人普遍將狎妓視作風雅之舉，紀檢監察部門睜隻眼閉隻眼，基本上不追究。花花世界，鴛鴦蝴蝶，杜牧幾乎每天夜晚都泡在青樓中，盡情享受性愛之樂。據說，為安全起見，每次出行，他要帶上幾個侍衛，換了便衣，暗中保護自己。幾年之後，經過牛僧孺推薦，杜牧被皇帝召為侍御史，牛僧孺為他設宴送行。他端起一杯酒，來到杜牧跟前，道：「少年才俊，前途無量，你今後的路還長著呢。可是近來我經常為你擔心，怕你沉淪於風月，難以自拔。」杜牧愣住了，沉吟片刻道：「前輩的話，當牢記心頭，多謝提醒。不過晚生自我反省，風韻之事，倒也很少沾邊。」牛僧孺頷首微笑，讓侍童取來個書匣，當面打開，取出一個帳本，裏頭寫得杜牧每次狎妓的記錄，某妓館，某清倌，白紙黑字，杜牧啞口無言。

若干年後，杜牧寫下了名詩〈遣懷〉：「落魄江湖載酒行，楚腰纖細掌中輕。十年一覺揚州夢，贏得青樓薄倖名。」詩中追憶了昔日的浪蕩生涯，滿紙透露出的卻是傷感、淒涼和沉痛。十年的遊戲人生，只不過是大夢一場而已。「妓女讓中國男子嚐到了羅曼蒂克的戀愛滋味，而妻子則使丈夫享受到現實生活的愛情。」（王書奴語）杜牧經過十年的放浪形骸，一旦清醒，始歸於妻室重敘，守著老婆過日子，唱了一曲「夕陽紅」。杜牧特別感謝牛僧孺當年的提醒，那位牛宰相去世後，杜牧專門撰寫了墓誌銘，算是對牛僧孺的一點答謝。

本章講述和幾個人物，即與他們青春年少時的輕狂有關。準確地說，是與他們年輕時的放浪形骸有關。遺憾的是，官場中的牛僧孺太少，更多的時候，遇到類似事件或場合，同道的官人採取的態度是相互包庇，目的呢，要麼是做順水人情，要麼是換背擦癢，換句話說，都成是錢權交易中的籌碼。因此，人們經常看到的是：官人們在情場中的官官相護，也成了仕途中的一種常態。

賓主原來是嫖友

上一章裏說到，晚清有個特別愛屠官的岑春煊。此人一生瑕瑜互見，雖說其強直和清廉常為人所稱道，但凡與岑共過事的官員，無不叫苦不迭。岑對官場中同仁的態度近乎苛刻，無論官職大小，只要岑春煊認為不夠清廉清正派的，一律參劾罷免，輕則撤職，重則流放甚至殺頭。看上去此君似乎是個完人，應該道德高尚，品行端莊，其實不然。年輕的時候，岑春煊也曾是個輕狂的浪蕩公子。

據《岑春煊年譜》①載：岑春煊出生於廣西西林縣，少年時就讀於雲峰書院，原名雲靄，同治末改名春煊，字雲階，晚年自號炯堂老人。其父岑毓英是晚清名將，率領民團抗擊法國軍隊起家，時任雲貴總督。因滇桂地處偏遠，岑毓英將兒子岑春煊送到京城，捐官工部主事，到部學習行走。父親的意思是想讓兒子有個出息，可是從偏僻邊陲徒然來到繁華京都，萬千誘惑排山倒海般湧來，岑春煊很快便在燈紅酒綠的漩渦中迷失了。

岑春煊、瑞澂和勞子喬，當時被指為「京城三惡少」。

勞子喬是勞乃宣之子。勞乃宣為同治進士，曾任京師大學堂總監、學部副大臣及代理大臣。其子勞子喬，除了留下「京城三惡少」的惡名外，生平其他諸事不詳。

瑞澂是滿清王公後裔，博爾濟吉特氏，滿洲正黃旗人，字莘儒，號心如，早年以貢生官刑部筆貼式，升主事，後調戶部員外郎，官至江蘇布政使、兩江總督、湖廣總督等。瑞澂是載澤的姐夫，與輔國公有姻婭之緣，後來仕途騰達，也是靠隆裕太后的門路。瑞澂擔任湖廣總督時，爆發了辛亥革命，聽到槍聲後，瑞澂棄城而逃，是導致清王朝垮臺的重要誘因。

岑春煊在京城的日子裏，成了八大胡同的常客。不僅與妓女打得火熱，並且還引領嫖界的時尚潮流，迷戀上了同性戀，泡起了相公。「相公」，就是男性娼妓，古時又叫「兔子」、「小手」、「小唱」，後來也叫「像姑」，意即像姑娘的意思。王書奴在《中國娼妓史》中說：清代男妓盛行之時，士大夫所狎男色，多半為優伶，官居顯赫者，也不例外。可見狎男妓成風，也是晚清官場流行的一大時尚。

晚清相公的大量興起，與京劇在京都盛行密切相關。八大胡同，最初是為外省戲班子進京後提供的住處，具有旅館客棧性質。當時京城的戲園子，大多集中在大柵欄，演員們要有歇腳、練功、吊嗓子的地方，自然會就近選擇。北京城有句老話：「人不辭路，虎不辭山，唱戲的不離百順、韓家潭。」百順、韓家潭是八大胡同中的「兩大」，由此來看，八大胡同的興盛，實則是慈禧和晚清王公愛看京劇的功勞。

清朝未垮臺之前，有些規矩還是比較嚴格的，至少在表面上看是如此。比如說，朝廷官員禁止嫖妓宿娼。但是任何規定都有漏洞，這條規矩沒寫明禁止狎優伶，於是梨園界男風大興，找相公成了時髦的官場風氣，名士、富商和高官，競相以玩相公為榮，看中了那個伶人，演完戲便宴請他喝茶，從精神之戀到肉體之愛，似乎都成了一種清雅之玩賞。

岑春煊看中的相公姓韓，名叫韓秋慧，是京戲徽班中的一名琴師。有一次，岑春煊參加某滿清王公的一場聚會，得以與韓秋慧相識，二人一見如故，十分契合，竟有相見恨晚之憾。韓秋慧出身在一個京戲世家，此人聰明伶俐，更難得的是他有雙音樂的耳朵，對音韻音律特別敏感，隨便找來幾隻瓷碗瓷杯，放桌案上一放，便能敲擊出悅耳動聽的音樂。多才多藝的韓琴師，在日常生活中也樣樣精通，說學逗唱，哪一門都難不倒他，堪稱語言天才。於生活中遇到這樣的人不容易，如果這人不僅全才而且低調，那真叫做可遇不可求了。於是，岑春煊對韓秋慧產生了相知相守的情緒。但是像韓琴師這樣的名角，捧他的達官貴人不少，韓秋慧誰也不敢得罪，將這宗心事私下對岑春煊說了，岑春煊也是知趣之人，笑道：「台兄放心，我們之間的事誰也不會知道。」這句話的意思是，兩個人只能秘密交往，暗通款曲。

追捧韓秋慧的政壇官員中，有一位名叫載振，是慶親王奕劻的長子。按清制，親王最多只能有五位福晉（妻子），可是奕劻卻有六位，可見其官場地位特殊。奕劻有妻妾六人，卻並不滿足，曾和家府中一女僕發生關係，女僕有了身孕。清制規定，宗室王爵的私生子，宗人府不給入宗籍，於是奕劻採用李代桃僵之計，讓福晉用棉布墊起腹部，假裝懷孕，同時將女僕藏入東廂房內，不令見人。後生下一女，對外宣稱是福晉所生。此女即為奕劻的大格格。後來，女僕便一直被關在了東廂房，不得見外人面，慶王府的人將她叫做「東廂房」。那位大格格，後來嫁給了親王那彥圖，婚後這段內幕被其夫聞知，經常冷嘲熱諷，大格格為此痛哭過不知多少次。

有這種貪色的父親，載振從小耳聞目濡，深受影響，上一章說到娶天津名伶楊翠喜案，即為一例。在楊翠喜案之前，載振已是風月場的常客，花叢中的高手，在他戀上的相公中，便有韓琴師。同時，載振還熱戀著一個名妓，名妓叫做柳枝兒，來自江南，原是揚州府訓練有素的一匹「瘦馬」，除了溫柔可人外，還有一門吟詩作畫的本事，這種才女型名妓，更能贏得達官貴人們的喜愛。

有一天，慶王府舉辦家宴，載振請柳枝兒來助興，一陣淺斟小唱後，中場休息，柳枝兒偶爾從載振衣服口袋裏發現了一張紙片，上面寫著幾句小詩，心頭微微生了些兒醋意。見柳枝兒噘著小嘴生氣，載振連忙上前向她解釋，說明這張紙片上的小詩，為琴師韓秋慧所寫。柳枝兒這才釋然，又將紙片上的詩仔細看了一遍，記下了「韓秋慧」這個名字。

載振雖說愛好風月這一口，卻也是性情中人。久而久之，他也看出了蛛絲馬跡，見柳枝兒鍾情於韓琴師的才情，於是有心做媒，為這兩個尤物撮合一樁好事。畢竟是親王府的貝子，拿出一筆銀子，為柳枝兒贖身，將她許配給了琴師韓秋慧。

婚後，柳枝兒發現了一個秘密：當年她看到的那些牽腸掛肚的香豔詩，並非韓琴師所為，而是有人代筆，代筆者即為岑春煊。發現了這個秘密後，柳枝兒有點移情別戀，將原來滿腹戀韓的心思，轉移到了岑春煊身上。

這柳枝兒，也決非庸常之輩，在愛情觀念上，她堪稱新潮。比如說，在這個戀愛故事中，她就擔當起了三重角色：既是被載振愛戀的對象，又是主動追求韓琴師的女子，還是移情別戀喜歡上岑春煊的第三者。除此之外，還有個第四者。此人名叫張鳴岐，後來的晚清重臣，不過這個故事發生時他還年輕，是柳枝兒在妓館中結識的一個才子嫖客。

四個男子載振、岑春煊、張鳴岐、韓秋慧，通過名妓柳枝兒這條線串到一起，構成了一個愛情俱樂部，互致纏綿，各不忌妒。這都是晚清幾位官宦們年輕的浪漫故事，後來岑春煊做官後，將張鳴岐援引為幕客，張因此發跡，成為權傾朝野的封疆大臣，這是後話，留待下一節中講述。

①岑延仁：《岑春煊年譜》；載於《岑春煊文集》第四四七頁。

張鳴岐其人其事

張鳴岐（一八七五～一九四五），字堅白，號韓齋，山東無棣人。其家族產業無多，皆事農耕，父親張凌雲曾立志苦讀，指望在科舉上搏擊功名，然而有才氣無運氣，屢試不第，遂轉行經商，浪跡江湖。有了一些積蓄後，捐了頂官帽子，在湖南湘潭當了個鎮長之類的地方官。

張凌雲半生不得志，他兒子的運氣則要好得多。未赴京城之前，年輕有為的張鳴岐便被人所相中，選為幕僚。選中張鳴岐的人叫余誠格，時任徐州府道台。此人性格好謔，遇大事舉重若輕，有名士風範，講一則關於他的趣事：辛亥革命時，余誠格任湖南巡撫，親眼看到湖南革命黨舉事，臉上並不見絲毫驚慌，他從巡撫衙門中走出，向起義士兵拱拳行禮：「弟兄們，我們都是漢人……」一句話，言簡意賅，表明了自己的立場和態度。接著又令府中役使，將他親手書寫在白布上的「大漢」二字，當做旗幟高高懸掛在城頭桅杆上。做完這一切，他悄然進入府內，化好裝從後花園鑿牆鑽出，逃往小西門外的洋行，轉乘小火輪去了上海。

張鳴岐是個才子，大凡才子少不了有怪癖，他也不例外。在余誠格手下任幕僚時，張鳴岐風流放誕，是出了名的怪人。衣服經常不換，被褥數月不洗，下雪天有客人來，他赤著身子裹在被窩裏，探出個頭來和人搭話，也不管禮貌不禮貌。余誠格向來辦大事不計小節，對手下這位幕僚也有點看不過去了，找他談了一次話，張鳴岐不知聽入耳了沒有，依然我行我素，一副大咧咧的派頭。過了不久，余誠格見他毫無悔過之意，於是再找他談話，沒談幾句，張鳴岐卻發起了大少爺脾氣，辭職不幹了，甩手憤然而去。

進了京都，通過紅顏知己柳枝兒這根線，攀上了昔日「京城三惡少」之一的岑春煊，張鳴岐方才感到英雄有了用武之地。岑春煊對這位高級智囊，確實也很器重，後來甚至到了言聽計從的地步。岑春煊早期仕途上的一些高招，大多與幕僚張鳴岐有關。

戊戌變法前，岑春煊倡言發憤圖強，應詔陳言新政之策，受到光緒皇帝的讚賞，其所應之詔書，即為張鳴岐所代擬。庚子之亂中，岑春煊護衛慈禧太后有功，調任山西巡撫，其呈遞的〈條陳山西治亂〉一疏為慈禧賞識，成為慈禧眼皮底下的頭號大紅人，那份上疏，也是幕僚張鳴岐所代擬的。岑春煊曾說：「堅白與我，同而不異，可作耐久朋。」由此能看出岑對張的看重。事實上，岑春煊一直把張鳴岐倚為左右手，當年的這對嫖友，一旦進入官場，也能互相幫襯，共同進步。

隨後，岑春煊官運亨通，先後擔任四川總督、郵傳部尚書、兩廣總督等職。張鳴岐也跟著水漲船高，多次被岑春煊保舉，沒過幾年，官至四品道台，接下來，又升任兩廣鹽運使、廣東布政使、廣西巡撫等職。

張鳴岐出任廣西巡撫，是接替林紹年的位置。也是無巧不成書，此時張鳴岐原來的幕主余誠格，正好也在廣西當藩司，賓主間的關係顛倒了個兒，幕主成下級，幕客成上司，余誠格感到有幾分尷尬。更讓余誠格尷尬的是，昔日幕客張鳴岐，竟完全不給他面子。有一次，某縣空了個知縣位置，余誠格從夾袋中挑了個親信頂替上去，這本來是件小事，按照官場中官官相護的潛規則，誰也犯不著去抬槓。可是張鳴岐知道這事後，大發雷霆，竟然逕直找到藩司府，當著一干官吏的面，將余誠格狠狠訓斥了一頓。余誠格羞愧難當，憤而求去。

昔日賓主結下宿怨，成了一個解不開的死結。有趣的是，這對冤家的父親，卻儼然是一對默契的好友。余誠格的父親當過湖北武穴巡檢，張鳴岐的父親當過湖南湘潭亭丞，二人都是不入品的地方官，退休後跟隨兒子來到廣西桂林養老，「年俱逾七旬，二老彌契洽，常相約攜手登獨秀峰。」[①]時人為之作聯語曰：「父及父相得，封翁可敬；子與子不和，大吏太難。」一時傳為笑柄。

丁未政潮，岑春煊遭遇重創，蟄居滬上，杜門養痾，實際上是犯政治病。宦海風大浪急，仕途發展的路子也斷了，一向英姿勃發的岑春煊也變得心灰意冷，閉門寫起了回憶錄。岑春煊這棵大樹一倒，張鳴岐頓失依靠，心戚戚然。不過張鳴岐是個聰明人，很快從困境中振作起來，要想在官場中繼續混，還得再找靠山。

這次張鳴岐走的是慶親王奕劻和袁世凱和門路。奕劻愛財，袁世凱愛才，張鳴岐各投所好，一手悄然給慶王府塞銀子，另一手靠同僚李經羲在老袁面前說項，誇讚張鳴岐的才幹。李經羲是袁世凱的親信，他的話在袁世凱心中有點份量，聽說張鳴岐來投靠，老袁不免悠然自得。有幕僚提醒他：「此人原係岑黨，用他宜慎！」袁世凱笑道：「這個人，我已把他看透了，他有富貴之癖，不富貴不快樂。倘若寵以高官，授以特權，他必定會背叛岑而依附我，如果不是這樣，到時候你們來挖我的眼睛！」②袁世凱說罷大笑。後來張鳴岐果然叛岑投袁，那位幕僚對袁世凱識人的才能，更是佩服得五體投地。

丙辰之役，岑春煊反對袁世凱最為激烈，乘船到廣東當說客，試圖說服龍濟光、張鳴岐舉兵北伐。龍濟光原是岑父岑毓英的舊部，有多年的私誼，張鳴岐更不用說，原來曾是岑春煊的幕客，其仕途為岑一手鋪平的。岑春煊滿有把握的一次遊說，沒想到卻是殺鐧而歸。龍濟光牆頭草的態度不去說了，最可恨的是「可作耐久朋」的張鳴岐，為了自己的私利和前途，竟然公開背叛了他！「濟光唯唯諾諾，鳴岐則色拒之，並密報於世凱，謂春煊謀亂。」③張鳴岐果然博得了袁世凱的信賴，先是當上代理兩廣總督，不久又實授兩廣總督。由此可見，在險惡叵測的仕途上，人心會變得極其複雜，任何友誼恐怕也靠不住，當年休戚與共的嫖友也如此。面對這種以怨報德的小人，岑春煊除了大怒外，毫無辦法。兩人恩斷義絕，岑春煊寫了封長信，發表在上海一家報紙上，以示天下人，並公開宣佈與張鳴岐絕交。

①陳灨一：《甘簃隨筆》，第二〇六頁。
②參見陳灨一：《甘簃隨筆》，第二〇七頁。
③陳灨一：《甘簃隨筆》，第二〇七頁。

真實與虛構

岑春煊晚年寓居滬上，撰寫自傳體回憶錄《樂齋漫筆》，其中有這麼一段話：「是年（一九二八），元配劉夫人於湖北旅次病故，長子德固殉焉。初，德固以旅捐移獎得主事，於辛丑補行庚子科中式舉人，即奉母入都會試。行至武昌，劉夫人忽病，竟不起。德固痛母情切，毀傷滅性。經兩湖總督張公之洞奏請旌表，雖一節之行，亦蒙恩獎。而余以老懷當此，情何以堪。由是疾患侵尋，筋力銳減，加之勞心國事，無暇養息，後來種種衰象，皆起於此時矣。」①

如果知道故事背景，稍加探究，會發現這段話大有深意。

岑春煊寓居滬上的時間，正是他仕途走背運的那幾年。因與朝中大老瞿鴻禨相勾結，企圖扳倒奕劻和袁世凱，結果搬起石頭砸了自己的腳，袁世凱略施小技，利用道台蔡乃煌，拼湊了岑春煊與康有為的合影照片，呈送到慈禧處，頃刻間，大紅人岑春煊轟然倒塌。

失去了慈禧的信任，炙手可熱的官位再也難以到手，岑春煊心情灰暗，退隱滬上，準備安下心來休養些日子。誰知落魄的大臣又遇倒楣事，接連收到兩個消息：元配夫人劉氏和愛子岑德固相繼在漢口病逝。噩耗傳來，岑春煊心如刀絞，百念俱灰，正如同他自己所說的：「後來種種衰象，皆起於此時矣。」

這聽起來是一個委婉動聽的故事：岑家大公子岑德固赴京會試，父親交他一個任務，順道護送母親北上。然而行至武昌，母親偶遇風寒一病不起，竟至病逝。大孝子岑德固成天茶飯不思，扶著靈柩哭得昏天黑地，更讓人意外的是，這個鬱鬱寡歡的大孝子「痛母情切，毀傷滅性」，幾天後竟也追隨其母而去，踏上了不歸的黃泉路。兩湖總督張之洞得知這一消息，馬上給朝廷上奏了請旌表，認為岑德固以身殉母看似私家小事，卻事關民風孝廉，為了不讓孝子的事蹟淹沒，奏請旌表，以彰風化，彙刻成書，共垂不朽。

讀史至此，疑竇叢生，心中有種說不清道不明的感覺。最想不通的，是孝子「痛母情切」竟至喪生。敬孝道是好事，但是敬孝道到這個程度，不僅不可思議，而且可怕。思來想去，怎麼都覺得岑德固之死存在蹊蹺，讓人迷惑不解。直到後來讀吳趼人小說《二十年目睹之怪現狀》，謎底忽現眼前，恍然大悟。

吳趼人是晚清著名譴責小說作家，當年岑德固在漢口身亡時，他正好在漢口一家美國人辦的報館裏擔任主筆，對這件事的來龍去脈十分清楚。在他的筆記《趼廛續筆》中，也記載了這件事：「以吾所見，堂堂顯宦之子，明明以嫖死，以色癆死，且死於通都大邑眾目睽睽之下，猶得以殉母聞於朝，特旨宣付史館，列入孝子傳者矣，遑論多曲小人哉！」②

在吳趼人筆下，大孝子岑德固之死，完全是另外一番場景。

《二十年目睹之怪現狀》第八十五回「戀花叢公子扶喪」、第八十六回「旌孝子瞞天撒大謊」，寫的是清末某官僚公子陳稚農從雲南護送他母親靈柩返鄉，一路上從漢口吃花酒吃到上海，終於在上海戀上紅妓女林慧卿，把原本在身的癆病鬧得更重，最後命喪黃泉的故事。

吳趼人在書中寫道：陳稚農護送其母靈柩返鄉，沿途到處擺花酒，終日沉淪於花叢，過著光鮮冶豔的生活。「他身上穿的洋灰色的外國縐紗袍子，玄色外國花緞馬褂，羽緞瓜皮小帽，核桃大的一個白絲線帽結，釘了一顆明晃晃白果大的鑽石帽準……」行至漢口，陳稚農也預感到身體不適，找醫生為自己看病，其中有個江湖遊醫，不知色癆病的厲害，一味給他服用燥烈的春藥，鼓搗他拼著性命往花叢中硬闖。第二個醫生理智些，說了這麼一番話：「這個人不久的了！犯的毛病，是個色癆。你看他一樣的起行坐立，不過動生厭倦，似乎無甚大病。其實他全靠那點補藥在撐著，一旦潰散起來，要措手不及的！」③

石榴裙下死，做鬼也風流，陳稚農臨死前兩三天，依然念念不捨紅妓女林慧卿，沒日沒夜地纏綿廝守。俗話說色是刮骨的鋼刀，病殃殃的陳稚農，哪裡經受得了這種「幸福」的考驗，果然，沒過多久，他就一命嗚呼了。據家僕說，半夜時分，陳稚農起床小解，立腳不穩，摔了一跤，家僕半天攙扶不起來，當時沒了主意，拿薑湯、參湯胡亂灌救。過了一會，他能說話了，卻一個勁喊冷，加了一床被窩，依然冷得直打顫。到天色大亮時，陳稚農一口氣沒能接上來，終於斷氣了。

書中人物陳稚農，即為岑德固的化身。

岑春煊遭人暗算後，寓居滬上，此時正在鬱悶之際，家中又出了這麼件不光彩的事，真正是急火攻心。多虧湖廣總督張之洞及時援手相救，岑春煊才脫離了這一場險境。

張之洞撫慰人心的辦法，是為岑春煊之子爭取大孝子的名份。過去的孝子、節婦，多到不可勝數，一鄉一縣，出了孝子、節婦，地方官層層上報朝廷，皇帝照例發個諭旨，叫鄰縣或鄰省的地方官去查核是否屬實。奉命查核的地方官，就算不受孝子、節婦家庭的賄賂，也得為了桑梓的榮耀確保屬實。於是孝子、節婦的牌坊到處林立，其實內幕往往並非如此。

張之洞混跡宦途多年，不愧為官油子，在為岑德固擬的那份請旌表中，他列舉了大孝子的種種孝行，諸如「科名事小，事親事大，兒不欲暫違色笑也。」意思是說，為了伺候母親大人，岑德固甚至放棄了考取功名的科舉；又說，「越歲，入都應禮闈試，沿途作〈思親詩〉八十章，一時傳誦遍都下，故又有才子之目。」通篇言之無物，有的甚至是胡言亂語。

張之洞是清廷重臣，有他這份請旌表，朝廷沒有不批准的道理。何況奏請封號的大孝子，又是昔日慈禧的寵臣岑春煊之子。至今，在廣西桂林靈川縣，仍然有座孝子坊石牌，石人，石馬，華表，牌坊……這虛構出的一切，彷彿都在無言地證實著一個荒謬的存在。牌坊刻有碑文：〈西林岑德固殉母事狀〉，依稀脫落的魏碑體漢字，陳述著歷史被人誤讀的可悲和可怕。據說岑德固臨死之前，寫有絕命詞一首，還有一封致他叔父岑春蓂（時在湖北任道台）的信，述說自己的種種不孝行為，不值得歸見先人，請擲屍江中餵魚云云。

同一件事，兩種不同的敘述，仔細想想，不禁讓人啞然失笑。笑過之後，又想到真實與虛構的問題。岑春煊和吳趼人都是晚清的知名人物，一個是政界顯要，一個是文壇巨擘，同一件事，敘述卻大相徑庭，必定有一人在說假話。按照常識理解，回憶錄應該真實，而小說屬於虛構，可是把岑春煊的回憶錄《樂齋漫筆》和吳趼人的小說《二十年目睹之怪現狀》放到一起比較，不免對常識產生懷疑。應該虛構的小說似乎說出了真實，應該真實的回憶錄卻明顯在虛構，這真是讓人不堪。更加不堪的是，如果用心領會，我們所讀的歷史中這類被顛倒的東西實在太多了。

①何平、李露點注：《岑春煊文集》，第四二八頁。

②《吳趼人全集》（第十卷），第四七九頁。

③兩處引文見吳趼人《二十年目睹之怪現狀》，七八三頁、七八九頁。

湖廣總督與丫姑爺

張之洞當山西巡撫時，府中轎班有個人叫張彪，山西榆次左輔村人，雖說家庭出身貧寒，但相貌生得不俗，眉清目秀，聰明伶俐，且有一身武功。有一次，張之洞出外巡視，繞著彎曲的山路行進，青藤纏繞，古木參天，途經一座寺廟時，忽然跳出一干人來，領頭的是個身高七尺的壯漢，迎面攔住張巡撫的轎子，拍著扶手板，大聲喊冤。護衛巡撫的侍衛上前去攔，下手下得重了點，將壯漢摔倒在了地上，跟隨而來的那些人不答應了，呼拉拉出手，竟與巡撫的侍衛們對打起來。此時江南剛發生張文祥刺馬案不久，風聲鶴唳，草木皆兵，張之洞躲在轎中不敢探頭。雙方打過一陣，侍衛中有人撒腿逃跑，這隻「領頭羊」啟發了其他人，打鬥中的侍衛們一哄而散，比喊了口令還整齊。只剩下張之洞一個人孤零零地坐在轎子中，束手無策，不知道將面臨什麼樣的災禍。

正在危急之時，轎班中跳出了張彪，抽出抬轎的杠子，秋風掃落葉似地朝那群人打去。穿鞋的怕赤腳的，膽大的怕亡命的，那群告狀的人見忽然跳出了這麼個勇夫，一個個抱頭鼠竄，迅速作鳥獸散。先前逃跑的侍衛這才紛紛回來，張巡撫的綠轎終於解圍。

經歷了這場風波，張之洞意外得到了一員愛將，他將張彪在巡防營補了名字，一步一步提拔他做了哨官，替他起了個號叫「虎臣」，派為貼身馬弁，當作自家人一般看待，即便出入上房，亦不避忌。

張之洞一生共娶了三房妻子。元配夫人石氏，去世時還不到三十歲；續弦夫人唐氏，也在三十四歲那年病故了；第三任夫人的是名翰林王懿榮的胞妹，娶出門沒過幾年，又命歸黃泉。此時張之洞已入中年，接二連三的喪妻之痛，使得他的心靈大受震懾，到太原城著名的寺廟玄中寺求卜算卦，一位高僧認為他命太硬，不宜娶妻，若要女人長久保住，唯有不居夫人的名份方可。

經高人指點，張之洞從此便斷了娶妻的念頭，以偷情和泛愛為樂事，張府中的那些丫頭、使女，只要模樣長得俊俏的，個個都是他性愛的進攻對象。張之洞精力充沛，夜晚常常不睡覺，讀書或者處理公牘，只在子時午時睡兩個時辰，人稱「子午覺」。張府的女傭們背後對他還有個不雅的稱號，叫做「夜狐狸精」，指的是張之洞讀書辦公之餘，經常悄沒聲兒摸到他看中的丫頭、使女身後，攔腰一把抱住，一張老臉硬往前湊，要強行幹那「老牛吃嫩草」的勾當。張之洞身邊有兩個丫頭，一個叫遠山，一個叫近水，經常被總督寵幸，張之洞死後，有部郎送輓聯云：「魂兮歸來乎，星海雲門同悵惘；死者長已矣，遠山近水各淒涼。」星海、雲門是張的兩個得意門生，聯中巧妙嵌入四個人名，妙趣天成。

眾多丫頭使女中，有個名叫李寶珠的，生得端莊大方，別具一格，說話辦事均很得體，儼然像大戶人家出身的小姐。張之洞本想將其梳櫳，可是遭到寶珠的婉拒，張之洞和顏悅色地問：「你需要什麼？」寶珠落落大方說道：「老爺，我什麼都不需要，只要名份。」這一點恰恰正是張之洞所缺的，只好搖頭苦笑：「這世上的女子，什麼樣的都有，真是千奇百怪。」風月場中有句老話：妻不如妾，妾不如妓，妓不如偷，偷不如偷不著。張之洞之於李寶珠，就是這種偷不著的感覺，反倒另眼相看，因此越發覺得可貴。

李寶珠想要名份，張之洞便想到了張彪。有一天，在後花園裏，張之洞將想法說了，寶珠含情脈脈地看著張老爺，半天沒有吭聲。不說話就是默認，過了幾天，張之洞把張彪叫來，口稱九姨太有個乾女兒，待字閨中，要許配給他。張彪聽了，哪有不領情的道理？趕緊給張之洞下跪行禮，拜總督大人為乾岳丈。當年秋天，張彪娶李寶珠為妻，張府為他們舉辦了隆重的婚禮，張彪成了張之洞的「乾女婿」，也因此得了個尊號：丫姑爺。

仰仗乾岳丈的提攜，丫姑爺一路官運亨通，張之洞任湖廣總督時，張彪實授提督，掌管湖北全省兵權。袁世凱天津小站練兵，取名北洋；張之洞也在武昌練兵，取名南洋。負責練兵的即為武進士出身的張彪。後來擔任了民國大總統的黎元洪，當時就是張彪的部下。

辛亥革命爆發之時，張彪是第八鎮統制兼防營提督，他帶領士兵負隅頑抗，無奈起義的新軍攻勢太猛烈，又聽說總督瑞澂已鑽牆出逃，下落不明，張彪帶兵從司令部倉促撤退，在近代史上留下了狼狽不堪的一筆。

辛亥革命後，其部下黎元洪先後七次請他出任湖北軍政府都督，均被嚴辭拒絕。這個晚清遺老，倒是懂得激流勇退的道理，先是跑到了日本，隔著海岸觀察風聲。民國初年，清王朝的遺老遺少實際上仍然盤踞著半個天下，前朝的達官貴人，甚至還能享受到政治上的榮耀和經濟上的特權，於是張彪又悄悄溜回國來，隱居天津，辦起了實業。

張彪在湖北擔任軍界要職期間，曾有他「吞蝕軍費百萬」的傳聞，也不知是真是假。不過張彪的富有倒是真實的，恐怕也不是一般的灰色收入。他在天津某紗廠投資入股，又在西郊以極低廉的價格買進六百多畝鹼地，一眨眼功夫地皮升值變成了黃金。經過幾次倒騰，張彪更是成了名震津門的大富翁，他斥鉅資在日租界修建了一幢大型遊藝場，命名為「露香園」，後改名為「張園」，名花異草，古樹參天，是天津名聲遐邇的一個景點。近代史上的許多著名人物，都與張園有過千絲萬縷的聯繫：孫中山偕宋慶齡北上，在天津的下榻之處就是張園；末代皇帝溥儀移居天津時，入住的也是張園，張彪為了表示忠心，特別訂製了全套歐式傢俱，連溥儀也誇讚不已：「這裏要比紫禁城舒服得多！」

張彪一生除了元配夫人李寶珠外，還娶有三位姨太太，留有八子九女。到了晚年，行武出身的張彪已經完全改變了往昔的形象，他像一個紳士，戴著禮帽，提著手杖，含著雪茄煙，悠然自得地走在張園附近的街道上，過去的那些記憶離他越來越遠了。

風月場亦是生死場

岑春煊雖說屠官無數，但他並不是雞腸小肚之人，畢竟在宦途歷練多年，容人的肚量也還是有的。舉個例子：上一章說過，岑春煊所屠之官員中，有個人叫裴景福，原為南海知縣，因與慶親王奕劻走得近，經常送銀子行賄，被岑大人參劾，流放新疆充軍。裴景福是光緒年間進士，詩文頗佳，擅長收集字畫古董，流放到新疆後，適逢巡撫袁大化與他是同榜，加之邊境落後，人才奇缺，袁將裴援引為電報局局長，在新疆過了幾年舒心日子。民國以後，裴景福回故鄉安徽，擔任省政務長，晚年辭官隱居上海，又與岑春煊碰到了一起。不過，這次岑春煊主動向他賠禮，在上海張園置辦了一桌宴席，往日恩怨，談笑間灰飛煙滅。

但是對於另外有些人，岑春煊至死也不會原諒。比如說有個人，受袁世凱支使，利用照相技術中的顯影法，將岑春煊與康有為這兩個毫不相干的人拼成合影，拿到報紙上刊登，一時間輿論大譁，慈禧生恨，岑春煊因此被貶，官場遭遇滑鐵盧。

致使岑春煊走向頹途的這個人叫蔡乃煌。

蔡乃煌祖籍廣東番禺，本名蔡金湘，字雲橋，從小家境貧寒。不過其父是個明白人，看這孩子長得聰明伶俐，心裏嘀咕著，就算舉全家之力，也要供他讀書。蔡金湘雖說愛頑皮，但是讀起書來卻特別用功，八股制藝做得好，腦袋瓜子反應靈活，詩詞韻文隨口便來，附近鄉梓都誇他是塊讀書的材料，很是為蔡家爭了些面子。

年齡漸長，蔡金湘參加縣試後，補縣學弟子員。一時沒找到合適的工作，整天同一幫年輕後生混跡於縣城，像個遊蕩的幽靈。日子長了，心中也有些不甘，於是轉動腦筋想金點子，蔡金湘不愧是個聰明人，終於讓他想到了一個辦法：代愚笨的考生去當「槍手」。這個辦法果真靈驗，屢試屢中，有的考生家長為了讓兒子博得個浮名，不惜以重金相聘，沒過多久，蔡金湘就成了率先富起來的那部分人。

有了錢，就會去消費。蔡金湘最愛的去處是珠江花舫，每當夜幕降臨，各式花舫沿江一溜兒擺開，火樹銀花不夜天，好一條流動的街市！管弦歌舞，名妓如雲，真乃天上人間也！有一次，蔡金湘正在花舫上消魂，忽然從船艙外傳來嫵媚的招呼聲，顯然是又來了新客，老鴇在向他們傳遞暗號。蔡金湘懷中摟抱美人，正在欲罷不能時刻，美人卻要起身迎客，他心裏頓時湧起一種莫名的窩囊，扯著美人的手，硬是不放。

兩人正在拉扯之時，船艙的簾子被人挑開了，老鴇陪著位大腹便便的官人走進來，場面頓時顯得被動尷尬。蔡金湘原本是珠江邊的遊蕩公子，潛藏在身上的潑皮無賴勁發作起來，操起藤案上的一隻花瓶，狠狠一摔，稀裏嘩啦碎了一地。摔了花瓶，還想再發脾氣，見官老爺身後竄出幾個侍從，也就將堵在嗓子眼的那口氣忍下了，丟下幾句狠話，揚長而去。

回到家裏，蔡金湘越想越氣。他有個弟弟，見老哥臉色陰鬱，氣悶不順，問怎麼回事？蔡金湘氣呼呼將花舫上的情景講了，其弟是個孔武有力的武夫，經常欺行霸市，橫行鄉里，聽說有人欺負了哥哥，帶領一幫人直往珠江邊撲。上了花舫，見官人仍在花叢中行樂，蔡弟喊一聲「打！」一干人餓虎撲食般湧過去，將官人的兩個侍衛按在地上一頓猛打，蔡弟眼疾手快，衝過去抓住官人的辮子，拖到船頭，雨點般的拳頭朝他砸去。

一口氣是出了，可是蔡金湘卻因此倒了楣。有人告他身為生員，遊樂於珠江花舫紅燈區，且聚眾打鬥，滋擾秩序，破壞安定，廣州府將他褫了衣頂，革去秀才。一時間，蔡金湘似乎成了過街老鼠，名聲狼藉，眼看著在南方混不下去了，他決定北上。

原來的名字「蔡金湘」不能用了，正好他有個本家侄子，名叫蔡乃煌，有份監生憑照，蔡金湘冒名頂替侄子之名，從此就成了「蔡乃煌」。光緒十七年（一八九一），蔡乃煌來到北京，參加順天鄉試，考試分三場舉行，三日一場，從八月初九一直考到八月十五，他連連告捷，秋闈十分順暢，很快成了舉人，開始了他的宦途生涯生涯，報捐知縣，分發到福建候補。

蔡乃煌有個遠親叫李體乾，在臺灣藩司唐景崧府中當幕僚，閒暇之餘，他們經常在一起聊天交談。李體乾告訴他，藩司唐景崧是個儒官，琴棋書畫樣樣都有一手，尤其酷愛「詩鐘」[1]，是超級詩鐘迷。官人有癖好，往往是下屬進攻的最好目標，蔡乃煌天資聰明，詩鐘本是他的強項，聽說唐藩司也愛詩鐘，更是不由得喜從心來。他委託李體乾「做媒」，介紹自己入了唐景崧的幕府。

蔡乃煌不僅詩鐘做得好，而且處事靈活，一旦入幕，果然很受唐藩司器重。甲午中日戰事爆發，臺灣巡撫邵友濂見勢不妙，託病求去，被清廷調任湖南巡撫。空缺出的巡撫位置，由藩司唐景崧署理。台海戰事的指揮權，歸到了唐景崧名下，蔡乃煌應時而生，當此關鍵時刻站出來承擔重任，指陳形勢，分析戰機，雖是紙上談兵，條分縷析卻也頗有道理。唐景崧對蔡乃煌的倚重，不由得又增添了幾分。

光緒二十一年（一八九五）二月，日本軍艦攻佔澎湖，台勢益孤，大敵當前，各方勢力眾說紛紜，有的喊戰，有的要和，唐景崧本是個沒主見的人，此時更是慌了神，趕緊召募兵勇，購買槍械，為將來的戰事做準備。蔡乃煌毛遂自薦，主動要求去內地採購槍械，唐景崧覺得眼下也只有他是最合適的人選，囑他快快啟程，速去速回。

蔡乃煌攜帶數十萬元鉅款，卻是泥牛入海無消息，一去便再也沒有回來。據俞恪士《臺灣人手記》載：「所購軍火，並未到台，委員藉詞延宕，欺騙情形，無人不知，而薇帥不能問。六月，薇帥到上海，此人送羅紗衣兩箱，曲意獻媚，而軍火事意彌縫不追問矣。」②

蔡乃煌發國難財，得到了這筆銀子，在上海很是享受了一番。燈紅酒綠，紙迷金醉，他本是此道中人，平白無故有了一筆浮財，自然不會放過玩樂的機會。

玩過一陣，又來到京城，通過關係找到慶親王奕劻，奕劻是有名的錢簍子，只要捨得往他哪兒投錢，便沒有辦不了的事，沒有要不到的官，蔡乃煌用銀子鋪路，打通關節，謀得了上海道台的肥差事。官場得意，情場也得意，蔡乃煌在上海新娶了幾個姨太太，陶醉於江南胭脂的綺麗春光中，樂不思蜀。

誰知道福兮禍所倚，就在蔡乃煌盡情享受人生種種極樂之時，不經意間卻悄然種下了禍根。如前所述，袁世凱為了扳倒政敵岑春煊，密商兩江總督端方，讓他搜集在滬上「養病」的岑春煊的材料，這一任務最後落實到了上海道台蔡乃煌的頭上。蔡乃煌腦袋瓜子特別靈光，與滬上新潮人物也走得勤，聽說照相技術能將幾個人拼接成一張照片，便動起了心思，將岑春煊與康有為的頭像「合二為一」，搞了一次政治栽贓。

在岑春煊來說，無端遭受了這一場羞辱，對幕後黑手袁世凱固然憤恨，對直接參與其事的蔡乃煌更是恨之入骨。

進入民國後，政壇風雲也是多變，宋教仁被殺，二次革命興起，在上海養病的岑春煊也不甘寂寞，由章太炎等人介紹，與國民黨合作，接觸到了黃興、汪精衛等人。既入政局，自然是棋盤上的一顆棋子，孫中山委託他前往廣東，去當說客，說服龍濟光、龍覲光兄弟掉轉槍口對準袁世凱。

這龍濟光、龍覲光兄弟，原來是岑春煊父親岑毓英的部下，憑著這份老交情，岑春煊滿以為能手到擒拿。事實上，在岑春煊當說客的那幾天，龍濟光、龍覲光兄弟表現尚可，口口聲聲擁躉岑春煊，可是等他一走，二龍兄弟就變臉了。鴇兒愛鈔票，政客愛官帽，在險象環生的政海裏，老交情永遠得讓位於利益和前途，二龍兄弟審時度勢，認為在雙方的鬥爭衝突中，還是袁世凱占著優勢，何況，如果倒向袁世凱，還能得到一筆款項，當做補充槍械之用，於是果斷地將屁股坐到了袁世凱一邊。

岑春煊接到龍濟光倒向袁世凱的電報，氣得鬚髮直豎，卻也無可奈何，此時叛軍正在炮轟都督府，到了性命攸關的時候，岑春煊只好匆忙逃往香港，準備轉乘海輪回上海。

可是在香港碼頭一下船，馬上有印度捕快上前打招呼，表面彬彬有禮，面帶微笑，實則暗藏機鋒，讓人心寒。無論岑春煊怎樣解釋，對方就是不聽，硬性將他帶到香港督府，實際上等於是對他實行了軟禁。岑春煊與之理論，印度捕快雙手一攤，搖晃著腦袋表示愛莫能助。岑春煊毫無辦法，急得號啕大哭，並憤欲跳海自盡，經同行人勸阻乃止。又得僑商斡旋，數日後，赴新加坡輪船開到，仍由印度捕快押送登船，赴新加坡投依僑商胡子春。

過了幾年，蔡鍔在雲南舉起義旗，袁世凱的皇帝夢被驚醒，面對眾叛親離的局面，袁世凱絕望至極，從洪憲皇帝的寶座上退位後，不久泯滅於人世。作為擁袁派的龍濟光，必須為當初錯誤的押寶來買單。

擁袁派在戰場上打不贏，只好退回到談判桌上談交易。此時不甘寂寞的岑春煊，已被推舉為倒袁派的兩廣都司令，其副手都參謀是梁啟超、李根源；擁袁派的南方首領，則是督理廣東軍務的振武上將軍龍濟光。此時擁袁派已成秋風中抖索的黃葉，難挽頹敗之勢，輿論界群情洶湧，除了聲討袁世凱之外，攻擊的主要矛頭對準了龍濟光，喊出了「屠龍」的口號。龍濟光本來就是一條變色龍，這會兒趕緊見風使舵，在談判桌上大踏步撤退。

梁啟超電邀龍濟光來廣東肇慶談判，龍怕自投羅網，推讓張鳴岐為代表，意欲利用張與岑的舊交為之疏通（豈知岑、張之間已經恩斷義絕）。一九一六年四月十九日，岑春煊、梁啟超與張鳴岐在廣東肇慶談判，達成了五項協議：一、在肇慶設臨時都統府，以岑春煊為都督；二、龍濟光仍任廣東都督；三、處死蔡乃煌；四、龍濟光從速北伐討袁；五、地方民軍在岑春煊入粵後，設法撫綏。

從以上五項協議看，岑春煊對龍濟光還是頗講情面的，不過其中有個條件，須得借用一下蔡乃煌的人頭。此時蔡乃煌仍在為袁氏朝廷效勞，他被任命為廣東禁煙督辦，負責為袁皇帝登基大典籌集經費。接到龍濟光相邀的密電，急忙來到總督府。龍濟光一臉不忍，將五項協議遞給他看，蔡乃煌看畢大驚失色，一膝跪倒在龍都督面前，連喊三聲「大哥救命」。龍濟光歎了一口氣，背轉身去抹眼淚。蔡乃煌知道事情已到了難以挽回的地步，臉上反倒鎮定了許多，站起來抱拳一揖道：「請大哥儘量說情，得免一死，將終生報答。萬一不能倖免，倒願意在這裏就死，能死在老把哥手裏，總算香火一場，也免得受到侮辱。」

此時龍濟光絕不敢輕易放走蔡乃煌，將他安排住在肇慶，實施保衛（實際上是軟禁）。關於蔡乃煌之死，高拜石在〈廣東屠龍記——由蔡乃煌之死說起〉[3]中有很詳細的描述：

過了幾天，龍濟光連續收到岑春煊、梁啟超的幾封來電，催促處死蔡乃煌。龍氏暗自思忖，此事不能再拖了，遂派人在三君祠設下一桌酒菜，捎上自己所存的隔年白蘭地四瓶，前往為蔡乃煌送行。臨時還備了個香案，紅燭高燒，粗如人臂，沉檀香繞，縹緲爐煙。蔡乃煌一見這陣勢，心裏早已明白，此時他已作好赴死的準備，神情反倒並不慌張。

龍濟光長歎一聲，道：「多年弟兄，想不到緣盡今日，略備酒菜，咱們痛飲一場。」說罷牽了蔡的袖子，望天交拜。

拜完後，蔡乃煌起身道：「大哥的盛情，我心領了，這菜呢，吃不下了，還是拿酒來吧。」幾杯白蘭地下肚，蔡乃煌向龍濟光索取紙筆，寫了一首詩：「一杯鴆飲故人情，鋒斂三辰失百靈。甘欲留皮同豹死，忍思奮翼作鴻冥？弟兄飄泊風前雨，朋侶蕭疏曙後星。獨有我兒犀匿頂，天涯只自歎飄零。」詩畢，擲筆而起。龍濟光長揖相送，掩面號啕。蔡乃煌坐上一乘四人抬的轎子，由一隊武裝士兵護送，簇擁到河邊碼頭，請蔡下轎，隨即一陣槍響，蔡乃煌應聲而倒，身亡氣絕。事後龍濟交派人對蔡進行厚葬，併發了個天字第一號別開生面的公告：「蔡乃煌無罪可科，國人皆曰可殺。」短短十三個字，蘊含了龍濟光滿腹難言的心事。

①詩鐘是一種文字遊戲。其方法是：取意義絕不相同的兩個詞，或分詠，或嵌字。以湊合自然，對仗工整為上。相傳拈題尾碼錢於縷，繫香寸許，承以銅盤，香焚縷斷，錢落盤鳴，其聲鏗鏘，以為構思之恨，是為「詩鐘」。

②轉引自高拜石著《古春風樓瑣記》十三集，第一九三頁。唐景崧，字薇卿，人稱薇帥。這一節引用了高拜石〈廣東屠龍記〉一文的內容，文見《古春風樓瑣記》十三集。

③參見高拜石著《古春風樓瑣記》十三集，第一九〇頁。

本章主要人物：慈禧／同治／光緒／奕訢／奕譞／榮祿／載灃

第八章

家事與國事

從夏商周開始，數千年來，所謂天下，從來都是某一家的天下，家事與國事糾纏不清，政治事務與宮廷事務縱橫交錯，是中國皇權社會的一大特色。正如唐德剛在《袁氏當國》一書中所說：「不管是封建諸侯也好，皇帝當國也好，由一家治一國都是行之數千年的制度。它們不是一朝一夕建立起來的，當然也不是一朝一夕就可以輕易廢除得了的。」

皇上是主子，臣子是奴才，這樣的稱謂已成習慣，歷來被認為天經地義。與此相關連的是，官吏們做事，只對一個人、一個家庭負責，因為這個人、這個家庭掌握著官吏們的升遷以及他們家族的禍福，也掌握著國家的命脈興衰。國事即家事，家庭倫理政治化，社會生活倫理化，整個官吏機構所承擔的最大責任是保證「家天下」的正常運行。

「家天下」的社會制度，使得中國從未產生過真正意義上的國家和政府。在這種體制下形成的國家難免會受到先天制約，像一個永遠長不大的「孩子」，總是那麼弱小，經常被人欺侮。國家這麼大，民眾這麼多，土地這麼廣袤無邊，單靠一人當家作主這種原始落後的管理辦法，確實難以奏效。何況在「大家庭」中，想當家長的人很多，皇帝位置只有一個，怎麼樣？戰亂年代靠武力征服，和平時期靠世襲。無論靠武力還是靠世襲，誰也不能保證上臺的這個皇帝有健康的心智和體魄，假如他個人性格上有缺陷、精神心理上有毛病，也會將整個國家拖向萬劫不歸的深淵。

有句話叫「不幸生在帝王家」，年少時聽了不懂其中深刻含義，年歲漸長，閱世漸深，又讀了幾本歷史書，才慢慢體會到宮庭背後潛藏的兇險，因為政治權力的介入，一切都不得不變形了：溫柔的兒女情長，在這裏變成了刀光劍影；即使普通的日常生活，也處處佈滿了玄機和殺機。在「家天下」的體制下，坐在權力頂峰的「家長」，其個人修養、品行和操守等等素質便顯得尤其重要，「家長」的私人情緒，往往能決定國家運行的方向。另外，千萬不要小看了皇宮中的家事，宮闈中的一件小事，說不定會引發一場危及朝政的大風波，這成了中國歷史中一個有趣而又值得深思的現象。

官場的運作，除了一整套印在冊子上的規則之外，還有一個潛在的「官系網」，這張網的綱是皇權，抓住了皇權，就會綱舉目張，於是官網恢恢，疏而不漏，天下再也沒有幾人能逃脫得了。打開晚清官場圖，偌大一張縱橫交錯的「官系網」，其「網結」竟奇蹟般地繫在一個女人身上，這個人，就是本章即將登場的慈禧太后。

選秀進宮的官家小姐

慈禧姓葉赫那拉氏，小名蘭兒。她的父親名叫惠徵，是八旗子弟中的一名世襲官員，在安徽寧池太廣道當過道台。太平軍攻打江南安慶期間，安徽巡撫蔣文慶被殺，惠徵押解一萬兩銀子輾轉逃到鎮江的丹徒鎮，操辦糧台，以待援兵。咸豐皇帝派出刑部左侍郎李嘉靖擔任安徽巡撫，並密令查拿逃跑官員，在奏摺的附片上，新上任的李巡撫捎帶著參劾了惠徵一筆，咸豐皇帝看過奏摺大為惱怒，發出廷寄上諭，罷免了惠徵的官職。

父親被罷官，對慈禧影響並不大，其時慈禧已被皇宮選秀，在宮中住了一年多。慈禧自幼在江南長大，又是出生在官宦人家，既知書識禮、天資聰慧，還熟悉江南人的生活習性，善唱南方小調，這樣的人走到哪裡都受歡迎，果然，咸豐皇帝沒有因為她父親的原因冷落這位小姐，相反倒是由於她所唱的吳歌及所扮的漢女裝束，對這位從江南來的美女留下了印象，像一縷清新的風吹進皇宮，給年輕的咸豐皇帝帶來了幾分驚喜。

選秀，用今天的話說叫皇宮選美，所不同的是，今天的選美有大眾娛樂的意味，而那時候的選美是專為皇帝一個人而設。清代的選秀制度，有嚴格的界限和等級之分，要經過層層挑選，才能入宮。首先要血統純正，以保持滿洲貴族的尊嚴與特權，然後是所選美女的容貌和素質，經過嚴格篩選後的美女要報到戶部，接下來還要過公婆這一關，由皇太后親自過目，選擇出她滿意的準兒媳送進皇宮，供皇帝去最後挑選。

咸豐二年（一八五二），慈禧十七歲，經過了一系列嚴格的挑選後，終於進入皇宮，萬里長征總算走完了第一步。但是，皇帝只有一個，皇帝的老婆卻不計其數。坐在首席的是皇后，只允許有一個位置；排在第二的是妃，其中皇貴妃一人、貴妃二人、妃四人；第三位是嬪，可安排六人；接下來依次是貴人、常在、答應，不限數目，根據皇帝的興致設置名額。

慈禧進宮時的位置是貴人，雖說她下邊還有「常在」、「答應」這種地位更低的美女，在她上邊位置上佔優勢的美女卻也不少。要從第四級位置往上躍升，獲得皇帝的青睞和寵信，除了天賜機緣之外，自身的努力也是少不了的。一個美女的努力，無非是容顏、才情和常玩常新的小女人哄人手段，這三點慈禧都不缺，因此她在宮中的位置逐漸發生變化，開始晉升並不快，但咸豐六年忽然加速，升為第二級的貴妃，僅次於皇后的位置。

咸豐是個並不怎麼爭氣的風流皇帝，他繼位之初，年輕氣盛，也想幹一番大事業，然而時運不佳，剛登基就遇到了洪秀全帶領太平軍造反，面對風雲變幻的局勢，他試圖一舉蕩平天下，建立帝王功業，在經歷了幾次失敗後，他又一籌莫展，難堪重負，逃避的方式就是追求聲色，醉生夢死。

清代家法極嚴，入關之初，順治帝之母莊妃擔心皇帝兒子沉迷於女色誤了國家大事，特意在宮門外懸掛了一塊鐵牌，上書「敢以小腳女子入此門者斬！」然而制度也是可以打破的，咸豐登位後，有人看他喜好女色，提了個拍馬屁的建議，「托言天下多事，圓明園地在郊外，禁御間夜徼宜加嚴密。內侍既不敷用，且親近左右，恐不能周至，今雇民間婦女入內，以備打更，巡邏寢室四周，更番為役。文宗旨允之。此數十女子，始得入內。每夕以三人輪值寢宮外，人執梆鈴一，入夜則於宮側擊之。文宗因召入，隨意幸焉。」被召入宮的這些女子，全部是從江南用重金買來的，打更是幌子，讓咸豐皇帝「隨意幸焉」，才是實質。沒過多久，咸豐皇帝從這些打更值夜的女子中選出了四位美女，安置在皇宮內，「文宗漁色，於圓明園隅，暗藏春色，謂之四春，世競傳之。」①四春的名字，分別是牡丹春、海濱春、杏花春、陀羅春，皆為人間絕色。

慈禧見皇帝老公如此沉迷於女色，也很心急，有心勸告，又怕勢單力薄，皇帝不肯聽，反觸一鼻子灰，只好去搬皇后。誰知道皇后氣度優雅，不僅不幫她，反而勸她不要心生妒忌，要接受眼前的現實。慈禧也不好多說什麼，於是轉開了另外的心思。

慈禧聰明伶俐，善於體貼人意，在皇帝身邊待久了，慢慢察覺到皇帝最厭煩的事情是每天上朝批奏摺，面對御座前一摞堆積如山的文件，皇帝皺著眉頭批答，無異於苦刑。遇到這種時候，慈禧就會輕手輕腳走過去，遞上一方白手帕，將大果盒的盒蓋揭開，挑起裏邊的金絲棗、波杏梨、穰荔枝往皇帝嘴邊送。慈禧有點文化，悟性也好，天長日久，她也漸漸熟悉了皇帝批奏摺的那一套方法，一般的奏摺，通常只不過批上個「覽」、「知道了」即可，皇帝寄情聲色，連這麼簡單的幾個字也懶得批，有些不重要的奏章，就傳令叫慈禧上朝來代為批答。對於這份差事，慈禧十分喜愛，她是個熱衷於政治的人，從奏摺上那些密密麻麻的文字中，她讀出的是異樣的趣味，興致盎然。

有這麼一位貴妃當幫手，皇帝也感到輕鬆了許多，因此對慈禧的眷戀，又增加了幾分。更為重要的一個原因，是慈禧的肚子很爭氣，終於在入宮四年後，為咸豐生了個兒子，這也是咸豐唯一的兒子，名叫載淳，也就是後來繼位的同治皇帝。母以子貴，慈禧的宮中地位發生了急遽的變化。

①見許指嚴：《十葉野聞》；載於《指嚴隨筆》，第九十一頁。

咸豐帝撒手歸西

咸豐十年（一八六〇），英法聯軍攻打北京，咸豐帝率皇宮人馬逃往承德熱河避暑山莊，沿途秋天的景色，給混亂的心境又增添了幾許悲愴，他心中的絕望是不言而喻的。這之後，咸豐皇帝一直在心力交瘁的磨難中苦苦掙扎，直到他生命的終點。

動盪的局勢，繁雜的政務，已經使咸豐對皇宮產生了厭惡。逃到這麼一個世外桃源，他感到身心愉快了許多。逃亡初期的驚慌過去以後，宮庭生活趨於安寧，咸豐帝重新貪戀上了女色，那些裹著三寸金蓮的漢家女子，讓他領略到無盡的風光。除貪戀女色外，咸豐帝的另一個愛好是醉心於戲劇，每隔兩三天必得演出一場，聽著字正腔圓的唱腔，樂不思蜀。等到咸豐帝決定回鑾時，他的身體已經不許可了，一場大病，使宮庭陷入一片混亂，臣子們口口聲聲呼喊皇上萬壽無疆，但是有經驗的人誰都看得出來，皇帝活不了幾天了。

逢到這種時候，皇帝的繼承人問題就顯得尤其重要。咸豐帝只有載淳這麼一個獨兒子，繼任皇帝是肯定的，但載淳此時剛滿六歲，擔負不起大清的江山，需要有人輔佐。按清律規定，宮中女子不得干政，這就把喜歡政治的慈禧排斥到了權力之外。接下來輔佐幼帝的合適人選是恭親王奕訢，但是多年前的一樁歷史舊案，也堵死了他掌權的路子。

道光帝有九子，第四子是奕詝，第六子是奕訢，第七子是奕譞。奕詝上頭的三個哥哥全都早年夭折，奕詝是理所當然的皇位繼承人。但是皇帝有時候要想點歪心思，在立儲的大事上他猶疑不決，雖說奕詝本份規矩，但是道光帝內心最喜歡的還是精明強幹的皇六子奕訢，據說奕詝能順利繼位，還得力於奕詝的老師杜受田。

每年春天，皇室都有一次大規模狩獵行動，皇子皇孫威風凜凜馳騁在皇家獵場，誰射殺的獵物最多，就會得到皇帝的獎賞。論威猛善戰，奕詝不及奕訢，此時杜受田給奕詝出了個主意，到了狩獵場，奕詝只顧和手下人吟詩唱和，不去管打獵的事。第二天，父皇來到南苑檢查戰果，奕訢捕殺的獵物最多，奕詝則一無所獲，道光皇帝看看躊躇滿志的奕訢，又看看垂手侍立的奕詝，感到奇怪，問其緣故，奕詝按老師杜受田的授意回答：眼下是萬物生長的春天，獸禽正值孕育期，兒實在不忍傷害生命，破壞天地間的和諧。道光皇帝心中大悅，頷首稱是，奕詝因此而得到了道光帝的青睞，繼位為咸豐皇帝。

奕詝的生母孝全皇后死得早，奕訢的生母靜皇貴妃像對待親生兒子一樣對待奕詝，兩個小兄弟年齡相差僅一歲，天天在一起玩耍，關係相處得很好。他們兄弟失和，是在奕詝當了皇帝以後，原來的兄弟關係上，又多了一層君臣關係，便很難相處了。有一次，奕訢的生母靜皇貴妃生病，咸豐帝前往看望，靜皇貴妃見床前人影晃動，以為是親生兒子奕訢，「即問曰：『汝何尚在此？我所有盡予汝矣。他性情不易知，勿生疑也。』帝知有誤，即呼額娘，太妃覺焉。回面一視，仍向內臥不言，自此始有猜，而王不知也。」①

兄弟間關係進一步惡化，是在靜皇貴妃去世以後。那天咸豐帝去探視，在門口恰好碰到正往外走的奕訢，咸豐帝順口問了聲：「病情怎麼樣？」奕訢神色悲戚，跪在地上流淚回答：「額娘已經不行了，她不肯瞑目，只怕是在等皇上的封號。」咸豐帝點點頭，嘴裏「哦哦」應了幾聲，繼續朝屋裏走。誰知奕訢來了個先斬後奏，迅速跑到軍機處，傳旨令禮部查制具奏。禮部的官員絲毫不敢怠慢，第二天就上了道奏摺，請尊康慈皇貴太妃為康慈皇太后。

奏摺傳到咸豐帝手上，大為不滿，想不到自己順口「哦哦」了幾聲，竟被奕訢當作聖旨傳達，弄出了這麼一道奏摺。清代並無嗣皇帝尊先皇帝妃嬪為近皇太后的先例，只有尊嗣皇帝生母為皇太后的定制，此時咸豐帝尚未生子，卻要尊奕訢的生母為太后，顯然不妥，他面對的是一道尷尬的難題。禮部是據「旨」擬摺，駁回不合適，那樣做等於是皇帝言而無信，如果說明實情，奕訢就得擔當「矯旨」的罪名，必須殺頭，皇帝哥哥殺親王弟弟，會落下個不仁不義的惡名，咸豐帝也不情願。無奈之下，只得硬著頭皮批准了奏摺，內心裏埋下了對親兄弟奕訢深深的怨恨。沒過多久，傳下一道聖旨，罷免恭親王奕訢軍機大臣、宗人府宗令、正黃旗滿洲都統等職，將他逐出了朝廷的權力中心。

咸豐帝在熱河行宮病重，最著急的是懿貴妃慈禧。病榻前，咸豐帝在著手安排後事，皇帝的位置自然該獨生兒子載淳坐，輔佐幼皇帝的是八位大臣，「皇長子載淳現立為皇太子，著派載垣、端華、景壽、肅順、穆蔭、匡源、杜翰、焦佑瀛盡心輔弼，贊襄一切政務。」聖旨寫成已是第二天凌晨，御膳房送來了冰糖燕窩，咸豐帝沒來得及喝上一口，就氣絕身亡，龍馭賓天了。

贊襄幼帝的八位大臣中，肅順是核心人物。此人字雨亭，也屬滿清貴族，是鄭親王烏爾恭阿第六子，平生敢於直言，也勇於任事，頗受咸豐帝賞識。在歷史上，對有擔當的人往往充滿爭議，肅順的情況也正是如此，站在肅順對立面的官員指責他專橫跋扈，剛愎自用，內心裏對他充滿仇恨。至於肅順與慈禧的矛盾，已經尖銳到你死我活的地步了。

咸豐帝在世之時，肅順曾向咸豐提出過殺掉慈禧的建議，援引的是西漢武帝時的「鉤弋故事」：

西漢武帝十分寵愛幼子弗陵，有心讓其繼承皇位，又擔心皇子太小，繼位後其生母鉤弋夫人趙倢伃擅權干政，遂起殺心，賜死鉤弋夫人趙倢伃，確保弗陵順利登上了漢昭帝的寶座。肅順提出這樣的建議，無疑是冒著掉腦袋的風險，如若咸豐帝仍然十分喜歡慈禧，那麼被殺的恐怕是他自己。不過肅順很懂得宦途競技場的殘酷，他這樣做無異於是一場政治賭博，為了大清的江山，也為了顧命八大臣贊襄幼帝別無羈絆，值得拿性命去冒險。

咸豐帝心裏明白，一旦他撒手西去，幼子載淳即位，還需八大臣鼎力贊襄。從理論上講，肅順等八大臣必須聽從幼皇帝的「聖旨」，而五歲的幼皇帝抱在母后懷中，他的「聖旨」往往出自慈禧的授意，長此與往，八大臣與慈禧之間的矛盾越積越深，最後勢必會水火不容，極有可能爆發宮庭政變，鬧到兵戎相見，後果不堪設想。他想到了唐玄宗李隆基與楊貴妃在馬嵬坡前的故事，將士怒目，六軍不發，唐玄宗不得不賜死心愛的女人。

儘管咸豐帝想到了這一層，但是要殺慈禧，還是超出了他的心理承受能力。不過肅順的建議還是提醒了他，彌留之際，咸豐帝在盡一切努力設計未來的政治藍圖，一方面得防止慈禧弄權，另一方面要防止八大臣專擅，咸豐帝將一方印章「御賞」交給了皇后鈕祜祿氏，另一方印章「同道堂」交給了皇子載淳，暫由其生母慈禧代管。凡是八大臣所擬的聖旨，須先蓋「御賞」之印於起首，蓋「同道堂」之印於結尾，方才有效。玩政治就是耍平衡術，咸豐帝死之前所想的是：無論如何也要想辦法將皇權順利過度到他兒子載淳身上。

咸豐帝的如意算盤打得很好，可世事的發展卻是另一種格局。咸豐十一年（一八六一）八月，咸豐帝奕詝撒手歸西，風雲忽變，天下從此不太平。

①王闓運：《祺祥故事》；轉引自劉存厚：《張謇傳記》，第十頁。

一場宮庭政變

顯然，咸豐帝對後事的安排是經過了深思熟慮的，贊襄八大臣為一方，兩宮皇太后為一方，垂簾輔政，兼而有之，兩方也許有矛盾衝突，但終極目的看上去都是為了保護幼帝。

咸豐帝別出心裁的政治設計，在他剛去世不久就遭到了破壞，二十六歲的慈禧，沒有屈從於命運的安排，在人生的關鍵時刻，她準備奮力一搏。面對顧命八大臣炙手可熱的權勢，單靠她一個人的力量（儘管有幼小的同治帝掌控在她手上），不可能贏得這場戰爭。皇太后慈安是位柔弱的女性，在殘酷無情的政治鬥爭面前束手無策，依靠她也不現實。經過精心謀劃，慈禧選擇的合作夥伴是恭親王奕訢。

在咸豐帝去世前後，朝野上下還有另一種隱隱的呼聲：為什麼不能讓恭親王奕訢贊襄幼帝？奕訢是咸豐帝同父異母的兄弟，有血緣關係，是純正的龍脈。再說，奕訢的政務能力也很不錯，與英法聯軍的談判中，他巧妙周旋，最終達成了讓英法聯軍撤退的協議，把國家從危難中救了出來。然而咸豐帝的遺詔發下來一看，顧命八大臣中居然沒有奕訢，這讓留在京城的文武大臣們疑惑不解。

被摒棄在最高權力中心以外的奕訢，此時心裏肯定也不是滋味。他的失望，並不能完全代表貪戀權力，其中更多隱含的恐怕是對自己身家性命的擔憂，政治鬥爭的殘酷性往往沒有調合的餘地，官場地位迅速沉淪的背後，說不定蟄伏著陷阱與殺機。

奕訢也曾作過努力，咸豐帝尚還在世的時候，他屢次三番呈報奏摺，要前往熱河看望皇兄的病情。咸豐帝一直不想見他，在奕訢的奏摺上朱批：「去秋別後，時思握手而談。惟朕近日身體違和，紅痰有時而見，見面時回思往事，豈能無感於懷，實於病體未宜。」①用這樣的理由推辭奕訢的探訪，奕訢也無話可說。

最讓他想不通的是，皇兄擬的遺詔中，竟然毫不顧及兄弟間的手足之情，顧命大臣列了八個，卻沒有他！而肅順等人贊襄幼帝發出的聖旨，也是叫他留守京城，勿庸前往熱河，意思非常明白，要將奕訢排斥在最高權力中心之外，同時也切斷他與兩宮的聯繫，防止節外生枝。這樣的時候，恭親王奕訢鬱積於心的憤懣可想而知，卻也無可奈何。

似乎到了山窮水盡的地步，忽然有一天，從熱河傳來了一封密摺，內容是兩宮皇太后要與他見面。看到這封密摺，奕訢不得不開始佩服那位二十六歲的小嫂嫂慈禧了。單說密摺傳遞的方式，就足以證明慈禧的政治手腕高超。身處熱河行宮的慈禧，自然是處在肅順等顧命大臣的嚴密監控中，她的一舉一動，都會被身邊的無數雙眼睛關注，迅速報告到顧命大臣那裏。慈禧只能不動聲色，暗中動用她初步構建成的關係網。慈禧有個同胞妹妹葉赫那拉氏，小名柳兒，也是選秀進宮，被咸豐帝賜給了七弟醇王奕譞，為奕譞的側福晉。利用親戚串門聊天的機會，慈禧把要與恭親王奕訢見面的資訊透露給柳兒，由柳兒轉告奕譞，奕譞再吩咐其親信的軍機章京，迅速寫成密摺，通過方略館發往遠在京城的奕訢。

奕訢對自己的政治生涯已經不作什麼指望了，忽然又燃起了一點火星，他收到這封密摺時的興奮之情可以想像。看了密摺，他完全瞭解了慈禧的真實意圖，懷著急切的心情，奕訢晝夜兼程，馬不停蹄，只用了四天時間就趕到了熱河。一見到咸豐帝的靈柩，奕訢百感交集，一下子撲倒在地，失聲痛哭。

咸豐帝的祭奠儀式結束後，按照預先密謀的計畫，兩宮太后宣佈召見恭親王奕訢。這是一次富有政治意味的召見，根據史料中片言隻語的記載，可以窺知他們談話的主要內容。兩宮太后見到奕訢，猶如久受委屈的孩子忽然見到了親人，淚水止不住奪眶而出，哭訴顧命八大臣的專橫跋扈。奕訢頗有政治家的謀略，這樣的場合不便多說什麼，只是說了他該說的，他向兩宮太后反覆奏呈，請兩宮太后速攜幼帝返回京城，並且一再說明，英法聯軍並無可怕之處，他對太后及幼帝回京負完全責任。與兩宮的見面，該說的說了，不該說的，雙方心裏也清楚了。目的已經達到，奕訢迅速離開熱河回京，他怕待的時間太長會引起顧命八大臣的懷疑，也怕夜長夢多，肅順同黨有了加害於他的時間和機會。

奕訢回到北京之後，表面上不露聲色，似乎什麼事也沒有發生，一切都風平浪靜，暗地裏卻在悄然部署，連捉拿顧命八大臣的聖旨都已經找人擬好了，並召鴻臚寺少卿曹毓瑛密擬拿問各旨，以備到京即發，而肅順等人毫不知情，可見其行動考慮得極為周密。

奕訢住在恭王府裏，天天有京城的官員們前來拜望，意在探聽虛實，決定自己下一步政治行動的方向。奕訢王顧左右而言他，只說兩宮太后和幼帝身體很好，請諸位不必擔心，再往下問，什麼話也沒有了。奕訢的真實目的只有一個：要讓肅順造成他奕訢俯首聽命的錯覺，徹底放鬆警惕，到時候他的霹靂手段才能奏效。

作為顧命八大臣的靈魂人物，肅順犯了個致命的錯誤，有咸豐帝的遺詔在手，他太掉以輕心了，以至於眼前那麼大的陷阱竟毫無察覺。據惇親王奕誴[2]之孫溥雪齋回憶，在那場驚心動魄的宮庭政變中，慈禧和奕訢站在一邊，他的祖父奕誴思想上卻站在顧命八大臣一邊，在肅順舉辦的一次酒宴上，奕誴借酒放言，揪著肅順腦後的辮子大聲說：「人家要殺你哪！」肅順並沒當回事，低著頭戲謔道：「請殺，請殺。」

為了進一步迷惑八大臣，兩宮太后在從熱河起程回京前，還以幼帝的名義發了道上諭：將八大臣中的端華調補工部尚書，並補授步軍統領。這樣的恩寵，目的也是讓八大臣放鬆警惕。誰知端華等人並不領情，當面向兩宮太后表示推辭，慈安太后沒說什麼，慈禧太后卻將計就計，順水推舟，迅速發出上諭，「本日載垣、端華、肅順面奏因事務較繁，請將管理處所，懇恩酌量改派等語，自係實在情形，著照所請。載垣著開鑾儀衛、上虞備用處事務，端華著開步軍統領缺，肅順著開管理理藩院並嚮導處事務。欽此。」不露痕跡地削去了端華等人的兵權，也反映了在政治舞臺上初露頭角的慈禧太后決非等閒之輩。

咸豐十一年（一八六一）十月二十六日，咸豐帝的靈柩啟程回京。史料中記載，臨行之前，宮庭中的妃嬪來為兩宮太后送行，兩宮太后神情肅穆，流著眼淚，對姐妹們此處一別能否在北京城重新相見表示擔憂。其中不排除有演戲的成份，也有兩宮太后感到前途渺茫的可能。她們對北京方面的情況缺乏足夠的瞭解，心中還沒有穩操勝券的把握。

回京的隊伍分成兩路。一路是兩宮太后以及幼帝，載垣、端華、景壽、穆蔭等大臣扈從；另一路是肅順、仁壽、奕譞、陳孚恩等，護送咸豐帝的靈柩上路，其中睿親王仁壽、醇親王奕譞，負有監視肅順的使命。

據說，在路上，肅順有過謀殺慈禧的想法，下了一道密令，叫怡親王載垣的侍衛兵相機行事，找準機會下手。可是一切已經晚了，北京方面派來了迎駕的隊伍，一路護衛兩宮太后，時時預防生變，謀殺慈禧的想法，永遠只是一個想法而已。

十一月一日，兩宮太后這路人馬提前一天到達北京，奕訢率文武百官舉行了一場熱鬧的歡迎儀式，看著滿地跪拜的那些紅頂子，慈禧領略到了權勢的厲害，更讓她高興的是奕訢附在她耳邊說的那句話：一切準備就緒。

十一月二日，兩宮太后召見奕訢、桂良、周祖培等親王大臣，兩宮太后見了眾大臣先是哭訴一番，歷數肅順欺負兩宮太后的罪狀，到場的這些人都是親兩宮太后派，此刻大罵肅順，有人提出：「為何不擬聖重治其罪？」慈禧和奕訢早有準備，一直就等著這句話，見機會到了，立即拿出事先擬好的聖旨，當眾宣佈：將載垣、端華、肅順革職治罪。

宣讀聖旨接近尾聲時，聞訊而至的載垣、端華正好趕到，看見恭親王奕訢手持詔書，宣佈將他們治罪時，不禁大怒：「我輩未入，詔從何來？」奕訢將頭輕輕一擺，示意侍衛把他們二人拿下，載垣大聲喝道：「誰敢！」話音未落，數名侍衛快步上前，摘掉二人頭上的頂戴，擁出隆宗門，關押在了宗人府。

肅順護送咸豐帝的靈柩，一路慢悠悠走到密雲縣，這時候睿親王仁壽、醇親王奕譞已經接到北京發來的諭旨，「將肅順即行拿問，酌派妥員押解來京，交宗人府聽候議罪。」當天夜晚，敲開了肅順的臥室，在床上將他抓獲，捆綁送京。

十一月八日，兩宮太后以幼帝的名義頒旨：賜載垣、端華自盡，判肅順斬立決。肅順臨死之前依然保持著他的威風，在押往刑場的一路上大罵不停，面對行刑的劊子手，拒不下跪，最後只好用大鐵柄將其腿骨敲斷，才讓他跪了下來。手起刀落，咔嚓一聲，肅順的腦袋滾落到了地上，仍然是咧嘴呲牙，怒目圓睜，很不甘心失敗的樣子。

①原載《晚清宮庭生活見聞》，第七十四頁，惲寶惠：「關於慈禧太后『垂簾聽政』之因果」。

②奕誴是咸豐帝奕詝的五弟，後被過繼給敦親王綿愷為子。

皇宮家室無小事

家天下的核心權力，現在全部集中到了慈禧這個女人的手上。一家治一國，這個掌管治國大權的皇宮人家，決不允許出現閃失，任何一件小事也會成為大事。

上節中說到的惇親王奕誴，在兩宮太后與肅順集團的鬥法中，執有不同觀點，揪著肅順的辮子說：「人家要殺你哪！」這麼一句半開玩笑半認真的話，差點讓惇親王脫不了干係。肅順等人伏法後，奕誴的親兄弟奕譞奏了他一本，說他言行放蕩，洩露了皇宮的秘密，要請旨重懲。奕譞一生都是個謹慎的人，依他的性格，不會在如此關鍵時刻落井下石，將親兄弟推下火坑，但是他卻上了這麼一份奏摺，其中疑竇叢生。

這份參劾親兄弟的奏摺，雖然不能斷定出自慈禧的授意，至少也是懾於慈禧的淫威，奕譞此舉不說是邀功，起碼也是想證明自己追隨兩宮太后的積極態度。家庭瑣事上升到國家大事的政治高度，這個上綱上線足夠讓奕誴喝一壺。在處理這件事情上，慈禧的權術確實高明，她淡淡一笑：「你們都是親兄弟，他怎能做出那樣的事呢？」①慈禧輕鬆一笑而過，留下的是奕譞、奕訢親兄弟間後來幾十年的相互猜疑和怨恨，不過，慈禧要的就是這個效果，政治家喜歡搞平衡，她管理下的人員互相有點疙瘩，更有利於有效管理。

慈禧太后愛權，是眾所周知的秘密，未到達權力頂峰前，她想盡一切辦法進入權力中心，一旦到達權力頂峰，坐穩了位置，便會為鞏固這個位置而竭盡全力。鞏固位置的最好方法，是祖護近支、扶植親信，讓自己最親近的人進入權力中心。於是，「一人得道，雞犬升天」的現象，成為官場上常演常新的保留節目。

京城裏有個王公貴族，在皇城根下建造了一所房屋，因為離內城太近，天晴時放眼看去，能看見皇宮中隱隱綽綽的景象，有次太監聚在一起聊天，說起這事，被慈禧太后聽到了，火冒三丈，責該王公貴族膽大妄為，膽敢偷窺皇宮，房屋當即被沒收。不過，這所房屋並沒有拆除，而是賞給了慈禧的親弟弟桂祥。

這個桂祥，是京城王公貴族中著名的無賴。慈禧從西安回鑾後，決定設立警部，掌管京城內外工巡事務並管理各省巡警，任命徐世昌為尚書。桂祥歷來是個不服管的刺兒頭，聽說警部專管治安事務，故意指使其僕從犯法，以示體面。有一次，徐世昌手下一名不知情的巡警官，看見桂祥的僕從又在街頭鬧事，即捉拿歸案，這一下撞了大禍，儘管徐世昌馬上下令放人，桂祥依然大怒，找到警部大吵大鬧，要求尚書徐世昌親自上門賠禮道歉。無奈之下，徐世昌只好登門賠禮，可是三次登門拜訪，桂祥都拒絕見面，徐世昌灰溜溜的，最後一次，只好硬著頭皮闖進院內，見了桂祥叩頭賠禮，此事始罷。

對於一個愛好權力的人來說，絕對容不得別人對其權柄的挑戰，就像有人買了精緻古玩或者娶了漂亮老婆，一定秘藏家中，容不得別人侵犯一樣。恭親王奕訢協助慈禧太后成功戰勝了肅順集團後，有點居功自傲，說話辦事常有無形的輕慢，走路也有點飄飄然，一次兩宮太后召見他時，奕訢竟然說出這樣的話：「兩太后之地位，皆由我而得。」又有一次，奕訢進宮後立於御案前，口有點渴，直接拿起桌上的茶杯就喝，後來想起這是御茶，才放還原處。每次到皇宮內廷，不等太監稟報，就低頭朝宮裏闖，猶如自家園子一般。這樣的行為，在奕訢也許無意，在慈禧太后看來，簡直無禮之極，是對她手中權柄的嚴峻挑釁。

慈禧是個想到什麼立刻就做的人，她的霹靂手段常常讓人怵目驚心。

這一天，恭親王同往常一樣，下了轎子，邁著方步，進宮入值面見兩宮太后。一見面，慈禧太后拿出一件奏摺抖了抖，用嚴厲的口吻說道：「有人參劾你！」

奕訢手下耳目無數，消息靈通，這事早有耳聞，不由輕描淡寫地說道：「不就是蔡壽祺上的那道摺子嗎？他並非好人，我正要下令逮捉他訊問呢！」

慈禧見他這種態度，心中大怒，當即斥退奕訢，迅速召見大學士周祖培、瑞常、吏部尚書朱鳳標、戶部侍郎吳延棟、刑部侍郎王發桂等人商議。

有大臣在底下竊竊私語：叔嫂之爭，這是家庭糾紛，外人不好說三道四。這話馬上得到其他人的認可，幾位大臣面面相覷，誰也不想開口先說。

慈禧太后見場面僵持，憤然說道：「恭王培植黨羽，專橫擅權，非重懲不可！請諸臣念及先帝情份，速議此事！」慈禧說到動情處，忍不住掉了幾滴眼淚。

老是僵持著也不是辦法，還是大學士周祖培精於官場規則，跪在地上磕頭說道：「這事全憑兩宮太后作主，臣等不敢多言。」

慈禧皺著眉頭說：「既然如此，我叫你們這幫大臣來做什麼？你們叫我作主，惡名讓我一個人背，到時候幼皇帝長大成人了，你們就能逃脫罪名是不是呀？」

這番話，讓在場的幾位大臣嚇得膽戰心驚，再也不敢輕易開口。每個人心裏都明白，得罪恭親王奕訢固然不行，但是得罪慈禧太后，就是天大的罪過。兩害相遇，孰輕孰重，那些大臣們心裏還是很清楚的。

大臣們不敢怠慢，將上奏摺的蔡壽祺召到內閣，詳細詢查。蔡壽祺，字紫翔，江西德化人，曾在勝保營中稽核軍務，一直官運不佳，在京城署日講官之職。聽說慈禧太后對恭親王奕訢有不滿的意思，趕緊上了一道彈劾奕訢的奏摺，想在政治上撞一撞大運。蔡壽祺指責奕訢有四條罪狀，分別是貪墨、驕盈、攬權、徇私之弊，經幾位大臣仔細核查，均為捕風捉影，並無實際的證據，有的甚至於純屬毫無根據的誣告之詞。

主持這次核查的是大學士倭仁，是幼帝同治的老師，既有威望，也富有政治鬥爭的經驗，在還沒有摸清慈禧太后的老底之前，不敢有任何越規的念頭，他們上的那道奏摺，在措辭上留有很大的迴旋餘地：「閱原折內貪墨、驕盈、攬權、徇私各款雖不能指出實據，恐未必盡出無因。況貪墨之事本屬曖昧，非外人所能看得見。至驕盈、攬權、徇私，必於召對辦事時流露端倪，難逃對明洞鑒。臣等伏思黜陟大權操之啟上，應如何將恭親王裁減事權，以示保全懿親之處，恭候宸斷。」這是一份典型的官方文件，通篇文字都在耍滑頭，處處充滿模棱兩可，最後的落腳點，還是「恭候宸斷」，聽由兩宮太后處置。

辛辛苦苦擬好的奏摺，慈禧太后草草看了幾眼，往御案上一扔，不滿地哼了一聲。倭仁等一幫大臣莫名其妙，猜不透慈禧的意思。這時候慈禧拿出了她事先親手寫的諭旨，讓這幫大臣好好看看。這一招大大出乎意料之外，看來問題比大臣們想像的還要嚴重。

在這份慈禧親筆所擬的朱諭中，文字還算通順，錯別字卻有不少。大致意思如下：據蔡壽祺奏，恭親王辦事徇情、貪墨、驕盈、攬權，多招物議，似此劣情，何以能辦公事？恭親王從議政以來，妄自尊大，諸多狂傲，依仗爵高權重，目無君上，視朕沖齡，諸多挾制，每日召見，趾高氣揚，言語之間，諸多取巧，滿是胡談亂道。似此情形，以後何以能辦國事？若不及早宣示，朕歸政之時，何以能用人行政？結尾幾筆，諸大臣最為關心，只見寫道：「恭親王著毋庸在軍機處議政，革去一切差使，不准干預公事，方是朕保全之至意。特諭。」

倭仁等一幫大臣所擬奏摺中的意思，是「如何將恭親王裁減事權」，而慈禧親筆寫的這份上諭，卻是「革去一切差使，不准干預公事」，二者差別太大，大臣們面色惶然，不知所措。猶疑片斷，大學士周祖培試探性地提了個小建議：「恭親王議政之初，尚屬勤慎，是不是把這句話加上？」慈禧想了想，覺得加上這句也無妨，點了點頭。接下來慈禧快刀斬亂麻，厲聲說道：「此詔即由內閣速行之，不必交軍機！」軍機處是恭親王的班底，由奕訢所掌控，慈禧有意繞開軍機處，直接交由內閣辦理，以免節外生枝。

這一次，大臣們實實在在地領略到了慈禧太后的威嚴。天威難測，對這位性情乖戾的鐵腕女人，他們現在知道了，任何人都必須心存顧忌，小心翼翼。

慈禧為何一定要罷免恭親王奕訢？歸納一下主要原因，還是由於奕訢諸多狂傲，目無君上，長此下去，幼帝同治親政後，終是一大禍根。說白了，慈禧是為兒子著想。按輩分，奕訢是幼帝同治的叔叔，這件在朝廷上鬧得沸沸揚揚的事，也是愛新覺羅家族的家事。既然是家事，由家庭中的其他成員出面說情，也許更有可能出現轉機。

此次承頭的是五哥奕誴。這人平時只喜歡看戲喝酒，不問政事，逢到關鍵時刻，也能站出來說幾句話。他在上疏的奏摺中寫道：「恭親王自議政以來辦理事務，未聞有昭著劣跡，惟召對時語言詞氣之間，諸多不檢，窮非臣民所共見共聞，而被參各款查辦又無實據，若遽行罷斥，竊恐傳聞中外，議論紛然，於用人議政，似無關係，殊非淺鮮。臣愚昧之見，請皇太后皇上恩施格外，飭下王公、大臣集議，請旨施行。」隔了幾天，七弟奕譞也跟著上了一道奏摺，為家中老六奕訢說情。在奏摺中，他先拍了慈禧一通馬屁，頌揚兩宮太后知人善任，很了不起，結尾處才小心地說，雖然奕訢「有失檢點之處，乃小節之虧，懇請兩宮太后令其改過自新，以觀後效。」

見愛新覺羅家族兩個兄弟都出頭說了話，其他大臣膽子大了些，大學士倭仁、肅親王隆勲分別上了奏摺，倭仁的奏摺上有除奕訢之外的全體軍機大臣列名，隆勲的奏摺上署名的更多，有禮親王世鐸及王公、宗室、大臣等七十餘人。此外，都察院、宗人府也上了奏摺，內閣學士殷兆鏞、潘祖蔭等也單銜上疏。

群情洶湧，暗潮萌動，慈禧此時也不能不有所顧忌。同治四年（一八六五）三月十六日，慈禧以同治帝的名義明發上諭，對處理恭親王奕訢一事，曲意作了一番解釋，並聽取了王公大臣們的意見，重新任命奕訢在內廷行走，管理總理各國事務衙門，但是，議政王和首席軍機大臣的頭銜依然還是被剝奪了。也就是說，從此以後奕訢只有幫朝廷辦事的義務，沒有參與領導中心的權力。

一樁家庭糾紛，終於得到了圓滿的解決。但是，這樣的解決方式，給大清王朝帶來的損失也難以估量。恭親王奕訢的失勢，究其根源還是出於慈禧太后的私心，為了她手中的江山能順利過渡到她兒子身上，甚至不惜犧牲大清政府的利益。奕訢在清史上頗著賢聲，他在辛酉政變後擔當政府樞要核心，一心輔政，朝局為之一新，國家出現了中興之象，如果繼續延著這條軌跡運行，大清王朝再度出現康乾盛世的景象也並不是沒有可能。因為慈禧這個女人的一己之見，奕訢被逐出權力中心，國家復興的銳氣遭致重創，中國在國際舞臺上的聲望和地位急遽下降，官員之間相互傾軋，晚清政局動盪不安，這一切，不能不讓人扼腕歎息。

經歷了這麼一通暴風雨般的打擊之後，奕訢似乎才認識到問題的嚴重性，他開始急了，連續幾次請求兩宮太后召見，卻遭冷遇，慈禧根本不予理睬。差不多一個月後，才答應召見。此時的奕訢，猶如打斷了脊樑骨的一條狗，在最高權勢面前再也直不起腰桿子了，他跪在地上痛哭，對自己的錯誤表示懺悔，為了表明心跡，面奏兩宮太后收回對其長女封為固倫公主的成命。[2]兩宮太后商量了一下，同意了他的請求，將其長女改封為榮壽公主。

一場宮庭鬥爭，就這樣落下了帷幕，經過將近一個月的較量，慈禧太后以大獲全勝收場，她手中至高無上的權力，再也沒有人能夠撼動了。

①原載《晚清宮廷生活見聞》，第六十八頁，溥雪齋：「慈禧第一次垂簾時的一些內幕」。

②當初為了拉攏恭親王奕訢，慈禧曾經將奕訢的長女留養，並收為乾女兒，封固倫公主。

皇帝的性病

翰林院編修李鴻藻，是咸豐帝在世時為兒子選定的師傅。同治元年（一八六二），六歲的同治帝載淳在北京紫禁城登基，兩宮太后發佈懿旨：大學士祁寯藻、翁心存、工部尚書倭仁，均在弘德殿授讀，同治帝的師傅由一個增至四個。同治二年，兩宮太后以惠親王綿愉行輩最高，品行端莊，又讓他的兩個兒子奕詳、奕詢進入弘德殿，陪伴幼帝同治讀書。這一切，都是為了讓這位幼帝早成大器。

對於同治帝的啟蒙教育，兩宮太后非常關心，在懿旨中明確指出皇帝學習的目的和原則，奉命稽查弘德殿一切事務的恭親王奕訢，在當時專門上有奏摺，詳細安排了同治帝日常作息時間和功課內容，如：皇帝每天到書房，先拉弓，次習蒙古語，讀清書；讀漢書。每天兩宮太后召見後，由太監引入書房，可在書房用餐；誦讀與討論，二者皆不可偏廢，皇帝讀書之餘應與師傅隨時討論，以古論今，摒除虛儀，務求實際，等等，規矩詳達十五條之多。

中國歷代皇帝中，以清朝皇帝最勤於政事，他們每天要召見軍機大臣，要親自批閱內外臣工的奏章文牘。為了當好皇帝，從小就必須進行嚴格訓練，蒙古語、滿文、漢文、拉弓、射箭、打槍、騎馬等都得精通，讀漢書則經史、寫字及作文做詩等項，無所不包。千萬不要以為當皇帝輕鬆，尤其清朝的小皇帝，極少有玩耍的時間。

中國歷史中有個值得玩味的現象：每當國運衰敗，便會有外來勢力衝擊，或是外族入侵，或是農民造反，於是舊政權垮臺，新皇帝登基，開始新一輪專制統治。一般而言，開國皇帝往往由社會下層崛起，既瞭解民間疾苦，自己也曾身經百戰，深知創業之艱難，所以一旦做了皇帝以後，也能心繫天下百姓，做幾件好事，出現一段太平盛世的繁榮景象。到了這個朝代的後期，會為之一變，繼位的皇帝要麼是病懨懨的病夫，身心俱有殘疾，很難管理好偌大的國家；要麼尚在沖齡，是幾歲的孩子，根本擔當不起重任。國運也由此滑落，直至一個王朝滅亡，另一個王朝誕生，如此循環，周而復始。

如果把大清王朝比喻作一根鏈條，同治帝就處在由盛轉衰的這一環。

以他小小的年紀，要學習那麼多東西，以備將來擔當起國家中興的重任，實在難堪重負。沒過多久。同治帝的老師們就發現這孩子有厭學情緒，常常背地裏搖頭歎氣，老師問他為什麼事不快樂，他回答：「當差勞苦。」慈禧對兒子的學習尤其操心，經常抽查學業情況，卻屢屢失望，兒子的學習成績很糟糕，「語言蹇吃，詩亦無成誦者」，「論文多別字」，「讀摺不成句」，「講《左傳》則不了了，背《大學》皆不能熟」。[①]慈禧治理國家也許還行，教育孩子完全是外行，除了著急和訓斥責罵之外，想不出任何好辦法。

每天早晨天沒亮就要起床，微明的光線中，幾個太監提著宮燈，引領他去向兩宮太后問安，然後開始一天枯燥乏味的讀書和習武，過這種苦行憎似的生活，是這個孩子極不情願的。厭學情緒由此而生，演變到後來，竟成了另一種變態的反抗。

幼小的同治帝喜歡演戲，也許厭倦了皇帝前呼後擁的生活，他對在戲中扮主角不感興趣，喜歡演配角，化裝成灶前燒火的夥計，穿黑袍，持木板，神龍活現。同治帝還喜歡和太監們玩摔跤遊戲，高明的太監們既要讓著他，又不能讓他看出明顯破綻，需要有高超的演技，好在同治帝玩興正濃，並不能識破太監們小小的陰謀，以為自己真的有神力，一上陣便連續摔倒數個太監，樂此不疲。

同治十一年（一八七二），同治帝十七歲，親裁國政。慈禧對兒子掌權不放心，經常派太監密行查探，一有什麼情況，就傳令同治帝過來訓話，責怪他遇事不稟報。慈禧性格剛強好勝，同治帝正好繼承了母親的這一秉性，經常在師傅面前嘀咕：母后既然歸政了，為何還來干涉？這樣一來二去，母子之間矛盾鬧得很深。親政的前一年，因為同治帝的婚姻問題，導致母子間的關係更加緊張。

東宮慈安太后看中了戶部尚書崇綺的女兒阿魯特氏，崇綺，字文山，內務府旗人，整個大清王朝，滿蒙旗人子弟中考中狀元的惟有他一人，聰明才智由此可知。阿魯特氏出生在這麼一個高級知識份子家庭，又具有滿蒙旗人的純正血統，而且知書識禮、淑靜端慧，按理說是當皇后的理想人選。可是不知什麼原因，慈禧卻看中了員外郎鳳秀的女兒富察氏，富察氏還是個小姑娘，才十四歲，雖說人長得漂亮，其他方面卻比阿魯特氏差了許多。

到底挑一個什麼樣的皇后？兩宮太后意見分岐很大，雙方相持不下，只好讓同治帝自己挑選。同治帝挑中阿魯特氏，似乎隱含有與母后對抗的意思，這一來慈禧太后更加氣惱，又不便發作，只得暫時隱忍。

同治帝婚後，矛盾繼續惡化，阿魯特氏每次見婆婆慈禧時，慈禧從不給她好臉色，板著臉教導這位皇后兒媳說：「皇帝要為國家辦事，你少去打擾，免得妨礙政務。」慈禧太后喜歡看京戲，經常把戲班子召進宮中，通宵達旦演出。清朝舊例，禮節最繁，婆婆慈禧看戲，兒媳皇后阿魯特氏必須陪侍身旁，皇后對京戲不感興趣，對舞臺上的男女情事也看不慣，常常將臉扭向一邊，對著牆壁發呆。慈禧太后見了，心中肯定不高興，對兒媳皇后的怨恨，不由得又增加了幾分。

婆媳失和，放到一般家庭，不過是爭吵幾句了事。但是放到了皇宮，說不定就成了引發朝廷動盪的大事。慈禧的做法，使同治帝產生了強烈的逆反心理，宮廷外邊充滿冒險與刺激的性遊戲，正好乘虛而入，深深吸引了他。

換上民裝，步行出內城，和陪同的幾個臣子、太監一起穿行於煙花柳巷，與青樓妓女嘻笑打鬧，充滿冒險與刺激。經常陪伴同治帝出城豔遊的是恭親王的兒子載澄，此人幼時曾被指定陪伴皇帝讀書，是皇帝的好友，常常和皇帝化裝出宮去當高級嫖客。

清律對嫖娼有嚴格的規定，但是到了晚清，那些鐵的規定已經廢弛，像毫無彈性的橡皮筋。娼寮叢生的八大胡同，是京官士大夫經常出沒的地方，遇到熟悉的臉，彼此會意一笑，然後轉過身去各忙各的「生意」。同治帝也碰到過類似場面，不過那次略顯尷尬。有一天，與兵部尚書毛昶熙相遇於一家酒肆，同治帝微笑點頭，毛昶熙卻大吃一驚，臉上變了顏色。急忙起身走出酒肆，找到步軍統領，叫他迅速派了十幾個勇士，暗中保護皇上。幾天以後，同治帝在朝中見到了毛昶熙，把他叫到一邊，小聲責怪他不要多管閒事。

清代蕪雜的野史之中，遍佈著同治帝的風流韻事，像原野上妖豔的小花，分外吸引眼球。皇帝的隱私權沒能很好的保護，怨不得著書的史家，關鍵是那時候性科學知識不普及，也沒有避孕套，有效預防性病的措施太少，使同治帝染上梅毒，導致過早死亡。

龍馭賓天，是朝廷的大事，史家即使想要隱瞞掩飾，也是難以上青天。即使修正史的有心幫皇帝打掩護，也會露出狐狸的尾巴，最明顯的一個漏洞是，同治帝去世前後，懲治了那麼多他身邊的太監和臣子。

翰林王慶祺，天津寶坻人，其父王祖培，當了一輩子窮翰林，直到同治九年才放了廣東主考。到廣東當主考官是頭等肥差，一幫京官朋友為他送行，眼光有羨慕、佩服，也有嫉妒，不知道他走的什麼門路。豈料王祖培這一趟南方行，既有財運也有厄運，雖說得了銀子，卻丟了性命，莫名其妙生了一場大病，半路上一命嗚呼。

王慶祺拿到父親用命換來的一大筆銀子回到京城，也找不到什麼正事可做，於是大把大把的往銷金窟裏扔。京城有家著名的飯莊，叫宣德樓，王慶祺是其間常客，有一天，王慶祺與同事張英麟一起冶豔遊玩，王擅長二簧，張擅長崑曲，二人以紅牙檀板各獻演藝，唱得興致勃勃，陪樂的幾個妓女也非常開心，忽然門簾一掀，進來一位客人，詢問他們的名字和官職，臉上微笑著說：「剛才二位的演奏妙若天籟，能否再演奏一曲？」

來人氣度不凡，高貴典雅，說話語氣也不同尋常，顯然很有背景，王慶祺、張英麟不敢抗命，操起紅牙檀板為之演奏。誰知歌聲剛起，門簾一挑，又出現二位玄服少年，王慶祺定睛一看，進來的達官貴人中有一個他認識，是恭王府的公子載澄。風月場上的獵豔老手王慶祺，馬上聯想到傳說中載澄與同治帝同遊妓館的風流韻事，莫非剛才請他們演唱的這位弱書生竟是皇帝？一念至此，心兒狂跳，冷汗直流，手腳也不知道該往何處放了。

王慶祺在宣德飯莊見到的果然是同治皇帝。沒過幾天，傳下了一道上諭，王慶祺、張英麟二人均有升遷。張英麟看出了其中將來的麻煩，不肯就任新官職，藉口身體不適，乞養歸，王慶祺沒有放掉這次機會，有幸與皇帝同嫖，被風流皇帝提拔，心中不免沾沾自喜。據說，他曾進獻過春藥，名龜齡集，為皇帝多嫖幾個妓女立下了汗馬功勞，從此一路官運亨通，「數遷至侍郎」，從五品擢升至二品，在內廷行走。

同治帝病逝之後，京城各種議論不絕於耳，湖廣道御史陳彝，打聽到王慶祺好些劣跡，上了一道奏摺參劾，措詞含蓄得體：「侍講王慶祺，素非立品自愛之人，行止之間，頗多物議……去年王慶祺為河南考官，撤棘後公然微服冶遊。」意思很明白，王慶祺唆使皇帝治游獵豔有罪。於是發了懿旨，「王慶祺著即行革職，永不敘用」，此人青春年少時風流過度，晚年窮困潦倒，也是一種因緣。慈禧沒有重懲王慶祺，也是事出有因，為了掩飾，朝廷一直對外稱皇帝患的是天花，只有御醫和皇宮核心層的幾個人物，才知道同治帝確是死於梅毒，因此，在處置王慶祺的問題上，投鼠忌器，如果公開說明了是王慶祺引導同治帝治遊嫖妓，彰先帝之醜，有傷國體。

這樣的時候，只有拿太監來祭刀。同治帝在世時，對有人屢屢呼籲要嚴懲他手下的太監是很不滿的。恭親王曾在一份奏摺中勸誡：「帝與太監等以嬉戲為樂，借看工程，恣意遊觀，人言不可不畏也。」同治帝看了大怒，對手下大臣發脾氣說：「此位讓他來坐，如何？」大學士文祥聽了這話，當場伏地慟哭，以致昏厥過去，被人扶出朝廷。醇親王也曾流淚勸諫，勸侄子皇帝不能跟太監出去玩賞那些風花雪月了，同治帝反問：「你聽誰說的？」醇親王無話可答，恭親王卻站出來答道：「據臣子載澄所說。」載澄是恭親王之子，也是同治帝的玩伴，既然如此，同治帝也無話可說了，只能在心中生悶氣。

慈禧太后的獨生兒子同治帝病逝，她的滿腔憤懣無處發洩，只能遷怒到太監頭上，一道懿旨從宮中發出：「近來太監中竟有膽大妄為，不安本份，甚或遇事招搖，與內務府官員因緣成奸，種種營私舞弊，實堪痛恨。所有情罪尤重之總管太監張得喜、孟忠吉，頂戴太監周增壽，均著即行斥革，發黑龍江給官兵為奴，遇赦不赦。頂戴太監梁吉慶、王得喜，著一併斥革，與太監任延壽、薛進壽，均著敬事房從重板責，交總管內務府大臣發往吳甸鍘草，以示懲儆。並著總管內務府大臣查該衙門官員中有結交太監通同作弊等劣員，即行據實指名嚴參，倘敢瞻徇情面，意存護庇，別經發覺，定惟總管內務大臣是問。」這道懿旨背後透露出太多的資訊，慈禧太后的惱怒，只能潑向深宮裏那些無辜的太監。

關於皇后阿魯特氏之死在此交代幾句。同治帝死後，十九歲的阿魯特氏被兩宮太后封為嘉順皇后。光緒繼位新皇帝，阿魯特氏處境尷尬，她不可能成為太后，也不可能成為皇后，一場皇權之爭，她沒有任何發言權。其父戶部尚書崇綺進宮探視，與女兒一夕長談，越談得深越覺得前景不妙。崇綺知曉慈禧太后的厲害，上奏問太后怎麼辦，慈禧太后的回答是：「皇后既然如此悲痛，不如也隨大行皇帝去罷。」崇綺怔在宮殿之上，半天沒吱一聲，思來想去也是走投無路，因此，當女兒阿魯特氏再次前來請命時，崇綺在紙上寫了「死」字，第二天，阿魯特氏吞金身亡。

①引文均見《翁同龢日記》（第二冊）。

不幸生在帝王家

同治帝病逝時才十九歲，沒有後代。無子繼承家業、傳承繁衍，本來是個家庭問題，發生在皇帝身上，便上升成了國家的頭等大事。

同治十三年（一八七四）十二月初五，同治帝駕崩，兩宮太后隨即召開御前會議，與清王朝重要的王公大臣商討皇位繼承人。剛剛經歷了喪子之痛，慈禧太后臉上神情除了悲戚之外，隱隱顯現出剛毅和堅定，目光掃視一眼在場的王公大臣，問道：「此後垂簾如何？」樞臣中有人站出來應道：「皇帝無子，今遭此變，請擇賢而立，然後懇請兩宮太后垂簾。」慈禧早有準備，隨即揣出了她的想法，宣旨道：「今遭此變，如承嗣年長者，實不願，須幼者乃可教育。現在一語既定，永無更移，我二人同一心，汝等敬聽。」隨即宣讀了幼皇帝載湉的名字。「維時醇親王奕譞驚遽敬唯，碰頭痛哭，昏迷伏地，掖之不能起。」①

兒子載湉被選立為皇帝，生父奕譞被嚇得癱坐在地，失聲痛哭以至昏迷不起，由此可見慈禧太后之淫威。

不管醇親王奕譞意願如何，他四歲的兒子載湉，被立作了皇帝，史稱光緒帝。

慈禧太后立幼光緒帝，有如下幾層考慮：一，載湉是同治帝的侄子，血統占優；二，載湉的母親是慈禧的親妹妹，這種親上加親的關係是其他人不具備的；三，載湉父親奕譞為人謹慎，既是妹夫又是小叔，政治上一直和慈禧太后配合不錯，又在辛酉政變中立過功；四，載湉年齡尚小，可以按照慈禧太后心目中的要求好好培養；五，立幼皇帝，慈禧可以有充足的理由繼續垂簾，這一條嘴上不能說，但是十分重要。

有如此多的理由，四歲的載湉被匆匆套上龍袍，抱上了皇帝的寶座。

這裏有必要說一說光緒帝的生父奕譞。

在晚清歷史上，奕譞是滿清貴族核心集團中的一個重要成員。他是道光帝的第七子，四哥咸豐帝，五哥恭親王，奕譞，是書寫晚清歷史的兩個關鍵性人物。兒子愛新覺羅載湉、孫子愛新覺羅溥儀，是大清王朝的最後兩位皇帝（光緒、宣統），位置尤為顯赫。除此之外，他的妻子還是慈禧太后的親妹妹。所有這一切，勢必將他捲入晚清宗室政治鬥爭的漩渦中心，不管他本人願意還是不願意。

在錯綜複雜的權力鬥爭中，醇親王奕譞屢經歷練，政治上變得十分成熟。辛酉政變，他配合嫂嫂慈禧、五哥奕訢，在密雲半壁店捉拿肅順，立下大功，成為最高當權者慈禧眼中最值得信賴的人物，仕途上也一再升遷，獲得了正黃旗漢軍都統、正黃旗領侍衛大臣、御前大臣、後扈大臣、管理善撲營事務、署理奉宸苑事務、管理正黃旗新舊營房事務、管理火槍營事務和神機營事務等一系列頭銜，其時奕譞才二十一歲。

在殘酷的政治搏弈中，奕譞逐漸形成了雙重性格，既嚮往最高權力，積極參與官場角逐，又害怕一旦在政治鬥爭中失勢，落得家破人亡的下場。在醇王府第裏，他親筆書寫了不少格言和家訓，張貼在最醒目的地方，書齋條案上擺放的陶罐，刻著「滿招損謙受益」的銘文，子女房間裏，懸掛的條幅寫的是：「財也大，產也大，後來子孫禍也大，若問此理是若何？子孫錢多膽也大，天樣大事都不怕，不喪身家不肯罷。」②

長期的政壇生涯，又是慈禧太后的內廷親信，奕譞深切懂得了伴君如伴虎的道理，尤其是親眼看到了五哥奕訢的遭遇，轉瞬間由權勢熏天墜入門庭冷落，更是領略到了慈禧玩弄政治的高超手段，他根本不可能是其對手。因此，一聽到慈禧要立他的兒子載湉為皇帝的消息，奕譞立刻明白那意味著什麼，感到末日將至，「碰頭痛哭，昏迷伏地，掖之不能起」等等症狀，並不是裝出來的，而是他當時心境的真實寫照。

慈禧是光緒帝的聖母皇太后，奕譞是光緒帝的親生父親，從道理上看，他與慈禧的政治地位差不多，按照大清律法，一個有資格垂簾聽政，一個有資格當攝政王。然而在現實生活中，天無二日，國無二主，他如果去和慈禧爭權，將一敗塗地；如果聽之任之，與慈禧的關係極難相處，何況天長日久，朝中有不滿慈禧的勢力可能拿他去對抗慈禧的最高權力，那樣一來，後果將不堪設想。思前想後，奕譞覺得退出政治舞臺是最明智的選擇。

於是，醇親王奕譞上了一道奏摺，言辭誠懇，感人至深：「忽蒙懿旨下降，擇定嗣皇帝，倉猝間昏迷罔知所措，迨抬回家內，身戰心搖，如癡如夢，至觸犯舊有肝疾等症，實屬委頓成廢。惟有哀懇皇太后恩施格外，洞照無遺，曲賜矜全，許乞骸骨，為天地容一虛糜爵位之人，為宣宗成皇帝留一庸鈍無才之子，使臣受帡幪於此日，正邱首於他年，則生生世世，感戴高厚鴻施於既矣。」

政治上的一道難題，因為奕譞的知趣而退輕鬆化解了，對奕譞的態度，慈禧太后很欣賞，對奕譞的懇求，也順水推舟。在將奕譞的奏摺交由王公大臣集議之後，慈禧作了以下批復：「該王因傷痛過甚，觸發舊疾，哀懇出於至誠，不得不量為體恤，擬將該王所管各項差使均於開除……著以親王世襲罔替，用示優異。」從此以後，醇親王奕譞戴著世襲的鐵帽子，做一些無關緊要的事務，不求顯赫的政治地位，只求清閒無過，度過餘生。

奕譞是內廷近臣，經常進宮，與親生兒子載湉見面的機會還多一點，奕譞的妻子、小名柳兒的那拉氏，與兒子相見的機會就少多了。雖然她是慈禧的親妹妹，但受禮法所拘，也不許隨便進宮探望，只有等慈禧派人傳她進宮，才能和思念中的兒子見上一面。

載湉進宮，親生骨肉被活活拆散，柳兒哭乾了眼淚。有一天，忽然有懿旨召她進宮，她的心情才稍稍好了一點。首先是在儲秀宮與親姐姐慈禧見面，由於摻雜了政治因素，兩姐妹的話題格外謹慎，一番寒暄，有真情實意也有虛情假意。

話說得差不多了，慈禧吩咐太監去請幼小的光緒帝，母子相見，卻不能釋放真情，甚至不能開口說話，即使親生母親也必須下座，面對當了皇帝的兒子跪拜請安。載湉當時才四歲，還不懂得皇宮那一套規矩，見了母親立刻撲過去，被一個太監攔住了，小載湉失聲痛哭，一雙小手在空中劃拉，母親柳兒看到了這一幕，也只能背過身去暗自抹眼淚。

為了割斷光緒帝與柳兒的母子情，慈禧很少傳旨讓她妹妹進宮，偶爾一年半載進宮一次，也是管束極嚴，待她進了宮，卻又不能單獨和光緒見面，必須在太后以及許多人的監視之下，遠遠地站著，什麼話都不好講，無非在那裏站上刻把鐘就完了。

幼小的光緒帝，就是在這麼一種詭譎的環境中長大的。

①參見陳義傑整理：《翁同龢日記》（第二冊）。

②溥儀：《我的前半生》，第七頁。

胭脂井的憂傷

光緒帝的一生，緊緊與慈禧太后糾纏在一起，有愛，也有恨；有親，也有仇。同治帝病逝，遽然間痛失愛子，無論慈禧有多麼堅強，都會在內心深處泛起人生難言的悲涼。將親妹妹四歲的兒子載湉弄上皇位，兼顧了家事與國事，是慈禧苦心孤詣的考慮，政治智慧中潛藏了兒女情長，隱含了慈禧的一腔苦衷。

載淳和載湉是同一輩的兄弟，從載湉身上，慈禧似乎看到了兒子的影子。從光緒一朝的年號中，也能看出慈禧的心事：緒，隱含有前人未竟事業或連綿不斷之意，將「同治之興」發揚光大，是慈禧最願意看到的情景。

載湉以咸豐帝嗣子的身份入宮繼承皇位，慈禧太后也就成了嗣母。從載湉被抱進皇宮那一天起，她除了上朝處理政務外，全部精力都花到了載湉身上。每天晚上，她都要親自為小皇帝洗澡，夜晚睡覺，也要把小皇帝放在身邊，即使加衣服、換尿布這種細碎小事，她也不放心讓宮女去做。為了將載湉培養成能夠挑起國家大樑的優秀皇帝，慈禧在溫柔照料的同時，又不忘嚴酷訓練，與同治帝的幼年時期一樣，安排了翁同龢等師傅講授功課，學習滿文、蒙文、漢文以及射箭、摔跤、騎馬等。這一次，慈禧接受同治帝教育失敗的教訓，專門派了老成持重的太監伺候左右，以免載湉重蹈覆轍，變成心浮氣躁的皇帝。

然而，慈禧播下了愛的種子，收穫的卻並不是愛的果實。

幼年時，光緒帝心裏裝滿了對慈禧的害怕和恐懼。在皇宮中玩得好好的，聽見太監拖長腔調喊太后來了，他馬上收拾起笑容，躲到帝師翁同龢身後，不敢出聲。即使慈禧太后做出親熱的姿態把她拉到跟前，這孩子臉上仍然陰沈沈的，像失去了靈性的木偶。漸漸地，載湉長大了，到了結婚的年齡，和十幾年前同治帝的婚姻悲劇一樣，潛伏在光緒心裏的怨恨總爆發，上演了又一齣皇室的婚姻悲劇。

按照清朝成例，皇帝婚配大事基本上都在十五、六歲這一階段：順治十五歲冊封搏爾濟苦特氏為皇后；康熙十四歲冊封赫舍里氏為皇后；乾隆十五歲冊封富察氏為皇后；嘉慶十六歲冊封喜塔臘氏為嫡福晉；咸豐十六歲冊封薩克達氏為嫡福晉；同治十八歲冊封阿魯特氏為皇后。光緒十四年（一八八八），慈禧太后發出懿旨，光緒帝「明年正月大婚禮成，應即親裁大政，以慰天下臣民之望。」

大婚與親政，是光緒帝人生中的兩樁大事，尚未經歷政治暴風雨沖刷的光緒帝，內心深處隱隱覺得自己長大成人了，兩樁大事意味著他即將擺脫慈禧的控制，一想到此，心裏忍不住有股莫名的興奮。

於是，光緒帝順水推舟，明發了一道上諭：「慈奉懿旨於明年二月歸政，朕仰體慈躬敬慎謙抑之本懷。並敬念三十年來，聖母為天下憂勞況瘁，幾無晷刻可以稍資休息。撫衷循省，感悚交深。慈復特沛溫綸，重申前命，朕敢不抵遵慈訓，於一切機務，兢兢業業，盡心經理，以冀仰酬我聖母撫育教誨有加無已之深恩。」

按慣例，遇到太后恩典，皇帝不管是真心還是假意，都得作出一番謙虛的表示，「皇上聞諭後長跪懇辭」，「請求收回成命」，等等。可是光緒帝的這道上諭，全然沒有絲毫謙讓，字裏行間的潛臺詞十分明白：太后請休息吧，讓朕來挑這副擔子。上諭直接發給內閣，並立即著各衙門酌議具奏，造成既成事實，讓慈禧太后不能反悔，其急切之情，可見一斑。

慈禧太后是政治鬥爭的老手，看著她一手扶植起來的光緒帝那副猴急態度，不動聲色，依然不慌不忙準備那場挑選皇后妃子的儀式。經過精心安排，儀式在故宮體和殿裏開場。候選人共五名，分別是慈禧太后弟弟桂祥的女兒、江西巡撫德馨的兩個女兒和禮部侍郎長敘的兩個女兒。慈禧坐在上座，光緒侍立，幾個公主、福晉站在慈禧身後。前面的長桌上，放著一柄玉如意和兩對紅繡花荷包，為中選證物。①

慈禧太后表情溫和，用手指了指那五個女子，說道：「皇帝，誰堪中選，你自裁之，合意者即授以如意。」光緒猶豫片刻，說道：「此大事當由皇爸爸作主，子臣不敢自選。」慈禧轉過身對後邊的公主、福晉笑了笑，為了顯示寬厚仁愛，她執意把如意遞到光緒帝手上，叫他自己作主。光緒拿著那柄如意，走到江西巡撫德馨的女兒身邊，正要遞上玉如意，慈禧太后忽然咳嗽一下，叫了聲：「皇帝！」並用眼角示意排列在首位的女子，光緒帝愕然，無可奈何地走回來，將代表皇后權位的玉如意授給了慈禧的侄女兒。

這一門婚事，將葉赫那拉氏和愛新覺羅兩個家族再次緊密地連到了一起。

選中了皇后，須向皇后的娘家傳詔書和聘禮，慈禧太后是皇帝的嗣母，又是皇后的姑媽，婆家娘家兩邊的風光她都有份，親上加親，喜上加喜，著實快活了幾天。皇室的聘禮，出手必定豐厚，兩枚金戒指、一柄玉如意、一對杏黃貢緞製成的枕頭套，還有大批極為珍貴的綾羅綢緞衣料和其他金銀首飾，由內務府派遣大官員送去，皇后母家當天擺出隆重的「採納宴」，既是答謝，也是慶賀。

皇后姓葉赫那拉氏，據說叫靜芬，史稱隆裕皇后。小時候，由慈禧太后安排，光緒曾與靜芬有過接觸，但是那時慈禧正在培養光緒的帝王意識，貴為萬乘之尊，根本沒把一個不起眼的黃毛丫頭當回事，何況黃毛丫頭還比他大三歲，當時光緒只向靜芬看了一眼，心上便老大不高興。他覺得這個小女孩子，絕對不是他理想中的同伴。

然而，正是這個絕對不理想的同伴，卻被慈禧太后夾塞兒，變成了母儀天下的皇后。

這樣一對皇帝和皇后，其婚後的感情可想而知。他們在宮中形同陌生人，除非遇到時令節日，或者什麼慶典，不得不在一起說幾句話，應付場面，至於平時，光緒帝基本上沒有同皇后交談的任何興致。

皇宮裏有一種「承幸簿」的記錄，由一名指定的老太監，專門負責記錄皇上召幸各宮后、嬪妃的日期和進離宮時間，以便將來生了皇子或者公主作備查。在「承幸簿」上，很少有隆裕皇后的記錄。婚姻的悲劇對於光緒是一種殘酷，對於隆裕皇后又何嘗不是一種殘酷？

幸好皇帝身邊的老婆，除了皇后之外還有嬪妃。在挑選皇后、妃子的儀式上，站在桂祥女兒靜芬下首的，是禮部侍郎長敘的兩個女兒，那天也一起被選進宮，成了皇妃。大女兒瑾妃，天資平庸，相貌中等，入宮後巴結隆裕皇后，光緒看不順眼。小女兒珍妃，性格開朗，志趣廣泛，寫得一手好字，也能作畫，是一個絕頂聰明的人物，玲瓏透剔，正和她姐姐愚蠢固執成一個絕對的反比例。

據說，禮部侍郎長敘的兩個女兒能被選入宮中，是帝師翁同龢在其中起了作用。

有一天，原任廣州將軍的滿洲親貴長敘奉旨來京陛見，他與翁同龢素來熟悉，到京城後彼此間少不了往來，閒談中，翁同龢得知他有兩個女兒已經長大，還不曾婚配。第二天，翁同龢打發夫人到長敘的寓所去探望內眷，實際上是看那兩個女兒長得如何，以備入宮選妃。翁夫人看了那兩個女兒，十分中意，尤其是小女兒，更是冰雪聰明，翁同龢聽了很高興，將消息告訴了慈禧太后，長敘的兩個女兒因此被選入宮。

選秀進皇宮時珍妃才十四歲，梳著「兩把頭」，腳穿「花盆底」，籠在身上的織錦旗袍有些顯大，烘托那張稚氣的蘋果臉，眼睛怯怯地四處張望，高牆深鎖的皇宮裏的一切，莫不讓她感到新奇。能在美女選秀中脫穎而出，成為皇帝的妃子，相當於今天央視選美奪了亞軍，但是暴得大名則不祥，珍妃年齡太小，這句飽含哲理的話沒聽說過，有些事理她還不明白。這個官宦之家長大的千金小姐有愛玩的天性，似乎把官場政治也看成了一齣遊戲，暫時不清楚遊戲的玩法，恍若迷霧中的一隻帆船，她把慈禧太后當作前方的燈塔。

於是珍妃的言行舉止，無一不是模仿慈禧太后。慈禧對京戲興致濃厚，珍妃也迅速迷戀上了京戲；慈禧喜歡批答大臣們的奏摺，珍妃發現幫皇帝批奏摺趣味無窮。隨著時間推移，逐漸長大的珍妃才情一天天顯現，這個充滿靈性的少女猶如一縷清新的風，帶給光緒難以言說的欣喜。珍妃是絕頂聰明的女子，給皇帝當女秘書，處理朝廷政務，紅袖添香批奏摺，別有一番難得的情趣。只是，時間長了，問題也就不期而至地來了。

按清制，皇后每年例銀一千兩，妃三百兩，分月例支。珍妃從小生活在官僚貴族之家，養成了大手大腳的習慣，入宮後，既要應酬周圍又要討好皇帝，銀子不夠花，便想了歪心思：賣官帽。起初她有些害怕，但是賣官鬻爵是晚清政壇最為風行的遊戲，上有慈禧的榜樣，下有大臣和太監的示範，人人都在玩，只不過看誰玩的巧妙。

珍妃賣官帽最著名的例子，是魯伯陽通賄後放上海海關道一事。魯伯陽是個官癮極大的人，多方尋門路託人求到珍妃，通過皇帝將他簡放上海海關道。魯伯陽奉旨南下，喜氣洋洋，以為投資的銀子馬上能夠收回了，不料兩江總督劉坤一斷了他的財運，先是無端拖延，不讓他上任，過了一個多月，索性將其彈劾。為了這個肥差，魯伯陽耗費了七十多萬兩銀子，卻沒過上一天官癮，滿腔憤懣不言而喻，一氣之下，去四川當了道士，再也無心官場。

比這更出格的還有個案例。玉銘原是北京西城一家木廠的掌櫃，承包頤和園的工程發了財，也想買頂烏紗帽過過官癮，託人找到珍妃的路子，一說就靈，皇帝任命他為四川茶鹽道道台。臨上任前，光緒例行公事要接見，問他以前在哪裡做事？玉銘不知如何回答。光緒感到奇怪，令其寫出履歷，玉銘提筆的手發抖，久難成字。光緒回憶起此人正是珍妃所推薦的，頓時明白，不過也並未聲張，將他「以同知歸部銓選」，另外派了差使。

事情的敗露緣自一個太監，因為分贓太少，作了舉報，慈禧派人在珍妃密室搜查，果然找到了記事薄，內書某月日收某官饋金若干。慈禧怒沖沖前往慈寧宮責訊珍妃：「你不知道祖宗家法決不許賣官鬻爵？誰教你的？」性格倔強的珍妃竟頂撞道：「祖宗家法也有人違反在先，妾敢如此，是向太后學的。」這樣的大實話，無異於當場指出皇帝沒穿衣裳，慈禧氣急敗壞的心境可想而知。慈禧令光緒擬聖旨，將珍妃從妃子降為貴人，打入冷宮，幽禁內牢，派太監嚴加看守。涉案的有珍妃的哥哥志琮，聞訊後連夜潛逃上海，另一些涉案太監無處可逃，被嚴刑拷打，六十多人死於杖下，此案在皇宮內影響之大，可見一斑。

在傳說故事中，珍妃一直是正義和美麗的化身，故宮裏那口胭脂井，不知激起了古今多少歎息。然而珍妃賣官鬻爵的例子告訴我們，即使正義和美麗，在一口巨大的染缸面前，也很難倖免不改變顏色，其道理正如南橘北枳的故事一樣。

①按清例，選為皇后者以玉如意予之，選為皇妃者以紅繡花荷包予之。

不做情人做忠臣

在所有關於慈禧的野史傳聞中，最為大膽也最為香豔的傳說，是慈禧與榮祿的神秘關係。近年來，有個名為德齡公主的晚清女子，早年所撰述的一系列清宮以及慈禧野史的著作，在書坊間大行其道。德齡是清末外交官裕庚的女兒，滿洲正白旗人，母親是法國人。德齡曾隨做外交官的父親在國外生活過幾年，後來其父任滿歸國，德齡也隨父回到北京。此時慈禧太后受時尚新潮之鼓舞，經常與外國使節的夫人往來應酬，德齡通曉外文和西方禮儀，便被慈禧留在身邊當翻譯，成為紫禁城中的新寵。

德齡的著述中，有一本書《老佛爺》，寫慈禧一生的傳奇故事，最初用英文寫成，迎合美國讀者的獵奇心理，後來翻譯成中文，名為《御苑蘭馨記》。在這本書中，德齡開篇就用了個醒目的標題：「花園裏的一對戀人」。這對戀人，指的是慈禧與榮祿。

在《御苑蘭馨記》中，晚清的最高當權者慈禧，紅得發紫的大臣榮祿，一律脫下了尊貴顯赫的華麗外套，換上了含情脈脈的兒女私服。「他將她的纖手一把握住。這兩個人真像一對畫中人：蘭姑娘是一身粉荷色的衣衫，榮祿則穿了一身華麗的禁衛軍統領的戎裝，足以互相媲美。此時只有他們兩人在一起。這是完全違反了禮教的舉動。滿州人的姑娘從來不許單獨和一個公子相會。至於她秘密的前去和他私會，讓他握她的手，對他一往情深的笑，尤屬非禮。但蘭姑娘卻來了，而且讓魁梧的榮祿握著她的手——緊而又不太緊的——更讓他對她那雙滿含智慧，像一雙深黑色的池水的眸子，盡情的注視。」①

然而這麼美好的一對戀人，卻因為宮中忽然傳來的聖旨，棒打鴛鴦散了。

在接到代表最高權威的黃顏色聖旨時，蘭姑娘用手捂著胸口，眼中噙著淚水，念念不忘的仍是花園中秘密幽會的戀人榮祿。進入宮殿的那個瞬間，她偶爾一回頭，目光中飄過一抹讓人永生難忘的幽怨。而她的戀人榮祿，心冷了半截，胸口上感到重壓，當他接觸到蘭姑娘的目光時，呆若木雞的臉變成了死灰色……

由德齡的這本《御苑蘭馨記》發端，慈禧榮祿之間鴛鴦秘史的傳聞，像三月瘋長的野草，四處蔓延，各種版本的慈禧情愛史，在書坊間大肆流行。甚至連一些嚴肅的歷史學家，有時候也經受不住誘惑，偶爾採擷一二豔事，綴輯成篇。

高陽在其鴻篇巨製《慈禧全傳》中，就曾提及到了慈禧和榮祿。

在高陽筆下，這段風流豔史更為離奇：若干年前，慈禧曾得過一場大病，御醫會診，束手無策。朝廷下詔命各省舉薦名醫，曾國藩和李鴻章兩位當紅大臣，分別舉薦了兩位名醫，一個叫汪守正，一個叫薛福辰。汪、薛二名醫一番望診請脈後，診斷出慈禧所患的是「骨蒸」重症，經過一段時間的細心處方，病情漸有起色。歷來的規矩，帝后身體違和，所有的脈案藥方，逐日交內奏事處，供大臣閱看。可是大臣們看過藥方之後，不由得大驚失色，慈禧患的並非是什麼「骨蒸」，而是一種不能告人的病：小產血崩。這就出現了一個疑問，如果說慈禧太后是武則天，誰也是「蓮花六郎」？大臣們紛紛四處打聽，推理猜測，最後得出的結論是，那位豐神俊逸的榮祿，嫌疑最大。

榮祿究竟是不是慈禧的情人，這需要打個大大的問號。但是榮祿是慈禧的忠臣，這一點應該是毫無疑問的。

榮祿（一八三六～一九〇三），字仲華，號略園，瓜爾佳氏，滿洲正白旗人。此人歷經清廷咸豐、同治、光緒三個朝代，在晚清史上是個舉足輕重的關鍵人物。末代皇帝溥儀是榮祿的外孫，據溥儀回憶：「我的外祖父榮祿是瓜爾佳氏滿洲正白旗人，咸豐年間做過戶部銀庫員外郎，因為貪污幾乎被肅順殺了頭。不知他用什麼方法擺脫了這次厄運，又花錢買得候補道員的銜。」[2]同治初年，醇親王奕譞（溥儀的祖父）在皇宮中建立神機營[3]，榮祿在軍營中謀得一個差事，當過翼長和總兵[4]。經過一番累遷，由大學士文祥推薦，授工部侍郎，以後又做過內務府大臣，光緒初年，升至工部尚書，成了朝廷大員。

仕途升遷正順暢的時候，榮祿又栽了個跟頭：有人告他貪污受賄，榮祿再次被革職調出北京。官場上兩次降職，都是因為經濟問題，這使得榮祿百般懊惱，痛定思痛，經過一番冷靜的思考，他下定決心：如果想在官場上繼續玩下去，決不能在經濟上再犯糊塗！從那以後，榮祿果然沒有重蹈覆轍。即使慣於使用銀子拉人下水的袁世凱，收買賄賂慶親王奕劻，風聲鬧得沸沸揚揚，榮祿是袁的頂頭上司，也沒有聽到袁世凱賄賂榮祿的任何傳聞。對於榮祿這個總想在金錢上佔便宜的官員來說，確實不是一件容易事。由此可見，只有當一個人的政治情結能戰勝其他貪慾時，才最有可能在官場上成功。

兩次犯錯誤，對於榮祿來說是交了學費。此後，榮祿穩打穩紮，一步一個腳印，重新向上層核心權力圈靠攏。甲午戰爭這年，恭親王奕訢出辦軍務，榮祿藉進京為慈禧祝壽的機會，抱上了恭親王的粗腿，深得奕訢的賞識，沒過多久便被提拔為工部尚書。經過了這麼多年的經歷，榮祿在政治上比以前成熟多了，不僅不再貪蠅頭小利，還懂得利用銀子去砸人。他悟透了一個道理：在官場上，你砸出去的銀子越多，收穫就越大。

慈禧身邊的當紅太監李蓮英，是榮祿砸銀子的重點目標之一。通過李蓮英的關係，榮祿再一次接近了慈禧，並且重新贏得了慈禧的好感。溥儀在《我的前半生》中說了這麼一件事：榮祿回到北京的第二年，接到了個差使，奉命複查慈禧陵寢工程的損毀情況。這項工程先前曾有大臣核查過，報稱修繕費需要銀子三十萬。工程原是由醇親王奕譞生前監工督辦的，這位大臣不便低估工程的質量，所以損毀情形也報得不太重。榮祿接手後，把損毀程度大大地誇張一番，修繕費報了一百五十萬。榮祿到底是傳說中慈禧的初戀情人，對慈禧的心事摸得極其透徹，他從蛛絲馬跡中揣摩出慈禧懷疑醇親王的心事，報出一百五十萬的修繕費，等於是說陵寢工程質量不高，向素來以忠誠著稱的醇親王射了一支暗箭，至少在慈禧心裏頭，對醇親王的忠誠打了折扣；另外，將修繕費報高，也可以撫慰慈禧那顆孤傲的心。果然，榮祿此舉甚討慈禧歡心，她將先前核查的那個大臣臭罵了一頓，對榮祿卻有了進一步的賞識。

榮祿真正得寵是在戊戌政變之後。帝后兩黨的生死之爭，他堅定不移地站到了慈禧一邊，莫說傳說中他與慈禧關係不一般，即便沒有那層曖昧關係，單憑滿洲正白旗的出身，他也必定是后黨一員。當時榮祿的身份是直隸總督兼任北洋大臣，是清廷的實權派人物，有他保駕護航，慈禧方能安全度過難關。當清廷這艘眼看快要沉沒的船再一次駕過暗礁密佈的危險區域時，慈禧回首剛過去的那場驚濤駭浪，對榮祿的感激之情難以言表。

庚子拳亂，對方興未艾的義和團是剿是撫，是擺在慈禧面前的一道難題。載漪、剛毅等一幫頑固派主張「撫」，先利用義和團將干涉皇位廢立的洋人趕出去再說；兵部尚書徐用儀、戶部尚書立山、內閣學士聯元等則主張「剿」，認為利用義和團去反對洋人必定大禍臨頭。慈禧正在舉棋不定時，一件未經甄別的緊急情報讓慈禧下了決心，這個情報把洋人在各地的暴行解釋為逼慈禧歸政於光緒。慈禧大怒，立即下詔「宣撫」義和團，下令進攻東交民巷的外國大使館。為了表示決心，慈禧將主「剿」的徐用儀、立山、聯元等人砍了頭。後來，攻打東交民巷失敗，大沽炮臺和天津城先後失守，八國聯軍攻佔京都，慈禧帶著兩宮人員狼狽西狩，逃到西安避禍，為了表示對洋人的「友善」，慈禧又下令殺了原來主「撫」的載漪、剛毅等一批大臣。

在這場荒唐的政治遊戲中，榮祿扮演了一個老滑頭的角色，充分展示了他會做官的技巧。他的外孫溥儀評價這場政治遊戲時說：「在這一場翻雲覆雨中，榮祿盡可能不使自己捲入漩渦。他順從地看慈禧的眼色行事，不忤逆慈禧的意思，同時，他也給慈禧準備著『後路』。他承旨調遣軍隊進攻東交民巷外國兵營，卻又不給軍隊發炮彈，而且暗地還給外國兵營送水果，表示慰問。」⑤

在清廷失敗後與洋人的談判中，榮祿只掌握一條原則：只要不追究慈禧的責任，不讓慈禧歸政，一切條件均可答應。就這樣，簽訂了賠款連利息近十億兩、讓外國軍隊進駐北京城的《辛丑合約》。據《清史稿》載，榮祿辦了這件事，到了西安，「寵禮有加，賞穿黃馬褂、雙眼花翎、紫貂，隨扈還京，加太子太保，轉文華殿大學士。」

縱觀榮祿的一生，是效忠清王朝的一生，更準確地說，是效忠於慈禧的一生。他擺正了自己的位置，不做情人做忠臣，於兩度沉淪後重新崛起，並在風雲多變的晚清政壇中立於不敗之地。剖析他的沉淪與崛起，其中意味無窮。

①德齡：《御苑蘭馨記》；見王樹卿、徐徹主編：《慈禧與我》第五十七頁。

②溥儀：《我的前半生》，第九頁。

③使用火器的皇家軍隊。

④翼長、總兵都是清朝武官，翼長為正三品，總兵為正二品。

⑤溥儀：《我的前半生》，第十二頁。

喪鐘為大清王朝而鳴

榮祿的後半輩子，官運財運樣樣順暢，可是有一宗不能盡如人意。他的福晉（妻子）肚子不爭氣，一直沒能生下個兒子。後來又娶了兩個側福晉（姨太太），仍然未能如願。榮祿無計可施，只得認養一個嗣子。誰知道，嗣子不僅沒給家庭帶來什麼幸福，反倒是帶來了無休無止的煩惱。嗣子成天沉溺於聲色犬馬，迷戀之地是八大胡同，泡了個南國胭脂，一擲千金，毫不吝嗇。山外青山樓外樓，嫖客界也不例外，你捨得大把拋銀子，還有人比你更捨得大把拋銀子，千金散盡復重來，比的是豪爽，比的是名士派頭，反正這些滿清權貴家大業大，凡事有背後的老爸撐著。

有一陣子，嗣子忽然迷戀起了名駒。一聽說哪裡有好馬，頓時眉飛色舞，都想弄到手占為己有。據一則史料記載：這個嗣子經常和玩馬的狐朋狗黨聚在一起抖狠比富，今天牽出十幾匹紅顏色的名貴馬駒，明天又牽出十幾匹白顏色的名貴馬駒，後天再牽出十幾匹黑顏色的名貴馬駒，數次變換，決不重複。名妓是銷金窟，名駒是更大的銷金窟，即便有萬貫家產，也會煙消雲散。

錢花光了，又不敢開口向榮祿要，於是便打起了榮祿姨太太的主意。乘老爺子不在家之機，翩然溜進姨太太房裏，開口就要銀子。姨太太皺著眉頭，訴苦說沒有錢，榮祿每月按時給她生活費，只能幫襯一下零用。嗣子臉色一變，冷笑一聲道：「哄鬼呢！老爺子百般手段掙到的銀子，全被你們這些寄生蟲榨乾了。」嗣子邊說邊衝進內室，掄起一隻錘子，將珍藏寶物的櫃子砸開，從裏頭掏出金銀首飾、銀行存券。姨太太上前想阻止他，被他一揚手，打了個鼻青臉腫，姨太太嚶嚶哭著，手卻並不鬆開，央求他將銀行存券留下。嗣子道：「憑什麼留下？我現在缺錢花。」姨太太道：「那張銀行存券，是老爺留給我的養老金，將來人老了，還靠這筆錢吃利息……」嗣子聽到這裏，火氣更是往上竄，他看見靠牆壁處有個火爐，爐膛裏的火焰正在熊熊燃燒，於是幾步衝過去，將銀行存券往爐膛裏一丟，剎那間化成了灰燼。姨太太看著眼前的情景，一下呆住了，連續數日茶飯不思，悲痛欲絕。

榮祿收養了這麼個敗家子，卻也無可奈何。

幸好家中還有個女兒，很為榮祿爭了些面子。說到榮祿的這個女兒之前，先簡單講下榮祿的婚事。據德齡在《御苑蘭馨記》中講，榮祿的福晉梅小姐，是慈禧太后介紹的。梅福晉原是慈禧身邊的侍從宮女，很受慈禧的寵愛，將她許配給榮祿，隱含有拉攏籠絡之意。梅福晉和榮祿結婚後，依然經常來到宮中，陪伴慈禧划船聽戲，榮祿有了梅福晉，等於在慈禧身邊安插了一個耳目，宮中有什麼消息，很快就能知道。

榮祿的女兒瓜爾佳氏，小名福妞，又名八妞兒，即這位梅福晉所生。

光緒二十七年（一九〇一），慈禧為榮祿的女兒瓜爾佳氏「指婚」，將她嫁給了醇親王載灃為福晉。由於這場婚姻的「媒人」是慈禧，加之男女雙方都是皇親國戚，婚禮辦得格外熱鬧。前來送禮的絡繹不絕，人人都指望藉這個機會高攀，僅僅抬嫁妝一項，就用了一千多名挑夫，可見其排場顯赫。

有著大學士府出身背景的千金，處處流露出與常人不同的派頭，特別會享受，愛時髦，花起錢來如流水，據她的親生兒子溥儀回憶：「我的母親瓜爾佳氏比我父親（載灃）懂得的事多，特別是會享受，會買東西。」「我的母親在娘家時很受寵，慈禧也曾說過『這姑娘連我也不怕』的話。母親花起錢來，使祖母和父親非常頭痛，簡直沒辦法。」①

八妞兒大把花錢，引領時尚消費浪潮，這些倒還在其次，更讓老公載灃傷腦筋的，是這位超級發燒友的追星行為。晚清時，京劇是熱門話題，慈禧帶頭當起了京劇票友，滿清權貴，王公大臣，莫不以追捧京劇名角為時髦。八妞兒心目中的偶像，是武生名旦楊小樓、小振廷等走紅人物。每當聽人捕風捉影說到這些，載灃心裏酸不溜丟的總不是滋味。背著人的時候，載灃也勸過八妞兒，叫她少在外邊亂跑。誰知這句話引爆了八妞兒的小姐脾氣：「喲，我的王爺，現在什麼年月？虧你還是漂洋過海見過大世面的人，歐洲那些皇后、王妃，滿城滿街自由自在到處逛，我們為什麼要天天關在屋裏？」

載灃有點結巴，說話不是八妞兒的對手，被她這麼一頂，更是只得閉嘴了。

可是話憋在心裏，也不是個辦法，看著八妞兒瘋顛，鬧到忍無可忍的時候，載灃就只有摔東西出氣。八妞兒是大小姐出身，平時大手大腳成了習慣，根本體會不到沒錢的難處，見載灃摔那些名貴的瓶兒、鏡子，一點兒也不知道心痛，頂多冷笑一聲，以表示對老公的蔑視。八妞兒不心痛，摔東西的載灃卻心痛了，後來專門購置了一些摔不破、砸不爛的銅壺、銅鏡之類的東西，來充作音響道具。夫妻間的戰爭，就這麼繼續著。

王府中的大小奴僕，對載灃並不怎麼畏懼，卻最怕八妞兒這位福晉，連攝政王載灃也都得讓她三分。聽說八妞兒開口要錢，載灃雖說心有不願，也只能皺皺眉頭，不敢不給。久而久之，王府中的金山銀山慢慢坍塌，然後是變賣古玩、字畫，乃至田產、房屋。據溥儀回憶：「母親也時常拿自己貴重的陪嫁首飾去悄悄變賣。我後來才知道，她除了生活享受之外，曾避著父親，把錢用在政治活動上，通過榮祿的舊部（如民國時代步兵統領衙門的總兵袁得亮之流），去運動奉天的將領。這種活動，是與太妃們合謀進行的。」②女人一旦玩起了政治，往往更容易偏執，可惜八妞兒並不知道，她使出去的那些銀子，全都打了水漂，等到八妞兒發現這一切時已經晚了，袁得亮只收銀子不辦事，是民國初年的一個大忽悠。

八妞兒性格剛烈，遇事敢作敢為，後來她的死，表面上看起來，是因為溥儀與瑾妃鬧翻而引起的，往深處探究，卻有多種原因，其中包含有性格因素。

溥儀雖然是八妞兒的親子，卻因同治、光緒兩屆皇帝均無後，慈禧下一道懿旨，讓溥儀入宮過繼給同治和光緒為子。這麼一來，同治和光緒先前的嬪妃，名份上都成了溥儀的母親。那麼多女人，爭奪一個兒子，「家庭戰爭」自然不可避免。皇宮裏的「家庭戰爭」，雖說看不見硝煙，卻是無比殘酷，處處藏著刀光劍影，稍有閃失，即有性命之憂。比如溥儀與瑾妃之間的幾句爭吵，竟斷送了溥儀親生母親的性命。

才能平平的瑾妃，她的妹妹珍妃雖說死於慈禧之手，慈禧仍然是她模仿的榜樣。她不僅學會了毒打太監，還學會了派太監監視皇帝的辦法，安插幾個太監到溥儀身邊當內線，這大大傷害了溥儀的自尊心。有一天，溥儀聽說瑾妃辭退了為她看病的醫生范大夫，這本來是宮中的一件小事，用不著溥儀操心費神，可是先前堆積的不滿鬱結於胸，溥儀氣沖沖跑到永和宮，一見了瑾妃就大聲嚷道：「你憑什麼辭掉范大夫？太專擅了！我是不是皇帝？宮裏誰說了算數？真是專擅至極！」瑾妃莫名其妙受了小皇帝的一頓訓斥，找到攝政王載灃和幾個王公訴苦，向他們大哭大叫，叫他們給拿主意。可是這些王公誰也拿不出全好主意。

消息反饋到溥儀這兒，溥儀冷笑一聲，慷慨激昂地說：「她是什麼人？不過是個妃子，本朝歷代從來沒有皇帝管妃叫額娘的！嫡庶之分還要不要？」王公們看見皇帝發脾氣，一個個嚇得都不敢說話。

後來瑾妃在後宮搬來了救兵，溥儀的祖母和母親都被叫來了。祖母性格怯弱，生性是個怕事的人，竟拉著八妞兒一起向瑾妃跪下，懇求瑾妃息怒。在祖母和母親含著淚水的苦苦勸說下，溥儀答應給瑾妃賠禮道歉。溥儀在《我的前半生》中回憶道：「這個不是賠得我很賭心。我走到端康（瑾妃）面前，看也沒看她一眼，請了個安，含含糊糊地說了一句『皇額娘，我錯了』，就又出來了。」③

過了兩天，溥儀就聽到了他母親自殺的消息。八妞兒是吞食鴉片自殺的，臨死之前，這個性格剛烈的女子寫了幾份遺書，在給兒子溥杰的遺書中他寫道：「你長大了，千萬不要像你阿瑪那樣沒有志氣，要好好地念書，好好地幫助你哥哥，這才不負我生你一場。」④據溥杰分析說，她母親平日與瑾妃很要好，特別是在勾結奉系軍閥中尤為志同道合，所以溥儀和瑾妃鬧翻，她母親就覺得心痛，既認為溥儀不聽話，又覺得對不起瑾妃，大清復辟的希望更加渺茫，在這種進退維谷的心情下，只有吞服鴉片了結生命。

八妞兒當著兒子的面，指責老公載灃「沒有志氣」，說的也是實情。

載灃（一八八三～一九五一），愛新覺羅氏，醇賢親王奕譞的第五子。光緒二十七年（一九〇一），載灃十九歲，奉命前往德國辦外交⑤，名義是「欽命派赴德國傳使大臣」。從德國歸來後不久，就奉到了慈禧「指婚」的懿旨。為了這道懿旨，載灃的母親劉佳氏神經大受刺激，幾近瘋癲。原來，在此之前，載灃已經訂親，劉佳氏對那門親事也很滿意，慈禧的「懿旨」將一切計畫打亂，劉佳氏不得不含著愧疚的心情，去向那戶人家退婚。在老實本份的劉佳氏看來，這麼做很不地道，也很不體面，退婚回來後，她就變得有些瘋瘋癲癲了。

載澧的性格，秉承了他父母的一些基因，拘謹怕事，保守求穩。不過，畢竟是漂洋過海出了國的人，眼界和心境也不至於太低。據溥儀對其生父生活瑣事的回憶：醇王府是第一個備有汽車、裝有電話的王府，他們的辮子剪得最早，在王公中首先穿上西服的，也有他一個。但是他對於西洋事務缺乏真正的瞭解，以穿西服為例，可見一斑。載澧穿了許多天西服後，有一次很納悶地問他兒子溥傑：「為什麼你們的襯衫那麼合適，我的襯衫總是比外衣長了一塊呢？」經溥傑一檢查，原來堪載澧一直把襯衫放在了褲子外面。為了面子榮光，不顧身體彆扭，真正堪稱是「食洋不化」。

載澧優柔寡斷的性格，在處理袁世凱一事中表現得特別充分。

載澧當攝政王，統領清廷全盤局勢，可是眼前擺著個袁世凱，位於軍機大臣的要地，而慶親王奕劻，又是讓袁世凱拿銀子餵飽了的人，完全聽袁支配。據說，光緒皇帝垂危之際，曾拉著載澧的手，叫他殺掉袁世凱。現在有大權旁落之勢，殺袁便成了當務之急。

有人給載澧出主意：袁世凱每日上朝，僅帶差官一名，進乾清宮後，便只有他單身一個人，若能出以非常手段，參照康熙皇帝殺鰲敗的辦法，幹了再說，即便奕劻如何有心庇護，張之洞如何危言聳聽，那時也來不及了。可是這個計畫最後還是泡湯了。最讓載澧洩氣的一番話是慶親王奕劻說的：「殺袁世凱不難，不過北洋軍如果造起反來怎麼辦？」載澧只好召集王公大臣開會，商量來商量去，最後的處理結果，是讓袁世凱回老家養「足疾」。

這樣的安排等於是放虎歸山。果然，武昌城頭一聲槍響，辛亥革命爆發，袁世凱在滿清權貴和北洋舊屬的共同呼籲下，從洹上村再度出山。大清三百年的江山，終於像多米諾骨牌一樣，幾乎在一夜之間，便稀哩嘩啦地倒塌了。

①溥儀：《我的前半生》，第十七頁。
②溥儀：《我的前半生》，第二十七頁。
③溥儀：《我的前半生》，第五十一頁。
④溥杰：《回憶醇親王府的生活》，見《晚清宮廷生活見聞》，第二一九頁。
⑤載灃的這次出使，名義上是辦外交，實際上是向德國人賠禮道歉。庚子拳亂時，德國公使克林德在北京崇文門被殺，戰後的和約中提出，要在克林德被殺的地點立碑，同時派王公赴德國賠禮道歉，載灃出國就是去完成這個任務的。

主要參考書目

趙爾巽等編撰：《清史稿》，中華書局，一九七七年一版。
《清朝野史大觀》，上海書店印行，一九八一年一版。
翁同龢著，陳義傑整理：《翁同龢日記》，中華書局，一九九三年一版。
〔清〕崇彝：《道咸以來朝野雜記》，北京古籍出版社，一九八二年一版。
朱彭壽：《安樂康平室隨筆》，中華書局，一九九七年一版。
劉厚生：《張謇傳記》，上海書店，一九八五年一版。
吳永：《庚子西狩叢談》，岳麓書社，一九八五年一版。
《晚清宮廷生活見聞》，文史資料出版社，一九八二年一版。
蘇同炳：《中國近代史上的關鍵人物》，百花文藝出版社，二〇〇〇年一版。
高陽：《慈禧全傳》，中國友誼出版公司，一九八四年一版。
高陽：《狀元娘子》，中國友誼出版公司，一九八五年一版。

高陽：《翁同龢傳》，華藝出版社，一九九五年一版。
高陽：《清末四公子》，華夏出版社，二〇〇四年一版。
高陽：《同光大老》，華夏出版社，二〇〇四年一版。
高陽：《柏台故事》，華夏出版社，二〇〇四年一版。
茅海建：《苦命天子》，上海人民出版社，一九九五年一版。
高尚舉：《刺馬案探隱》，北京圖書館出版社。二〇〇一年一版。
鄧之誠：《骨董瑣記全編》，北京出版社，一九九六年一版。
寶廷：《偶齋詩草》，上海古籍出版社，二〇〇五年一版。
曾樸：《孽海花》，上海古籍出版社，一九七九年一版。
燕谷老人：《續孽海花》，黑龍江人民出版社，一九八二年一版。
孫希孟著，司馬丁標點：《沈北山冤案》，中國文聯出版公司，一九九六年一版。
時萌：《曾樸與虞山作家群》，上海文化出版社，二〇〇一年一版。
時萌：《曾樸研究》，上海古籍出版社，一九八二年一版。
高拜石：《新編古春風樓瑣記》，作家出版社，二〇〇三年一版。
陳定山：《春申舊聞》，臺灣世界文物出版社，一九七八年二版。
岑春煊：《岑春煊文集》，廣西人民出版社，一九九五年一版。
張海林：《端方與清末新政》，南京大學出版社，二〇〇七年一版。

陳無我：《老上海三十年見聞錄》，上海書店，一九九七年一版。
何平、李露點注：《岑春煊文集》，廣西人民出版社，一九九五年一版。
徐徹：《慈禧大傳》，遼沈書社，一九九四年一版。
虎麓醉髯：《賽金花公案》，中國文聯出版公司，一九九六年一版。
劉半農、鴻逵：《賽金花本事》，中國文聯出版公司，一九九六年一版。
李嘉球：《蘇州狀元》，上海社會科學出版社，二〇〇三年二版。
許國英著，張鐲校點：《指嚴隨筆》，中共中央黨校出版社，一九九八年一版。
溥儀：《我的前半生》，群眾出版社，一九六四年一版。
王樹卿、徐徹主編：《慈禧與我》，遼沈書社，一九九四年一版。
陳灨一，楊海鵬編選、校點：《甘簃隨筆》，中共中央黨校出版社，一九九八年一版。

史地傳記類　PC0178

晚清官場情色遊戲

作　　者 / 張永久
主　　編 / 蔡登山
責任編輯 / 鄭伊庭
圖文排版 / 蔡瑋中
封面設計 / 陳佩蓉

發 行 人 / 宋政坤
法律顧問 / 毛國樑　律師
印製出版 / 秀威資訊科技股份有限公司
114台北市內湖區瑞光路76巷65號1樓
電話：+886-2-2796-3638　傳真：+886-2-2796-1377
http://www.showwe.com.tw
劃撥帳號 / 19563868　戶名：秀威資訊科技股份有限公司
讀者服務信箱：service@showwe.com.tw
展售門市 / 國家書店（松江門市）
104台北市中山區松江路209號1樓
電話：+886-2-2518-0207　傳真：+886-2-2518-0778
網路訂購 / 秀威網路書店：http://www.bodbooks.com.tw
國家網路書店：http://www.govbooks.com.tw
圖書經銷 / 紅螞蟻圖書有限公司
114台北市內湖區舊宗路二段121巷28、32號4樓
電話：+886-2-2795-3656　傳真：+886-2-2795-4100

2011年11月BOD一版
定價：420元

國家圖書館出版品預行編目

晚清官場情色遊戲 / 張永久作.-- 一版. -- 臺北市 : 秀威資訊科技, 2011.11
面 ; 公分. -- (史地傳記類 ; PC0178)
BOD版
ISBN 978-986-221-821-1(平裝)

1. 社會生活 2. 生活史 3. 清代

637 100015824

讀者回函卡

感謝您購買本書，為提升服務品質，請填妥以下資料，將讀者回函卡直接寄回或傳真本公司，收到您的寶貴意見後，我們會收藏記錄及檢討，謝謝！

如您需要了解本公司最新出版書目、購書優惠或企劃活動，歡迎您上網查詢或下載相關資料：http:// www.showwe.com.tw

您購買的書名：________________________________

出生日期：________年________月________日

學歷：□高中（含）以下　□大專　□研究所（含）以上

職業：□製造業　□金融業　□資訊業　□軍警　□傳播業　□自由業

□服務業　□公務員　□教職　□學生　□家管　□其它_____

購書地點：□網路書店　□實體書店　□書展　□郵購　□贈閱　□其他

您從何得知本書的消息？

□網路書店　□實體書店　□網路搜尋　□電子報　□書訊　□雜誌

□傳播媒體　□親友推薦　□網站推薦　□部落格　□其他__________

您對本書的評價：（請填代號　1.非常滿意　2.滿意　3.尚可　4.再改進）

封面設計____　版面編排____　內容____　文／譯筆____　價格____

讀完書後您覺得：

□很有收穫　□有收穫　□收穫不多　□沒收穫

對我們的建議：________________________________

____

____

____

請貼
郵票

11466
台北市內湖區瑞光路 76 巷 65 號 1 樓
秀威資訊科技股份有限公司 收
BOD 數位出版事業部

（請沿線對折寄回，謝謝！）

姓　　名：＿＿＿＿＿＿＿＿　年齡：＿＿＿＿　性別：□女　□男

郵遞區號：□□□□□

地　　址：＿＿＿＿＿＿＿＿＿＿＿＿＿＿＿＿＿＿＿＿

聯絡電話：（日）＿＿＿＿＿＿＿＿（夜）＿＿＿＿＿＿＿＿

E-mail：＿＿＿＿＿＿＿＿＿＿＿＿＿＿＿＿＿＿＿＿